BIBLIOTHECA
SCRIPTORVM GRAECORVM ET ROMANORVM
TEVBNERIANA

2003

L. CAELIVS FIRMIANVS LACTANTIVS

DIVINARVM INSTITVTIONVM LIBRI SEPTEM

FASC. 3
LIBRI V ET VI

EDIDERVNT

EBERHARD HECK
ET
ANTONIE WLOSOK

BEROLINI ET NOVI EBORACI
WALTER DE GRUYTER MMIX

♾ Gedruckt auf säurefreiem Papier,
das die US-ANSI-Norm über Haltbarkeit erfüllt.

ISBN 978-3-11-021466-6
ISSN 1864-399X

Bibliografische Information der Deutschen Nationalbibliothek

Die Deutsche Nationalbibliothek verzeichnet diese Publikation in
der Deutschen Nationalbibliografie; detaillierte bibliografische Daten
sind im Internet über http://dnb.d-nb.de abrufbar.

© Copyright 2009 by Walter de Gruyter GmbH & Co. KG, 10785 Berlin
Dieses Werk einschließlich aller seiner Teile ist urheberrechtlich geschützt. Jede Verwertung außerhalb der engen Grenzen des Urheberrechtsgesetzes ist ohne Zustimmung des Verlages unzulässig und strafbar. Das gilt insbesondere für Vervielfältigungen, Übersetzungen, Mikroverfilmungen und die Einspeicherung und Verarbeitung in elektronischen Systemen.
Printed in Germany
Satzaufbereitung: Eberhard Heck
Satz: pagina GmbH, Tübingen
Druck und Bindung: Druckhaus „Thomas Müntzer" GmbH, 99947 Bad Langensalza

PRAEFATIONIS SVPPLEMENTVM

Primum Lactantii Diuinarum institutionum editionis fasciculum, qui a. 2005 publici iuris factus continet libros I *De falsa religione* et II *De origine erroris*, et alterum, qui a. 2007 impressus exhibet libros III *De falsa sapientia* et IV *De uera sapientia et religione*, hic sequitur tertius, qui praebet libros V *De iustitia* et VI *De uero cultu*. Iam pridem indicauimus[221] etiam his libris praefationis supplementum praemissum iri, cuius paginae numeris q. d. Romanis numeratae continuent praefationem alterius fasciculi, i. e. ab LXXI incipiant (similiter notarum numeri ab 221), quo modo etiam paginae textus per numeros q. d. Arabicos inde a p. 435 numerentur. In hoc suppelemento 1. addentur quaedam de codicibus, 2. agetur de recentissimis librorum V et VI editionibus, 3. addentur uel corrigentur alia. Conspectus siglorum (p. LVI) nonnullis mutatis p. LXXXIV repetetur.

1. De Institutionum codicibus addenda

G (u. p. XV sq.): In hoc fasciculo extant 10 + 20 folia his locis G
in apparatus sectione 'Codd.' indicata[222]: 5, 3, 6–18. 5, 2–7 sqq.
9, 11–17 sqq. 9, 20 – 10, 7. 12, 2–11. 5, 13, 17 – 14, 3 sqq. /
5–16 (2 foll.). 16, 7–13 sqq. [fere 17, 16 sqq. / 23 sqq.]. [fere

---

[221] V. primi fasc. p. VII. Cum paginarum numeri continuentur, et in praefationis supplemento et in notis textui subiectis abhinc lectores nonnisi ad hos numeros relegamus nusquam fasciculo primo uel altero uel tertio ipso appellato. – De commentationibus laudandis u. p. VIII n. 1 et XLIX n. 158; cf. infra p. LXXXIII.

[222] Uncis [ ] inclusimus folia bis rescripta fere nusquam legibilia; nota 'sqq.' indicamus paginam non usque ad finem legi, ergo ubi desinat dici non posse. Ad locos lib. VI u. et Ingremeau, Ed. inst. VI, 91 sq.

19, 15 sqq. / 20 sqq.]. 6, 4, 8 – 5, 2 (2 foll.). 6, 12–27 sqq. (2 foll.). fere 7, 2 – 8, 10 sqq. (2 foll.). 9, 2–20 sqq. (2 foll.). fere 9, 24 – 10, 17 sqq. (2 foll.). 10, 20 – 11, 6. [fere 11, 15 sqq. / 22 sqq.]. [fere 12, 20 sqq.]. 12, 39 – 13, 8 sqq. [15, 16 sqq. in 2 foll.; u. ad 6, 15, 16 et 16, 9]. 18, 12–21. 21, 4 – 22, 5. 23, 23–33. 24, 13–20 sqq.

A   A (u. p. XIX et n. 56. LVIII): Fragmenta a nobis siglo A notata nec ante nos in edendis Institutionibus adhibita hic describimus, quia praeter frustula libri IV[223] ad librum V pertinent. Olim partes codicis[224] erant, qui saec. IX in monasterio Fuldensi litteris minusculis Carolinis per binas columnas scriptus postea in monasterium Belgicum Stabulense (*Stablo / Stavelot* prope Leodium) peruenit, ubi saec. XIII ad XV fuit[225]. Deinde codice dissipato octo tantum (quoad scimus) folia siue mutila siue integra in duobus aliis codicibus extant:

1. Auerbodensis (*Abdij van Averbode, archief IV*) 44 continet Cassiodori in psalmos 1–50 commentarium, sed etiam inuolucro inglutinata uel adiuncta codicum Fausti Reiensis et Lactantii folia uel partes foliorum. Quae inuenit et separauit et lucis arte

---

[223] V. p. LVIII et sectionem 'Codd.' ad 4, 29, 11/12. 30, 2. 6. 11.

[224] V. Bischoff, 1998, 40 nr. 172, qui primus uidit fragmentum Florentinum, quod prius inspexit, et Auerbodense, quod ei postea innotuit, eiusdem esse codicis, quem saec. IX Fultae scriptum cognouit; cf. infra n. 231. Folia in Auerbodensi seruata 1–4 numerauit Cappuyns, 1964, 40, in Florentino seruata II-III et 168–169 in codice numerati sunt; hos numeros infra et in apparatus sectione 'Codd.' recepimus.

[225] Quod indicant possessoris notae saec. XIII (Munk Olsen, infra n. 228) in fol. 3^r iuxta col. sin. ab imo sursum: *Iste lib[er] pertinet monasterio s[an]cti Remacli in Stabulaus* et in fol. II^V inter columnas a summo deorsum: *Liber eccl[es]ie sancti remacli in Stabulaus*, multo recentior nota *Liber Monasterii Stabulensis* in summo fol. III^r; ibidem inuolucrum cod. Auerbodensis foll. 1–4 auctum uidetur saec. XV / XVI (Cappuyns 37; cf. Bischoff l. c.). De monasterio Stabulensi u. P. George, Lexikon des Mittelalters 7 (1995), 2163.

PRAEFATIONIS SVPPLEMENTVM   LXXIII

depicta 1964 publici iuris fecit M. Cappuyns[226], unde Lactantii fragmenta Auerbodensia nobis innotuerunt[227].

2. Florentinus Laurentianus (*Firenze, Biblioteca Medicea Laurenziana*) Ashburnhamianus 1899[228] continet foll. 1–167 Valerii Maximi libros, sed ante fol. 1 et post fol. 167 singula foliorum paria inserta sunt, quae hodie II-III et 168–169 numerantur. Cum T. Stangl, qui primus de codicibus egit, qui ex bibliotheca John Lord Ashburnham Britanni a. 1884 ab Italia regno empti in Laurentianam translati sunt[229], duo foliorum paria 'tractatui theologico fere saec. XII' attribuisset[230], B. Bischoff uidit ea Lactantii inst. 5, 17, 10 – 19, 33 exhibere[231], quod receptum est

---

[226] Cappuyns, 1964, passim: 36–38 de fortuna codicis Cassiodori et studiis auctoris, 38–39 de fragmentis Fausti Reiensis, 39–43 de fragmentis Lact. inst. (cf. supra XIX n. 56. LVIII n. 165), ante 41 in duabus paginis imagines ualde coartatae (foll. 2 et 3 et circa ea in angulis frustula foll. 1 et 4).

[227] Imagines nobis comiter miserunt P. Herman Janssens O. Praem. et P. Filip Noël O. Praem. Auerbodenses; u. p. LVIII n. 164. Inde fragmenta contulit Heck.

[228] V. Bischoff, 1998, 257 sq. (nr. 1216; cf. 40 nr. 172); B. Munk Olsen, L'étude des auteurs classiques latins aux XI et XII siècles II, Parisiis 1985, 663; Stangl (infra n. 229), 225–236; C. Kempf, ed. Val. Max., Lipsiae 1888² (denuo Stutgardiae 1966), XXI–XXVI; J. Briscoe, ed. Val. Max., Stutgardiae et Lipsiae 1998, XIV sq.

[229] T. Stangl, Die Bibliothek Ashburnham, Philologus 45, 1886, 201–236, de nostro cod. in usum C. Kempf inspecto 221–236. Codicem numero 1802 signat, sed iam Kempf numero hodierno 1899. Foll. II-III et 168–169 tum nondum numerata erant, sed iis et fol. I chartaceo recentissimo numeri postea adscripti sunt, quod cognouimus ex notis in schedis B. Bischoff (u. infra n. 231).

[230] Stangl 225 (inde Kempf XXI). Lactantius illi nondum notus fuisse uidetur (cf. Stangl, 1915, 224), sed mirum est quod, cum alias scripturarum historiae se peritissimum ostenderet, scripturam aperte Carolinam saec. XII tribuit. Utique hoc fragmentum effugit Brandt, qui tunc editioni praeparandae erat deditus.

[231] Quod apparet ex schedis a Bischoff Bibliothecae publicae Bauariae

in catalogum, qui a Bischoff institutus 1998 postumus editus est. Inde nobis cognita sunt[232].

Supersunt codicis Lactantii olim Stabulensis duobus columnis 33 lineis scripti 4 foliorum paria: foll. 1/4 et 2/3 mutila, foll. II/III et 168/169 integra. Foll. 1/4 et 2/3 sunt 4 folia interiora quaternionis uel similis fasciculi; 5, 1, 19 *conatur / ut uim* fol. 2^V col. dext. transit ad fol. 3^r col. sin. Fol. 1 nonnisi partes supremarum linearum extant, frustula ex 4, 29, 11/12. 30, 2. 6. 11[233]; cum maiore parte fol. 1^V col. dext. periit subscriptio lib. IV / inscriptio lib. V. Nam fol. 2^r col. sin. integra incipit a 5, 1, 1 *non est apud* . . . (usque ad *opus* 2 lineae supremae maiusculis scriptae); a § 4 *cognoscere* seq. col. dext., in qua resecta superioribus lineis (suprema abscisso angulo mutila) ultimae litt. desunt, 8 lineis infimis fere nihil, desinit in § 9 *illo*. Sequitur fol. 2^V col. sin. resecta primis superiorum linearum litteris carens (suprema lin. angulo abscisso mutila); a § 13 |*le sapientiae* seq. col. dext. integra, a § 19 *ut uim* fol. 3^r col. sin. integra, quae desinit in § 25 *sua*|. Deinde col. dext. angulo abscisso prima lin. omnino periit, ceterarum margine resecto dimidia fere pars deest. Ergo incertum est ubi desierit; infima lin. extat 5, 2, 2 *litteras accitus d*; seq. fol. 3^V col. sin. eodem modo, etiam angulo abscisso, mutila, praeterea lituris obruta

---

legatis, quas adiuuante Monika Köstlin (u. p. LVIII n. 165) a. 2008 inspexit Heck: Valerii Maximi codice descripto Bischoff altera in scheda notauit foliorum paria II-III et 168–169 Lactantii esse, deinde uniuscuiusque columnae initium et finem transscripsit et alio calamo usus, ergo editione postea inspecta, libri capitum paragraphorum numeros addidit. Ita non modo aestimando codicum tempora, sed etiam testimonia augendo de edendis Institutionibus meritus est.

[232] Quattuor foliorum imagines ex taenia lucis arte facta cursu q. d. electronico nostris sumptibus misit *Biblioteca Medicea Laurenziana, servizio fotografico*, in chartas transtulit Miriam Bräuer Tubingensis. Inde contulit Heck.

[233] Cf. sectionem 'Codd.' ad locos hic et deinde laudatos.

minimam partem lecta, desinit in 5, 2, 4 *[chri]stianorum*; seq. col. dext. integra usque ad § 8 *utilitatis*. Deinde fol. 4 nonnisi partes supremarum linearum extant, i. e. frustula 5, 2, 8. 13. 3, 1–2. 6²³⁴. – Etiam foll. II/III et 168/169 4 folia interiora quaternionis uel similis fasciculi erant (5, 18, 14 *deleat / quanto* fol. 168ᵛ col. dext. transit ad fol. 169ʳ col. sin.). Haec 4 folia integra (nisi quod foll. IIʳ et 169ᵛ inuolucro proxima lituris adfecta sunt) continent inst. 5, 17, 10 | *tus est . . .* 19, 33 *lauerint tam* |, sc. ordine foll. II, 168, 169, III.

In recensendis Institutionibus A et P eiusdem classis π esse conclusimus iam pridem²³⁵ ex mendis PA communibus 5, 1, 11. 19. 22. Quae quidem non inuenimus in fragmento Florentino quoad P extat, i. e. 5, 17, 10–22, sed ubi P deest sunt menda communia A K S 5, 17, 24 *qui* pro *cum*, 25 *eundemque*, 26 *esse iustum*, 19, 25 *gloriam consequitur*, 28 *esse* om. Cum multa menda P K S sint (5, 3, 5 *hoc illi*, 14, 4 *tamen* pro *quidem*, 9 *simul omnes*, 22, 14 *prosperarum* om., al.), apparet A ubi P deest eius, i. e. classis π uicem gerere.

R (u. p. XXIII sq. LIX): In R foll. 198 (6, 17, 17 *aut contemtum R . . . 26 auertere* et 200–201 (6, 18, 10 *praestiterit . . . 30 fortitudinis in se*)²³⁶ margo exterior resectus est ita, ut nonnumquam in rectis linearum ultimae, in uersis primae litterae desint. Manu posteriore longe plurimae ita repletae sunt, ut dubium non sit quid R olim habuerit, sed mutata uel dubia restant: 6, 17, 19 *perductores*] *perductore* | *s, s* eras.; periitne in fine lin. *s* huc antea translata? – 6, 18, 13 *contemptui*] *contemtu* |, sup. *u* m. post. *s*; periitne in fine lin. *i*? – *inerte*] *inert* |, s.l. m. post. *ti*; periitne *e*? – 14 *iustum*] *i* | *tum*, sup. *i* m. post. *te* et ex *t* sequentis lin. *c*; perisse uid. *us*, m. post. fecit *te* | *cum*.

---

²³⁴ V. sectionem 'Codd.' ad hos locos.

²³⁵ V. p. XIX; cf. XL de P classibus δ et σ adfini. In conferendo P cum A nos adiuuit Katrin Fürst.

²³⁶ Fol. 199 resectum non est, solum infima fere tertia pars (i. e. 10 infimae lineae) incisa filo consuta est, scriptura damno non adfecta.

2. De recentissimis librorum V et VI editionibus

Post Brandt librorum V et VI tres editiones publici iuris factae sunt siue minore siue maiore adnotatione critica instructae:

a. 1973 P. Monat[237] librum V enarrauit textumque (I 126–259, iuxta uersionem Gallicam) selectis notis criticis subditis praebuit, de quo constituendo etiam disputauit (I 102–110). Editionem criticam nec effecit nec tum hoc se facere contendit[238], quia quae in notis protulit, e Brandt pendent, nisi quod R ipse contulit[239]. Quem testem pluris quam oportuit aestimauit et iam tum censuit R et B consentientes semper praebere textum rectum[240]. Merito nonnullis locis tradita contra Brandt defendit[241]. Nondum nouisse potuit quae Heck 1972 de Lactantii textu egit.

b. 1999 W. Winger[242] dissertationi inseruit (I 93—251, iuxta uersionem Germanicam) textum partium librorum III et IV (3, 7, 1 – 13, 6. 4, 22, 1 – 26, 42. 30, 1–15) et totorum librorum V et VI, notis (nn. 589–1652) instructum plerumque ad fontes, sed etiam ad textum constituendum pertinentibus. Praeter Brandt

---

[237] Lactance, Institutions divines livre V: I Introduction, texte critique, traduction; II: Commentaire et index, ed. P. Monat, SChr 204. 205, Parisiis 1973; cf. Heck, Gnomon 49, 1977, 366–370, de textu 369.

[238] V. supra p. XII cum nn. 32–33. Ergo haud recte editionem inst. V cum Brandt coniungens a Winger (u. infra b.) secernit J. Walter, Pagane Texte und Wertvorstellungen bei Lactanz, Gottingae 2006, 328: „den modernen Ausgaben von Brandt und Monat und dem Lesetext von Winger"; cf. Heck, 1992, 596 sq. de edd. inst. I et II.

[239] Monat, Ed. V, I 103 cum n. 1, ubi fere 20 lectiones a Brandt omissas recte notat (nisi quod 5, 8, 3 habet R *malam cogam cogitationem*).

[240] Monat l. c. 102–104, de B et R consentientium auctoritate 104 sub 2), perperam adhibita e. g. 5, 13, 16 *mentem quatit solidam* pro *mente q. solida*; cf. Heck, 1992, 596 ad 1, 4, 4. 7, 11.

[241] Monat l. c. 104 sq., quem secutus est Winger.

[242] W. Winger, Personalität durch Humanitat – Das ethikgeschichtliche Profil christlicher Handlungslehre bei Lactanz, I. II, Francofurti ad Moenum 1999.

adhibuit quae inde a 1972 de textu acta sunt[243] et usus est copiis nostris[244]; ad tradita defendenda et uarias lectiones eligendas nonnulla contulit digna quae considerentur[245].

c. 2007 C. Ingremeau[246] editionem libri VI diu praeparatam publici iuris fecit, quam criticam appellare non dubitamus et, quamquam de quibusdam rebus aliter iudicamus, unam inter Institutionum libros recens editos fere in locum editionis Vindobonensis successisse censemus. Nam primum codices quos adhibuit diligentissime contulit et saepe a Brandt falso reddita correxit uel omissa suppleuit, deinde de textu constituendo[247] etsi non semper recte, tamen considerate egit et iudicantibus argumenta plene et aperte praebuit. Recenseamus singula:

---

[243] In libro V adhibuit Monat, Ed. inst. V, in libro VI iam Ingremeau, 1996 (infra n. 247). Penitus respexit Heck, 1972; plerumque caute de locis retractatis egit, sed e. g. 6, 21, 4. 7. 23, 38 lectiones cod. R haud recte retractationi tribuit (quam caueas ne ultra Heck, 1972, 194 sq. opineris; cf. infra n. 258).

[244] V. Winger, 1999, 93 n. 589, etiam de scribendi ratione in usum lectorum e lexicis recepta. Textum ex horreo nostro (u. supra p. XII n. 29) transtulit, unde duos errores habet qui nos fugerant: 5, 17, 1 et 6, 15, 3 falso *quia* pro *qui*; quaedam in notis non recte reddidit, quia in schedis nostris omissa uel minus clare scripta erant, e. g. n. 1449 ad 6, 13, 12, n. 1475 ad 6, 16, 7.

[245] E. g. 6, 11, 16 *dicitis*. 14, 10 *furiosum*. Saepe cum Ingremeau consentit, quae etiam eo usa est.

[246] Lactance, Institutions divines, livre VI, introduction, texte critique, traduction, notes et index, ed. C. Ingremeau, SChr 509, Parisiis 2007. Hanc editionem cum iam biennio ante absoluisset (8), nostro fasc. 1 uti nondum potuit (cf. infra n. 249. 253. 255), nobis autem eius editio, quam statim comiter misit, ad tempus apparuit.

[247] Ingremeau, Ed. VI 63–93; de quibusdam locis 1996 egerat Ead., Faits de langue tardive, effets de style, ou problèmes textuels? (Quelques exemples chez Commodien; bilan sur le livre VI des *Institutions divines* de Lactance), RecAug 29, 1996, 113–125, de Lact. 118–125, quae relata inuenies ap. ipsam in editione et ap. Winger.

LXXVIII   PRAEFATIONIS SVPPLEMENTVM

1. Codices ut Brandt adhibuit BGVPHSR[248], praeterea recte K et M. Contulit etiam D, sed in adnotationem non recepit, quia saepe propter damna legi non posset et codd. P et V simillimus esset[249]. Sed haec similitudo ad libros I et VI pertinet, non ad II–V[250], neque habemus quod D quamuis PV similem neglegamus, cum M similem H notemus; atque D non tantopere damnis adfectus est, ut nimis multa desint uel incerta maneant, sed libri VI columnarum exteriorum nusquam plus quam tertia fere pars deest et in fine fere integrae extant[251]. Otiose recentiorem g in adnotationem recepit[252]; etiam inde a 6, 6, 14 et 17, ubi S et K desunt, g non est 'solus iuxta R longae formae testis', sed aliunde contaminatus; ergo in hac libri parte solo R formae longae teste contenti esse eiusque lectiones ita aestimare debemus[253].

---

[248] G adfert ex Brandt, 1884, 261–331 (64; cf. Heck, 1992, 595 sq.). – B ipso Bononiae inspecto B³ a B² atramenti colore discernere potuit (67); quoad eas manus laudat (u. infra n. 254), eam sequimur, cum nobis imaginum taenia usis interdum res dubia fuerit.

[249] Ingremeau, Ed. 65. In stemmate (92) et alias Cameracensem siglo C notat (et siglo D codicem Duacensem 219 saec. XII ex prioribus extantibus pendentem, ergo eliminandum; u. Brandt, Ed. I, LIV), cum 66 Casinensi siglum K tribuat recte monens C siglum adhiberi noniam posse, cum Brandt ita codicum consensum signauerit. Eadem ipsa de causa nos Cameracensem D notamus (u. iam Heck, 1992, 194; Lact. epit. edd. Heck–Wlosok, 1994, XXXIX).

[250] De hac re non prius iudicium absolui potest quam uiderimus, quae ratio in libro VII inter D et P intercedat, ergo in quarti fasc. praefationis supplemento. Interim cf. p. XL sq. (et p. XXXVII n. 107).

[251] In foll. 116ʳ – 133ᵛ (6, 1, 1 – 18, 16) in columnis exterioribus linearum supremarum fere dimidia pars, infimarum nihil deest, in foll. 134ʳ – 141ᵛ (6, 18, 16 – 25, 16) praeter fines uel initia supremarum 5–10 linearum nonnumquam propter rugas incerta omnia legi possunt. In libro VI nobis 22 locis indicandum fuit D incertum esse uel deesse; singularum paginarum status per totum codicem uariat.

[252] Ingremeau, Ed. 67, secuta „la décision collective prise par les éditeurs de Lactance aux SC". V. supra p. XXII n. 67.

[253] Aliter Ingremeau, Ed. 87 (ad 6, 4, 12. 17; de 6, 7, 4, ubi KS desunt,

2. In adnotatione critica lectiones e correcturis ortas perraro reddit (plus quam ceterorum codicum B et P), quod ipsa idoneum non esse dicit, quia adfinitates celantur[254]; hac de causa non omnino in locum Brandt successit. Ceterum adnotatio lucide indicat ea, quibus opus est; textus dubiorum locorum constituendi rationes in notis praemissis (70–89, interdum nimis longis) disputantur.

3. In eligendis uariis lectionibus Ingremeau interdum classes nimis stricte discernit et numerat (ut pluribus plus auctoritatis tribuat[255]) neque contaminationum rationem habet, sed haec ex eius notis facile refutari possunt. Quorundam autem tritiorum locorum textum diligenter examinando optime explicauit[256] et plurimas coniecturas a Brandt receptas uel inuentas eliminauit tradita defendendo[257].

4. Aucta est editio amplis notis et infra textum (ubi praesertim similitudines Sacrae scripturae inueniuntur) et in appendice (383–420) ad fontes Lactantii pertinentibus. Cum nobis ad indicandos fontes ultra locos uerbo tenus laudatos paulum spatii suppeditet, lectores ad Ingremeau – et Winger – relegamus.

---

non disputat) soli R opponit KSg uel Sg, cum ibid. 71 (ad 6, 3, 1) lectionem ab RKSg datam ut duabus classibus („deux familles") traditam recipiat; neglegit quod R solus formae longae testis eiusdem auctoritatis est ac KSR consentientes (quod fere respicit Monat, Ed. inst. II, 1987, ad 2, 8, 3–7); cf. Heck, 1972, 172–174 et supra p. XXXVII sq. de σ forma breui ex ρ partibus formae longae aucta.

[254] Ingremeau, Ed. 69 n. 1, etiam de B³ rarius allata (u. supra n. 248).

[255] V. supra n. 253 et e. g. Ed. 73 (ad 6, 5, 2); 80 (ad 6, 21, 4); grauissimum exemplum 82 (ad 6, 23, 8, ubi B solus rectus non quia uetustissimus, sed quia difficiliorem lectionem praebet). Praesertim neglegit, quod HM, i. e. classis η ex σ et β contaminata est, et propriam classem numerat, e. g. 83 (ad 6, 23, 32).

[256] Praesertim 6, 1, 6 *libaturis ... grata; 19, 5 maioresque ... uertuntur* (u. Ingremeau, 1996, 123 sq.; Ed. 79 sq.)

[257] E. g. Ed. 72 (ad 6, 4, 11); 73 sq. (ad 6, 10, 17); 75 (ad 6, 12, 16); u. et 1996, 122–125. Haud recte Ed. 71 (ad 6, 3, 16); 73 (ad 6, 6, 8).

Libenter ergo statuimus nobis, quamquam non omnia probare uel recipere potuimus, hanc editionem maximo usui fuisse.

3. Alia addenda uel corrigenda

a. De clausulis Lactantianis agendum hac de causa putamus: J. Bryce[258] in ampla fasciculi 1 censura cum de uariis quaestionibus ad textum constituendum pertinentibus, tum uberrime de numeris a Lactantio adhibitis uel a nobis aestimatis egit et multis locis se dissentientem ostendit. Nolumus hic ire per singula – quod non editionis, sed propriae commentationis est –, at monstrare conabimur dissensionum causam esse, quod rationes de clausulis iudicandi a Bryce et nobis adhibitae dissimiles sunt; utraque digna uidetur quae a lectoribus cognoscatur.

In textu constituendo ubi numerus i. e. clausula alicuius momenti fuit, iudicia dedimus 'contra numerum', 'suadente numero', 'numero meliore', 'numero peiore'. Unde apparet, quod Bryce[259] monuit, nos clausulas non ut ille secundum frequentiam, sed quandam qualitatis regulam ponderare. Haec regula iam pridem deducta est ex Ciceronis usu, breuissime ab A. C. Clark[260] Ciceronis orationum editore, et quamquam postea amplius exploratum est, quomodo numerorum formae per tem-

---

[258] J. Bryce, ExClass 11, 2007, 463–489 (abundanter, non carens erroribus), de numeris 479–488, de aliis quaestionibus 465–468 generaliter, 468–479 singulos locos retractans (e. g. 479 retractationi tribui posse putat 2, 18, 13 *dictata*, sed cf. supra n. 243; 478 probat 1, 20, 33 *armate*).

[259] Bryce l. c. 480 sq., ubi disputat, utrum 1, 20, 27 legendum sit *consecrauerunt* an *consecrarunt*. Nos cum Stangl, 1915, 229 prius numero melius iudicauimus, quia creticus praecedit trochaeum, alterum peius, quia spondeus praecedit ditrochaeum; Bryce quaerendum censet, sintne formae contractae an plenae frequentiores in Lactantio.

[260] M. Tulli Ciceronis Orationes I ed. A. C. Clark, Oxonii 1905 (et saepius), X sq., sec. T. Zielinski, Das Clauselgesetz in Ciceros Reden, Lipsiae 1904. Eadem ratione uti apparet Stangl, 1915.

PRAEFATIONIS SVPPLEMENTVM   LXXXI

pora auctae et mutatae sint[261], praesertim cum clausulae noniam sola syllabarum quantitate, sed potius uerborum accentu et cursu definirentur, tamen quoad agitur de Cicerone et eius imitatoribus, adhuc habenda uidetur pro fundamento:

Sunt tres clausulae principales et purae[262], quae a cretico incipientes ita componuntur, ut efficiatur siue creticus + trochaeus ($-\smile-|-\asymp$, e. g. 5, 1, 6 *ueheménter oderunt*[263]) siue dicreticus ($-\smile-|-\smile\asymp$, e. g. 5, 1, 1 *patiénter aut audiat*) siue creticus + ditrochaeus ($-\smile-|-\smile-\asymp$, e. g. 5, 1, 27 *fábulas contulisset*). Variantur hae clausulae saepissime ita, ut locum syllabae longae expleant duae breues, ergo ex cretico efficiatur paean siue primus (e. g. cum trochaeo 5, 1, 28 *habére potuerunt*) siue quartus (e. g. cum trochaeo 5, 1, 7 *corpóribus extorquent*), ex trochaeo tribrachys (e. g. post creticum 5, 1, 1 *réctor adseritur*); etiam pro breui syllaba ponitur longa, saepe ut ex cretico fiat molossus (e. g. cum cretico 5, 1, 25 *dérideri solet*).

Sed a Lactantio sicut a Cicerone aliisque Ciceronianis clausulae purae uel puris proximae modice adhibentur, non nimis abundanter ut ab Arnobio magistro eius[264], et amplius quam indicauimus uariantur, quod exsequi propriae commentationis erit. Neque nos fugit clausulas etiam apud Lactantium non sola syllabarum quantitate, sed etiam uerborum accentu effici (e. g.

---

[261] De Romanorum historia numerorum cf. Hofmann–Szantyr 715–721, de Lactantio S. Casey, »Clausulae« et »cursus« chez Lactance, in: Lactance et son temps, edd. J. Fontaine / M. Perrin, Parisiis 1978, 157–164, de Inst. V Monat, Ed. 1973, I, 95–97; recentiora ap. Bryce 480–481 nn. 51–66, praesertim de frequentiis clausularum.

[262] Sec. Hofmann–Szantyr 716 „Aus der Verbindung dieser metrischen Einheiten [sc. cretici et trochaei] in ihrer reinen (nicht aufgelösten . . .) Form . . . entstehen die drei Hauptklauseln".

[263] Accentu signantur initia clausularum; nota: puriores incipere solent a syllaba paenultimi uel antepaenultimi uerbi accentum gerente.

[264] Arnobii clausularum fere 80 % purae sunt; de aliis, etiam Ciceronianis modicis, u. Hofmann–Szantyr 717; Lactantii clausulae nondum penitus numerati sunt (cf. Casey, supra n. 261, 160).

5, 1, 22 *stúdium contulisset*[265]), atque etiam cursus q. d. aliquid ualere[266]. Sed Bryce[267] nobis interdum cursum pluris aestimare uidetur quam syllabarum quantitatem et uerbi accentum initium clausulae. Nos contra monendum putamus, ne clausulae purae uel puris proximae traditae siue uariis lectionibus[268] siue coniecturis[269] tollantur. Inde dissensiones ortae sunt, quod in re difficili mirum non est. Tamen quamquam multis in locis nobis consentiendum erit nos dissentire[270], lectori usui fore putamus, si quae Bryce exposuit cognouerit.

b. In apparatus sectione **Auct.** (u. p. XLVII cum n. 153) aliter ac in fasc. 1 et 2 laudamus primum Cypriani Ad Demetrianum sec. capita et paragraphos editionis quam J. C. Fredouille[271] curauit 2003. Deinde Ciceronis De re publica J. G. F. Powell[272] edidit 2006. Cum huius operis reliquiarum ordo ab A. Mai palimpsesti Vaticani inuentore 1822 institutus adhuc in editionibus hic illic mutatus tamen fere seruaretur, Powell eas, prae-

---

[265] Pro cretici prima longa syllaba breuis ponitur, si uerbi accentum gerit, cf. 1, 1, 1 *stúdium contulerunt* et anteced. *pénitus dedidissent*, quod uariae lectioni *p. dedissent* numeri causa praetulimus; aliter Bryce l. c. 484; pro cretico tribrachys e. g. opif. 1, 13 *fúerit exsecutus (cf. Heck, VChr 23, 1969, 289).*

[266] Cf. Hofmann–Szantyr 717 et Casey (supra n. 261), 159–161.

[267] Bryce 480–487 passim.

[268] In libro V e. g. 5, 3, 19. 13, 9. 23, 1; in libro I e. g. 1, 1, 23 *praecipítia labantur* (aliter Bryce 486).

[269] In libro V e. g. 5, 5, 10. 16, 10 *ílle sed stultus est* Brandt contra numerum deleuit; in libro I 1, 1, 10 *quodámmodo disserenda* etiam numeri causa contra Brandt seruandum (aliter Bryce 484).

[270] Adsentimur fere e. g. Bryce 485 ad 1, 15, 23; quibusdam locis potius 'numero peiore' dici oportuit quam 'contra numerum'.

[271] Cyprien de Carthage, A Démétrien ... ed. J.-C. Fredouille, SChr 467, Parisiis 2003.

[272] Ciceronis De re publica, De legibus, Cato maior de senectute, Laelius de amicitia rec. ... J. G. F. Powell, Oxonii 2006; cf. W. Görler, Mnemosyne 4. ser. 61, 2008, 324–328, praesertim 324–326.

sertim locos a posterioribus laudatos, in nouum ordinem redegit, de quo certe multa disputabuntur. Nobis placuit Cic. rep. et secundum ordinem pristinum a K. Ziegler[273] redditum et secundum eum quem induxit Powell indicare.

In apparatus sectione **Test.** 26 locis Lucifer Calaritanus (cf. p. XLIV n. 142) adfertur, sed Lactantium non semper uerbo tenus laudauit; ergo illius textum ex Lucifero mutare non licet[274].

In adnotatione critica 'prob.' amplius quam p. LV significat 'probauit uel probabile putauit / probante ... putante'.

c. Commentationibus (pp. LI–LIII. LXIX) adde quas diximus pp. LXXI–LXXXII: Walter (n. 238), Ingremeau (n. 247), Bryce (censura, n. 258), Casey (n. 261), praeterea ad 5, 20–23 E. Heck, MH ΘEOMAXEIN oder: Die Bestrafung des Gottesverächters, Francofurti ad Moenum al. 1987.

d. Corrigenda: Fasc. 1: p. XXI l. 17 '7, 3, 19 *curae haberet*'; XXIII l. 8 '*quas*; LII l. 33 post 'Pichon' dele ', 152–158'[275]. Fasc. 2: p. LVIII l. 17 '30, 2. 6. 11' – Ad 4, 12, 9 *saluator* adn. crit. post 'P' adde '*recc., edd., Buen; cf. Thes. X 2, 2585, 70*'.

Gratias denique agimus iis, quae huic fasciculo auxilio fuerunt; ultra p. L et LXIX hic denuo appellamus: Miriam Bräuer (n. 232), Monika Köstlin (n. 231), Katrin Fürst (n. 235), quae etiam in hoc fasciculo relegendo nos adiuuit; praeterea nobis profuit Christiane Ingremeau (n. 246).

Tubingae et Moguntiaci,	E. H.
mense Iunio a. MMIX	A. W.

---

[273] Cic. rep. rec. K. Ziegler, Lipsiae 1915, 1969[7]. Quomodo loci ex Cic. rep. a Lact. praesertim in libris V et VI laudati a philologis ante Powell tractati sint, refert Winger, 1999, ad unum quemque locum.

[274] Quod fecit Brandt 5, 19, 25 et 6, 3, 17; praeterea Lucif. in adn. crit. mentionem facimus 5, 1, 7. 13, 15. 18, 7. 9.

[275] Hunc unum errorem recte monet B. Colot, Gnomon 79, 2007, 700 sq., inter nonnullas reprehensiunculas falsas uel ineptas.

CONSPECTVS SIGLORVM
CODICVM EDITORVM CRITICORVM

(De siglis B^1 B^2 B^3 D^{ac} D^{pc} P^{ar} P^{pr} sim. u. p. XLVIII)

A	fragmenta lib. IV / V in codd. Auerbodensi 44 et Florentino Laur. Ashb. 1899, saec. IX; u. p. LXXII–LXXV
B	codex Bononiensis bibl. uniu. 701, saec. V (m. 3 saec. V / VI); u. p. XIV sq. LVII
D	Cameracensis bibl. mun. 1219, saec. IX; u. p. XVI sq.
G	Sangallensis 213 (rescriptus) saec. V; u. p. XV sq. LXXI
H	Palatino-Vaticanus 161, saec. IX; u. p. XIX sq. LIX
K	Casinensis 595, saec. XI; u. p. XXI sq.
M	Montepessulanus schol. med. 241, saec. IX; u. p. XX. LIX
P	Parisinus BN lat. 1662 (Puteani), saec. IX; u. p. XVIII
R	Parisinus BN lat. 1663 (Regius), saec. IX; u. p. XXIII sq. LIX. LXXV
S	Parisinus BN lat. 1664, saec. XII; u. p. XXII
V	Valentianensis bibl. mun. 147, saec. IX; u. p. XVII
recc.	codices recentiores; cf. p. XLIII
edd.	editores omnes uel plurimi (saepe de coniectura incerti auctoris ante Brandt uulgo recepta; cf. p. X n. 17)
Br	Brandt (1890)
Buen	Bünemann (1739)
Fr	Fritzsche (1842)
Hm	Heumann (1736)
Ingr	Ingremeau (2007 inst. VI; u. p. LXXVII–LXXX)
Le	Le Brun – Lenglet-Dufresnoy (1748)
Mo	Monat (1973 inst. V; u. p. LXXVI)
St 230	Stangl (1915) p. 230
Win	Winger (1999, 126–251 inst. V et VI; u. p. LXXVI sq.)

L. CAELI FIRMIANI LACTANTI

DIVINARVM INSTITVTIONVM

LIBER QVINTVS

DE IVSTITIA

1. Non est apud me dubium, *Constantine imperator,* quin hoc opus nostrum, quo singularis ille rerum conditor et huius immensi rector adseritur, si quis attigerit ex istis inepte religiosis, ut sunt nimia superstitione impatientes, insectetur etiam maledictis et uix lecto fortasse principio adfligat proiciat exsecretur seque inexpiabili scelere contaminari atque adstringi putet, si haec aut legat patienter aut audiat. ab hoc tamen si fieri potest

Epit.: 5, 1, 1–9] 47, 2–5 *(quaedam ex 5, 9, 3–10 sumpta)*   5, 1, 1 insectetur ... audiat] 47, 2 cumque ... 3 insectantur

Auct.: 11 §§ 2–6] *cf.* Tert. apol. 1, 2 unum ... 6 odisse

Test.: 5 §§ 1–4] *cf.* Salu. gub. 5, 20

Codd.: *ab initio extant* B DV PA HM KS R   **5** *a* non *incipit* A *fol. 2^r col. sin. integra*

4 *de inscriptione u. p. XXVI sq. XXVIII; in* A *periit; u. p. LVIII*
5 constantine imperator KSR, c. i. maxime DV *(cf. 1, 1, 13 et p. XXXVII n. 109), om. cet.*   quiin HM   **6** ille *bis* D *(pr. del.)* V *post* huius *s.l. m.1?* eius D   **7** immensi] mentis HM   attigerit *ex* obt-? B^3; atting- HM   ex istis] existit KS   inepte] in B^1, *corr.* B^3; -tę PK, -tae HMS; -tis R   religionis HMS   **8** ut *ex* et B^3 sunt] nt *in ras. m.3* B; sint V^{ac} patientes R^1 insecte˜|tur, ˜ *m.3?*, B, -tatur HM; sectetur A^{ac} **9** et] ut *ex* et B^3 adfligat] 1 *exp.* V
10 inexpiabili *ex* -pleb- B^3; a *in ras. 3 litt.* S; -lis P   **11** ab] ob PA

humanitatis iure postulamus, ut non prius damnet quam uniuersa cognouerit. nam si sacrilegis et proditoribus et ueneficis potestas defendendi sui datur nec praedamnari quemquam incognita causa licet, non iniuste petere uidemur, ut si quis erit ille qui inciderit in haec, si leget, perlegat, si audiet, sententiam differat in extremum. sed noui hominum pertinaciam; numquam impetrabimus. timent enim ne a nobis reuicti manus dare aliquando clamante ipsa ueritate cogantur. obstrepunt igitur et intercedunt, ne audiant, et oculos suos opprimunt, ne lumen uideant quod offerimus; quo plane ipsi diffidentiam suae perditae rationis ostendunt, cum neque cognoscere neque congredi audent, quia sciunt se facile superari. et idcirco disceptatione sublata

'pellitur e medio sapientia, ui geritur res',

ut ait Ennius. et quia student damnare tamquam nocentes quos utique sciunt innocentes, constare de ipsa innocentia nolunt, quasi uero maior iniquitas sit probatam innocentiam damnasse quam inauditam. sed ut dixi uerentur, ne si audierint, damnare

Epit.: 5, 1, 4–6] 47, 4 scilicet ... noluerunt

Auct.: 13 Enn. ann. 268 Vahlen (248 Skutsch); cf. Cic. Mur. 30

Codd.: 11 *in* cum neque *desinit* A *fol. 2ʳ col. sin., seq. col. dext. resecta; u. p. LXXIV*

2 si] etsi H M   ueneficiis P *(tert. i exp.)* Mᵃʳ; beneficiis, *alt. i eras.*, B   **3** defendendi ... datur] defend|deatur B¹, e *ante* a *eras.*, endi sui *in ras. suppl.* B²; defendi s. d. A M¹   **3–4** incognita ... non *om.* P   **4** iuste D¹ V   uideremur A   fuerit B   **5** legerit, i *ex* e, D²; -gat Pᵃᶜ; -get et H M   audiat V¹ H M R; -iet *ex* -ies? A   **6** impetrauimus A Mᵃᶜ   **7** dare *ex* dere P³   **8** intercidunt H M   **10** offerrimus P; offerem- A; offendunt B¹, *corr.* B³   quo P A R; quod *cet.* diffidentia B H M   sui H M   **11** congredi audent *in* A *angulo abscisso deest*   audeant B H M Br *(in addendis)*, Mo, Win, *sed anteced.* cum q. d. *identicum*   **12** et *om.* H M   **13** sapientiae Dᵃʳ P *(in* A *extat* sapientia)   ui] cui B   res *om.* H   **15** cumstare D V   **16** quiasi Dᵃᶜ Vᵃᶜ   uero *ex* uestra B³; uere M   **17** ne si] nisi H M¹

non possint, et ideo cultores dei summi hoc est iustos homines torquent interficiunt exterminant, nec causas odiorum reddere ipsi possunt, qui tam uehementer oderunt. quia ipsi errant, irascuntur iis, qui ueram uiam sequuntur, et cum corrigere se possint, errores suos insuper crudelibus factis coaceruant, innocentium cruore maculantur et dicatas deo mentes euisceratis corporibus extorquent. cum talibus nunc congredi et disputare contendimus, hos ad ueritatem ab inepta persuasione traducere, qui sanguinem facilius hauserint quam uerba iustorum. quid igitur? operamne perdemus? minime. nam si lucrari hos a morte, ad quam concitatissime tendunt, non potuerimus, si ab illo itinere deuio ad uitam lucemque reuocare, quoniam ipsi saluti suae repugnant, nostros tamen confirmabimus, quorum non est stabilis ac solidis radicibus fundata et fixa sententia. nutant enim

Epit.: 5, 1, 9 ipsi ... repugnant] 47, 2 ... saluti

Test.: 1–7 cultores ... extorquent] Lucif. moriend. 2 l. 21–26 Diercks

Codd.: 11 *in* illo *desinit* A *fol.* 2^r *col. dext., seq. fol.* 2^v *col. sin. resecta (u. p. LXXIV); ceterum extant* B D V P H M K S R

1 possunt D^{ac} V^{ac}; -sit M K^{ac}; audeant p. R   hoc est] aut HM   **3** tam] uitam M   uehementes K^1 quia] quam B   erant D^1 V^1 **4** iis R *Br,* his *cet.* (h *exp.* P, A *deest), Win (ut semper)*   uiam ueram P   se *exp.* V^2; se ipsi R *Mo; cf. Lucif.* te possis   **5** possunt A M^{ac}; -sent R^2 coacerbant B^3 *(ex* cognita gerunt*)* H, -arcebant M   innocentum K S   **6** dictas A^{ac} uisceratis B^1, *corr.* B^2; deui- D V   **7** nunc congredi] non concredunt, credunt *in ras. m.2,* H; cum *(s.l. m.2)* non *(deinde 3 litt. eras.)* credunt M   et *om.* HM   **8** hos] nec HM   incepta B^{ar} transducere HM; *sup.* trad- *add.* cupimus R^2 **9** sanguine P; sansuinem H M^{ar} *(ex utraque* s *ras.* i*)*   auserint P *(in* A extat | rint*);* hauserunt R   **10** perdamus B^1, *corr.* B^3; -derem D V   **11** ad] d *in ras.* D; at P   **12** uitam] u. dirigere B   lucemque *s.l.* B^3 reuocare *ex* inuoc- B^3; -cari HM; *sup.* r. *add.* non ualemus R^2 salutis H^{ar} M^{ar} **13** repugnant] re *s.l., ceterum extat* pug| A   confortabimus B; *cf. Br ad l. et* 4, 15, 13. 20, 12   non *om.* P *(et* A *ut uid.; extant 2 hastae potius litt.* m *quam* n*)*   **14** fixa] fida HM

plurimi ac maxime qui litterarum aliquid attigerunt. nam et in hoc philosophi et oratores et poetae perniciosi sunt, quod incautos animos facile inretire possunt suauitate sermonis et carminum dulci modulatione currentium. *mella sunt haec uenena tegentia.* ob eamque causam uolui sapientiam cum religione coniungere, ne quid studiosis inanis illa doctrina possit officere, ut iam scientia litterarum non modo nihil noceat religioni atque iustitiae, sed etiam prosit quam plurimum, si is qui eas didicerit, sit in uirtutibus instructior, in ueritate sapientior. praeterea etiamsi nulli alii, nobis certe proderit: delectabit se conscientia, gaudebitque mens in ueritatis se luce uersari, quod est animae pabulum incredibili quadam iucunditate perfusum. uerum non est desperandum, fortasse 'non canimus surdis'. nec enim tam in malo statu res est – *aut plus impuris spiritibus quam sancto licet* –, ut desint sanae mentes, quibus et ueritas placeat et monstratum sibi rectum iter et uideant et sequantur. circumlinatur modo poculum caelesti melle sapientiae, ut possint ab impru-

Auct.: **13** Verg. ecl. 10, 8   **16** § 14]   *cf.* Lucr. 1, 936–942 = 4, 11–17

Codd.: **17** in mel | *desinit* A *fol. 2ᵛ col. sin., seq. col. dext. integra*

1 terrarum P *(in* A *extat* rum*)*   attingerunt D V S^ar, -tigerint, in *ex alia litt.*, K; adierunt B   in *om.* D V   **2** incautas *(deinde 6–7 litt. eras.)* animas M   **3** sauitate P^ac; uanit- D V   **4** moderatione curuantur B^1, *corr.* B^3   **4–5** mella ... tegentia K S R *tantum, ex retractatione; cf. Heck, 1972, 179*   **4** uenenum K S   agentia S   **6** coniungere] fung- D V   efficere B^1 *(corr.* B^3*)* K S   **7** scientiam H M^ar   non *om.* K S   religione M^ac R^1   **8** eas *om.* M   **9** instructior] strict- P A   scientior H (sti-) M   **10** etiamsi] quamsi B   proderit B; *cf. 2, 3, 1*   se *om.* P A   conscientiam H M^ar   **11** gaudebit mens P ueritates P^ac V^ac (D *deest*)   se *om.* V (D *deest*)   est *om.* K   **12** uerum] *pr.* u *in ras. m.3, post* e *1 litt. eras.* B   **13** non canimus] nunc an- D V H^ac M^ac   **14** aut ... licet K S R *tantum, ex retractatione; cf. Heck, 1972, 179 sq.*   **15** et *post* quibus *om.* B   **16** rectum] regnum R   iter et] inter et B^ar; iret H M   circumliniatur B S^2   **17** poculum] pabulum B; *cf. § 12 et 1, 1, 19*   caeleste B *Walter (u. p. LXXVI n. 238) 328–333*; -tis H M S^2   sapientiae melle caelesti P *Mo*

dentibus amara remedia sine ulla offensione potari, dum inliciens prima dulcedo acerbitatem saporis asperi sub praetexto suauitatis occultat. nam haec in primis causa est cur apud sapientes et doctos et principes huius saeculi scriptura sancta fide careat, quod prophetae communi ac simplici sermone ut ad populum sunt locuti. contemnuntur itaque ab his, qui nihil audire uel legere nisi expolitum ac disertum uolunt, nec quidquam haerere animis eorum potest nisi quod aures blandiore sono mulcet; illa uero quae sordida uidentur, anilia inepta uulgaria existimantur. adeo nihil uerum putant nisi quod auditu suaue est, nihil credibile nisi quod potest incutere uoluptatem; nemo rem ueritate ponderat, sed ornatu. non credunt ergo diuinis, quia fuco carent, sed ne illis quidem qui ea interpretantur, quia sunt et ipsi aut omnino rudes aut certe parum docti. nam ut plane sint eloquentes, perraro contingit; cuius rei causa in aperto est. eloquentia enim saeculo seruit, populo se iactare et in rebus malis placere gestit, siquidem ueritatem saepius expugnare conatur, ut uim suam monstret; opes expetit, honores concupiscit, summum denique gradum dignitatis exposcit. ergo

Codd.: **18** *ab* ut uim *incipit* A *fol. 3ʳ col. sin. integra*

1 amare media P ulla R *Mo, Heck, 1972, 190, om. cet., Br* potari] amput- B **2** aceruitatem B¹ *(corr.* B³*)* Dᵃᶜ Vᵃᶜ*;* aceruitate HMᵃᶜ saporis ... praetexto] sapori sub *(b s.l. m.2)* pretexto *(to s.l. m.2)* P asperi] -pensa HMᵃᶜ praetextu M² S² **3** suauitates R¹ occultae B¹*, corr.* B³ **4** principis P **5** ut *om.* BP **6** contemnentur Dᵃᶜ V *(-mpn-)* his *codd.,* iis *edd., Br* **7** excultum B dissertum Bᵃʳ V² PA*;* dese- HM **8** inhaerere DVHMR *(-her- HMR)* animis] in a. HM blandiori HM **9** mulcent P*;* -lget R¹ illam P uideantur H, -dentur *ex* -deatur M **10** ideo P ueri HM **10–11** auditus uane DV **11** credibile] c. est B **12** rem] se KS ueritatem PMᵃʳ **13** fuco *ex* suco? B³*;* fugo Aᵃᶜ ea *ex* a B³*;* eam Mᵃʳ R **14** sunt aut ipsi et omnino R **14–15** docti nam] -trinam, *s.l. m.2* consecuti R **15** contigit PR **16** eloquentia *bis* K *(pr. del. m.2)* S **18** conatur] uideatur HM *(a eras.)* **19** denique] eque B gradum] gaudium PA

haec quasi humilia despicit, arcana tamquam contraria sibi fugit,
quippe quae publico gaudeat et multitudinem celebritatemque
desideret.   eo fit, ut sapientia et ueritas idoneis praeconibus
indigeat. et si qui forte litteratorum se ad eam contulerunt, de-
fensioni eius non suffecerunt.   ex iis qui mihi noti sunt Minu-
cius Felix non ignobilis inter causidicos loci fuit. huius liber, cui
Octauio titulus est, declarat quam idoneus ueritatis adsertor esse
potuisset, si se totum ad id studium contulisset.   Septimius
quoque Tertullianus fuit omni genere litterarum peritus, sed in
eloquendo parum facilis et minus comptus et multum obscurus
fuit. ergo ne hic quidem satis celebritatis inuenit.   unus igitur
praecipuus et clarus extitit Cyprianus, quoniam et magnam sibi
gloriam ex artis oratoriae professione quaesierat et admodum
multa conscripsit in suo genere miranda.   erat enim ingenio
facili copioso suaui et, quae sermonis maxima est uirtus, aperto,
ut discernere non queas, utrumne ornatior in eloquendo an

Auct.: **14–15** ingenio ... copioso] *cf.* Quint. inst. 10, 1, 128

Test.: **5** § 22] Hier. uir. ill. 58, 3 meminit ... Lactantius

1 haec quasi] doctrina si H M   quasi *om.* R   **1–2** fugit ... quae]
fugitque P   **2** quae] q. cum M   caelebritatem P   **3** fit] f *in ras.
m.2* B   **4** indigebat V^{ac} forte *om.* R   litterarum B^{ac} ad eam se
K S   **5** eius *om.* B   sufferunt P; -ficerint *ex* -fec- H^2
iis R, his *cet.*   noti sunt] nota s. M^{ac}; -tis K^1 S^1 **6** ignorabilis P *(ra
del. m. rec.)* A   **7** octauius B^1, *corr.* B^3 **8** potuisset] -isse et A
se] uere P A   id *om.* B H M R   Septimius] et septimus D V; -mus
H^1 M K S   **9** tertulianus H R   omne H^1 M^1 peritus *ex* repletus *ut
uid.* B^3 sed] et H M   **10** parum *om.* H M   minus] nimium H M
obscurs D^1 V^1; -scurum P^1, *corr.* P^2; et o. H M^{ar} **11** ergo ... qui-
dem] ne q. per tot sed apud doctos non H M   ne hic *ex* nec B^3
celebritates R^1 unus *s.l.* P^2 **12** et magnam] maximam H M
13 quaesiebat D^1 V   et *om.* B^1, *s.l.* qui B^3 **14** multa] mata D^1 V^1;
mira *s.l.* V^2 enim] cum H M   **15** cupioso D^{ac} V^{ac}; copiosus H M
suaui ... sermonis] suauitate sermonis quae H M   sermones P; -ni R
Mo   **16** non queas] neque- D P   ordinatior│ri in, ri *del.,* D

felicior in explicando an potentior in persuadendo fuerit. hic tamen placere ultra uerba sacramentum ignorantibus non potest, quoniam mystica sunt quae locutus est et ad id praeparata, ut a solis fidelibus audiantur. denique a doctis huius saeculi, quibus forte scripta eius innotuerunt, derideri solet. audiui ego quendam hominem sane disertum, qui eum immutata una littera Coprianum uocaret, quasi quod elegans ingenium et melioribus rebus aptum ad aniles fabulas contulisset. quodsi accidit hoc ei, cuius eloquentia non insuauis est, quid tandem putemus accidere eis, quorum sermo ieiunus est et ingratus? qui neque uim persuadendi neque subtilitatem argumentandi neque ullam prorsus acerbitatem ad reuincendum habere potuerunt.

2. Ergo quia defuerunt apud nos idonei peritique doctores, qui uehementer, qui acriter errores publicos redarguerent, qui causam omnem ueritatis ornate copioseque defenderent, prouocauit quosdam haec ipsa penuria, ut auderent scribere contra

Codd.: 1 *in* sua| *desinit* A *fol. 3ʳ col. sin., seq. col. dext. mg. resecto mutila; u. p. LXXIV; ceterum extant* B DV P HM KS R

1 facilior V *(ex* fel-*)* K S an] aut K S suadendo B A^ac *(extat* sua|, *s.l.* per*)* **2** tam R¹ sacramenti HM **4** huius *om.* M **5** solent HM ergo P *(A deest)* **6** dissertum KS*;* dese- HM*;* sacrilegum B eum] cum KS inmuta P¹, *corr.* P²*;* mutata R una *om.* HM **7** cyprianum P¹, *corr.* P² quod *om.* B eligans KS ingenium] in ingenio HM **8** contulisset] c. unde apparet disertissimo et doctissimo uiro quantum ad sacrilegos adtinet refellendos non facultatem dicendi sed consilium defuisse in eo praecipue quo demetrianum ueritatis expertem non ratione prudentiae mundanae *(ex* -ne *m.2)* qua uti in principio debuit sed auctoritate caelestium praeceptorum quorum ille se hostem fatebatur adstrinxit B *ex 5, 4, 3–6* accedit D¹ V hoc accid- HM **9–10** accidere eis BR*;* eis a. KS*;* eis *om.* DVPHM *(A inc., desintne 11 an 14 litt.); ad* eis *cf. 5, 6, 2* **10** ieiunus] et ieiunius, *tert. i eras.,* R iningratus B^ar quia PM *(A deest)* **11** subtilitatem] per s. R nec ullam R illam P **12** acerbitatem B² AMKSR, -rui- B¹ DVH, adcerui- P poterunt *ex* poterant H² **13** deferunt A^ac **15** ornare HMK¹ copiosoque P

2 ignotam sibi ueritatem. omitto eos, qui prioribus eam temporibus nequiquam lacessierunt. ego cum in Bithynia oratorias litteras accitus docerem contigissetque ut eodem tempore dei templum euerteretur, duo extiterunt ibidem, qui iacenti atque abiectae ueritati nescio utrum superbius an importunius insultarent.
3 quorum alter antistitem se philosophiae profitebatur, uerum ita uitiosus, ut continentiae magister non minus auaritia quam libidinibus arderet, in uictu tam sumptuosus, ut in schola uirtutis adsertor, parsimoniae paupertatisque laudator, in palatio peius cenaret quam domi. tamen uitia sua capillis et pallio et, quod maximum est uelamentum, diuitiis praetegebat; quas ut augeret, ad amicitias iudicum miro ambitu penetrabat eosque sibi repente auctoritate falsi nominis obligabat, non modo ut eorum sententias uenderet, uerum etiam ut confines suos, quos sedibus agrisque pellebat, a suo repetendo hac potentia retardaret. hic uero
4 qui suas disputationes moribus destruebat uel mores suos disputationibus arguebat ipse aduersum se grauis censor et accusator acerrimus, eodem ipso tempore, quo iustus populus nefarie

Auct.: **6** alter] *ignotus, non Porphyrius; cf. Wlosok, Fondation Hardt, Entretiens 51, 2005, 20–28; Riedweg, ibid. 155–161*

Codd.: **3** contigissetque] *hinc fere coepit A fol. 3^v col. sin. mg. resecto et litura obruta maximam partem non lecta; u. p. LXXIV sq.*

1 ignoratam P mitto V *(D deest, A inc.)* eam prioribus R eam *om.* HM **2** nequiquam B^{pr} VPAK *(D deest)*, -quicq- B^{ar} HSR, necquicq- M lacesserunt DV *(A deest)* ego] et e. HM bythynia BVM *(in D extat* byt*)*, bythania H **3** adcitus R; acciditus V *(D deest)* ut *om.* HM **4** uerteretur V *(D deest)* **5** infortunius HM; inportunus KS *(*imp-*)* **6** antestitem D^{ac} VM^{ac} R **7** libidines *ex* -nis D **8** sumptuosus] et s. B in schola] incola P scola DVAHM **9** parsimonia . . . laudator *om.* P laudatur DVM^{ac} **11** quasi R ageret V^{ac} **12** amicitiam R *Mo; cf. Win ad l.* iudicium R^{ar} miro] isto B **13** sententiam HM **14** ut] in R **15** a *om.* R hac] ac AHMR retardet P *(A deest)* **16** disputationis R^1 **17** aduersum se *om.* P graues P *(A inc.)*

lacerabatur, tres libros euomuit contra religionem nomenque
Christianorum, professus 'ante omnia philosophi officium esse
erroribus hominum subuenire atque illos ad ueram uiam reuocare id est ad cultus deorum, quorum numine ac maiestate mundus gubernetur, nec pati homines imperitos quorundam fraudibus inlici, ne simplicitas eorum praedae ac pabulo sit hominibus
astutis. itaque se suscepisse hoc munus philosophia dignum, ut
praeferret non uidentibus lumen sapientiae, non modo ut sus-
ceptis deorum cultibus resanescant, sed etiam ut pertinaci ob-
stinatione deposita corporis cruciamenta deuitent neu saeuas
membrorum lacerationes frustra perpeti uelint.' ut autem appareret cuius rei gratia opus illud elaborasset, effusus est in
'principum' laudes, quorum 'pietas et prouidentia', ut quidem
ipse dicebat, 'cum in ceteris rebus tum praecipue in defendendis
deorum religionibus claruisset. consultum esse tandem rebus
humanis, ut cohibita impia et anili superstitione uniuersi homines legitimis sacris uacarent ac propitios sibi deos experirentur.'
ubi autem religionis eius contra quam perorabat infirmare uoluit
rationem, ineptus uanus ridiculus apparuit, quia grauis ille con-
sultor utilitatis alienae non modo quid oppugnaret, sed etiam

Codd.: 2 *in* [chri]stianorū *desinit* A *fol. 3ᵛ col. sin., seq. col. dext. integra praeter l. 1 glutinatione opertam*   **20** *in* utilitatis *desinit* A *fol. 3ᵛ col. dext., seq. frustulum fol. 4ʳ col. sin., ubi nihil legitur nisi in fine l. 2* retur nesciebat; *inde extant* B D V P H M K S R

2 christianorum B A K S R *Mo, Win;* -num *cet., edd., Br*   **3** terroribus H M   hominibus D¹ V   illo M   **4** cultum B   nomine B¹ *(corr.* B³) V A H   maiestatem P; m. ut ille dicebat H M *ex § 7*   **5** quorumdam P A *(dã s.l.)*   **6** patibulo D V   **7** hoc se suscepisse, *ord. lineolis rest. (cf. p. XV),* B   **10** crumenta Bᵃᶜ   ne B D V; nec H M   **11** uellent B P A K S *numero meliore*   apparet M   **12** delaborasset A   **13** principium Hᵃʳ M Rᵃʳ   laudis *ex* -des B², *corr.* B³   quidem] quem, m *eras.,* H   **14** in *post* cum *om.* P M   tum *om.* H M   **15** tamen H M   **16** ut *om.* H M; et P impia *in mg. m.1* A   et] hac *ex* ac B³   superstitioni Pᵃᶜ   uniuerse P¹, *corr.* P²   **18** religiones Kᵃᶜ   quem P   orabat B   **20** *ante* utilitatis *eras. sub et 2 al. litt.* R   oppugnare P

9 quid loqueretur nesciebat. nam si qui nostrorum adfuerunt, quamuis temporis gratia coniuerent, animo tamen derisere, utpote cum uiderent hominem profitentem se inluminaturum alios, cum ipse caecus esset, reducturum alios ab errore, cum ipse ignoraret ubi pedes suos poneret, eruditurum alios ad ueritatem, cuius ille ne scintillam quidem unam uidisset aliquando, quippe cum sapientiae professor profligare sapientiam niteretur.

10 omnes tamen id arguebant, quod illo potissimum tempore id operis esset adgressus, quo furebat odiosa crudelitas. o philo-
11 sophum adulatorem ac tempori seruientem! uerum hic pro sua inanitate contemptus est, qui et gratiam quam sperauit non adeptus est et gloria quam captauit in culpam reprehensionemque
12 conuersa est. alius eandem materiam mordacius scripsit, qui erat tunc unus e numero iudicum et qui auctor in primis faciendae persecutionis fuit. quo scelere non contentus etiam scrip-
13 tis eos quos adflixerat insecutus est. composuit enim libellos duos, non contra Christianos, ne inimice insectari uideretur, sed ad Christianos, ut humane ac benigne consulere putaretur. in

Auct.: **13** alius] Sossianus Hierocles; *cf. mort. pers. 16, 4 et Wlosok, Fondation Hardt, Entretiens 51, 2005, 20 n. 48*

Codd.: **18** *a* con[sulere] *incipit* A *fol. 4ʳ col. dext.; l. 1–8 mutilis partes textus usque ad § 15 fuit* extant, *ceterum* B D V P H M K S R

1 nam] quam B   quis P^{ac} R^{ar} adfuisset B   **2** temporibus R   grati P   coniuerent M R, -nibe- H K S; conuenir- D V; non congrueret B, congrueret P   derideret B; tenere R   **3** uideret B
4 ducturum B^1, *corr.* B^2 **4–5** alios ... alios *om.* P^1, ab ... eruditurum *in mg. inf.* P^2; ab ... alios *om.* M   **5** erudituin K S^1 *(ut uid.)*
6 ille ne] nec D V   **8** ille potentissimo B   **9** opus B
o *om.* B   filosoforum D V   **10** adlatorem P   temporis D^{ar} V P, -re H^{ac} uerum *s.l.* B^3 **12** gloriam D^{ac} V H M K S   **13** eundem M
14 tunc unus R *Heck, 1972, 190, Win;* tum *tantum cet., edd., Br* e] in M   qui auctor] quia uic- B; q. auctori P^{ac} **15** scriptos M
16 quod H   libros B   **17–18** ne ... christianos *om.* M
17 insectator H   sed *om.* P   **18** ad] ut H   ut *om.* H M
humane ac B^{pr} D^{pc} H, -nae ac B^{ar} P M K S R, -nfac D^{ac} V

quibus ita falsitatem scripturae sacrae arguere conatus est, tamquam sibi esset tota contraria. nam quaedam capita, quae repugnare sibi uidebantur, exposuit adeo multa, adeo intima enumerans, ut aliquando ex eadem disciplina fuisse uideatur. quod si fuit, quis eum Demosthenes poterit ab impietate defendere, qui religionis cui fuerat accensus et fidei cuius nomen induerat et sacramenti quod acceperat proditor factus est? nisi forte casu in manus eius diuinae litterae inciderunt. quae igitur temeritas erat id audere dissoluere, quod illi nemo interpretatus est? bene, quod aut nihil didicit aut nihil intellexit. tantum enim abest a diuinis litteris repugnantia, quantum ille afuit a fide et ueritate. praecipue tamen 'Paulum Petrumque' lacerauit 'ceterosque discipulos tamquam fallaciae seminatores', quos eosdem tamen 'rudes et indoctos fuisse' testatus est; nam 'quosdam eorum piscatorio artificio fecisse quaestum', quasi aegre ferret quod illam rem non Aristophanes aliquis aut Aristarchus commentatus sit.

3. Afuit ergo ab his fingendi uoluntas et astutia, quoniam rudes fuerunt. aut quis possit indoctus apta inter se et cohaerentia fingere, cum philosophorum doctissimi, Plato et Aristoteles et Epicurus et Zenon, ipsi sibi repugnantia et contraria dixerint? haec est enim mendaciorum natura, ut cohaerere non possint.

Codd.: **18** *ab* inter *uel* se *coepit* A *fol. 4ᵛ col. sin.; l. 1–8 mutilis partes textus usque ad § 2* uera est *extant, ceterum* B D V P H M K S R

1 ita *in fine lin.* B³   sanctae B H M   acuere D V   **3** sibi] ut s. H M   uideantur H M   *ante* intima *eras. 5 litt.* B   intima numerans B¹ *(corr.* B³)*, -mę nu- H, -me nu- M   **4** fuisse *(s.l. m.2)* ex eadem disciplina B   **5** *sup.* quis *m. rec. sed* P   **6** qui] quae D¹ V   **7** ni R   **8** eius *s.l.* B³   diuina, *deinde* m? *eras.,* H M   litterae *s.l.* D², *om.* V   meritas P¹, *corr.* P²   **9** audire D V S   **10** aut quod R   dicit B   a *om.* D V R   **11** fuit? B   **12** ceteros P   **13** sectatores B; proseminatores R   tamen *om.* H M   **14** es R¹   **15** fuisse H M   **16** rem *codd.,* religionem *Br male cl. 5, 3, 3*   non *om.* R   aristharcus B P, -tarcus H M Kᵃᶜ   **17** is R   uoluptas R   **18** quis] quamuis D V   **20** zeno R *(in* A *extat* zen*); cf. 1, 5, 20. 3. 4. 1*   dixerunt H M   **21** est *om.* R   possint] n *eras.* B

2 illorum autem traditio quia uera est, quadrat undique ac sibi tota
consentit et ideo persuadet, quia constanti ratione suffulta est.
3 non igitur quaestus et commodi gratia religionem istam com-
menti sunt, quippe qui et praeceptis et re ipsa eam uitam secuti
sint, quae et uoluptatibus caret et omnia quae habentur in bonis
spernit, et qui non tantum pro fide mortem subierint, sed etiam
morituros esse se et scierint et praedixerint et postea uniuersos
qui eorum disciplinam secuti essent acerba et nefanda passuros.
4 'ipsum' autem 'Christum' adfirmauit 'a Iudaeis fugatum collec-
5 ta nongentorum hominum manu latrocinia fecisse'. quis tantae
auctoritati audeat repugnare? credamus hoc plane, nam fortasse
illi hoc in somnis Apollo aliquis nuntiauit. tot semper latrones
perierunt et cottidie pereunt, utique multos et ipse damnasti.
quis eorum post crucem suam non dicam deus, sed homo ap-
6 pellatus est? uerum tu forsitan ex eo credidisti, quia uos homi-
cidam Martem consecrastis ut deum; quod tamen non fecissetis,
7 si illum Ariopagitae in crucem sustulissent. idem cum facta
eius mirabilia destrueret nec tamen negaret, uoluit ostendere

Codd.: **15–16** *in* A *fol. 4^v col. dext. l. 1–2 superest* forsitan ... conse-
crastis; *a* [fo]rsitan *incipit* G *p. 68, lecta l. 1 usque ad* homi | *et partes*
§§ *11–13* artis ... opiniones; *ceterum extant* B D V P H M K S R

1 est quadrat] est enim *(exp. m.3)* q. et (e *in ras.*, t *s.l. m.2)* B
ac *om.* B   tota] uniuersa R; *cf. Heck, 1972, 190*   **2** esset? B^{ar}
3 igitur] enim B P   istam *om.* D V   commentati B^{ar} *(conm-)* H M
5 sint B P^{pc} K S, sunt P^{ac} *cet.*   quae *ante* et] quam H^{ar} M, qua H^{pr}
6 spernitis D^1 V   **7** moriturus R^1 se *in ras.*, et scierint et *s.l.* B^3
postea] p. qui H M^{ar} **8** disciplinam] m *in ras. m.1 uel 2* B
acerua D^1 V H   **9** refutatum H M   **10** nongentorum K S R^2, nung- R^1
cet.   qui H M   **11** auctoritate M   audacte pugnare V *(et* D^1 *ut
uid.);* ualeat r. H M   credant H M   **12** hoc illi P K S
somniis K S *Mo; cf. Br ad l.*   **13** cottidie B *(pr.* t *eras.)* R, coti- *cet.;
cf. 1, 4, 3*   et *om.* P   **15** est *om.* H M   tu] tum H M
qua H M   **16** matre V *(D deest);* mortem M K S   ut deum *s.l.* B^3
17 idem] idest *plene* K; deinde H M   acta K^1 **18** eius] sint H M
distrueret R^1 negare R^1

'Apollonium uel paria uel etiam maiora fecisse'. mirum quod Apuleium praetermisit, cuius solent et multa et mira memorari. cur igitur, o delirum caput, nemo Apollonium pro deo colit? nisi forte tu solus, illo scilicet deo dignus, cum quo te in sempiternum uerus deus puniet. si magus Christus, quia mirabilia fecit, peritior utique 'Apollonius', qui ut describis 'cum Domitianus eum punire uellet, repente in iudicio non comparuit', quam ille qui et comprehensus est et cruci adfixus. at enim ex hoc ipso fortasse insolentiam Christi uoluit arguere, quod deum se constituerit, ut ille uerecundior fuisse uideatur, qui cum maiora faceret, ut hic putat, tamen id sibi non adrogauerit. omitto nunc ipsa opera comparare, quia in secundo et in superiore libro de fraude ac praestigiis artis magicae dixi. nego esse quemquam, qui non optet in primis id sibi post mortem contingere, quod etiam reges maximi concupiscunt. cur enim sibi homines sepulcra magnifica, cur statuas, cur imagines comparant? cur aliquibus claris factis aut etiam pro ciuibus morte suscepta student opiniones hominum promereri? cur denique ipse ingenii tui mo-

12 in secundo et in superiore libro] 2, 16, 1–21. 4, 13, 16. 27, 5–17

Codd.: **18** *in* opiniones *desinit* G *p. 68, seq. p. 67 fere tota lecta; hinc extant* B G D V P H M K S R

1 patria V *(D deest)*   maiore M   nimirum H^{ar} M   **2** apulegium P *(l ex d?)* S   mirari B^{ar} **3** delibrum V *(D inc.)*; dilir- P **4** forte *om.* H M   illo *post* scilicet *s.l.* B^3 te *om.* P sempiternum] perpetuo B   **5** uerus *s.l.* B^3 puniret V^{ac}; -niat R   magnus M   **6** discribis P   **7** iudicium B; -co M   conpauit D^{ac} V^{ac}; -rauit K S^{ar} **8** est *om.* P, *s.l.* R   crucifixus B   at] ad V M *(D deest);* ait K S   ipso *om.* P   **9** solentiam D^{ac} V^{ac} uoluerit R deum] dñs *i. e.* dominus K S   constitueret H M   **10** ut ... uerecundior] uere conditor K S   **11** id *s.l.* P, *om.* H M   adsignauerit H M   **12** computare K S   quia] q. et H M   in *post* et *om.* S   **13** ac] ac de P   **14** oportet V   **15** regis P^{ac} **16** magnificant H M   con[p]arantes *ut uid.* G   aliquis B *(G inc.)*   **17** pro *ex* prae *m.1?* B   **18** monimentum P *(cf. 1, 11, 45. 18, 6. al.);* -to H M

numentum hoc detestabile stultitia tamquam caeno aedificatum
constituere uoluisti, nisi quod immortalitatem de memoria nominis speras? stultum igitur est id putare Apollonium noluisse
quod optaret utique, si posset, quia nemo est qui immortalitatem
recuset, maxime cum 'eum' dicas 'et adoratum esse a quibusdam sicut deum et simulacrum eius sub Herculis Alexicaci nomine constitutum ab Ephesiis etiamnunc honorari.' non potuit
ergo post mortem deus credi, quia et hominem et magum fuisse
constabat, et ideo alieni nominis titulo adfectauit diuinitatem,
quia suo nec poterat nec audebat. noster uero et potuit deus
credi, quia magus non fuit, et creditus est, quia uere fuit. 'non'
inquit 'hoc dico, idcirco Apollonium non haberi deum, quia no-
luerit, sed ut appareat nos sapientiores esse, qui mirabilibus factis non statim fidem diuinitatis adiunximus, quam uos, qui ob
exigua portenta deum credidistis.' non est mirum si tu, qui a
dei sapientia longe remotus es, nihil prorsus intellegis eorum
quae legisti, cum Iudaei, qui a principio prophetas lectitauerant
quibusque sacramentum dei fuerat adsignatum, tamen quid

1 detestabile] *sup. ult. e eras.* a? B *(G inc.);* -li H M   stultitia B
tamquam] quoad, a *eras.,* B   aedificatur B; -tam R   **4** oporteret M
utique si] uel quasi? B¹ *(corr.* B³*)* G *(inc.)*   possit P   **5** maxime] et
m. H M   eum cum B¹ *(ord. lineolis rest.* B³*)* G   dicat *ex* -cas B³ *(G
inc.)*   *post* esse *eras.* eum P   **6** et] ac B G   simulacrum *ex* si
mulier? B³ *(G inc.)*   alexi cacci D, -xiaci P, -xitaci H M
7 ephesis H M *(*heph-*)*   onorari B¹ *(corr.* B³*)* Pac   **8** ergo *om.* K S
mortem ... quia et *om.* G   deus *s.l. m.1, antea* ne *s.l. m.2 nunc
extersum* B   qui B¹, quem B²   magnum Har Mar   **9** constabat et
ideo] bat *et* deo *in ras. m.3* B; constat et i. G   diuinitatem *ex* id nisi
temeraria B³   **10** nec *post* suo] non B *(G inc.)*   audiebat Bar
11 magnus Var   et *om.* H M   est] e. deus H M   fuit] f. deus
B G H M   **12** ntoluerit Bar   **14** adiungimus G   **14–15** qui ob
exigua] quibus exitus B¹*, corr.* B³*, supra haec add.* cum eorum B²; q.
o. esigua G   **15** portenta *ex* pareant B³*, ex* -tent P²   qui *om., a s.l.* D
16 remotus es *in mg.* P²*;* -tos es Mac   prosus P   intellegas H M
17 iudaei *ex* iudices? B³; iudei|es G   lectitauerunt P H M
18 consignatum G

legerent ignorauerint. disce igitur, si quid tibi cordis est, non 18
idcirco a nobis deum creditum, quia mirabilia fecit, sed quia
uidimus in eo facta esse omnia quae nobis adnuntiata sunt ua-
ticinio prophetarum. fecit mirabilia. magum putassemus, ut et 19
uos nunc putatis et Iudaei tunc putauerunt, si non illa ipsa fac-
turum prophetae omnes uno spiritu praedicassent. itaque deum 20
credimus non magis ex factis operibusque mirandis quam ex illa
ipsa cruce, quam uos sicut canes lambitis, quoniam simul et illa
praedicta est. non igitur suo testimonio – cui enim de se dicenti 21
potest credi? –, sed prophetarum testimonio, qui omnia quae
fecit ac passus est multo ante cecinerunt, fidem diuinitatis accepit, quod neque Apollonio neque Apuleio neque cuiquam ma-
gorum potuit aut potest aliquando contingere. cum igitur talia 22
ignorantiae suae deliramenta fudisset, cum ueritatem penitus ex-
cindere conisus esset, ausus est libros suos nefarios ac dei hostes
φιλαληθεῖς adnotare. o caecum pectus, o mentem Cimmeriis 23
ut aiunt tenebris atriorem! discipulus hic fortasse Anaxagorae

Auct.: **16–17** mentem ... atriorem] *cf.* Cic. ac. 2, 61   **17** Anaxagorae] *u. 3, 23, 11*

Codd.: **2** *in* creditum *desinit* G *p. 67; hinc extant* B DV P HM KS R

1 legerint B¹ *(corr.* B³*)* GPKSR *recte?*   dice B^ac   si quid] quit G
est *s.l.* R   non] n. solum BG   **2** creditum] c. xp̄m *i. e.* christum HM
fecit *om.* DV   sed] uerum etiam B   **3** uidemus B   uaticino V^ac;
-igi-, g *sup. exp.* c, R   **4** propheta KS¹   magnum BDVPH^ar M^ar
putassem P   **5** nuncupatis B¹ *(corr.* B³*)* DVPHM   et] ut HM
facturum] f. xp̄m HM   **6** omnes *om.* KS   praedixissent DV *Br
numero peiore;* -dicarent HM   **7** non magis] tam B   ex factis]
exact- KS   operibus P   quam] quem D¹ V   **8** ipsa *om.* HM
illa *s.l.* B³   **9** praedicata B³ *(ex* praedata*)* DVP^ac *numero peiore
de in fine lin.* B³   **10** sed *om.* HM   **11** multi HM   finem R
12 maiorum HM   **13** alia P   **14** suae] seu P   fuisset K^ac
excidere DVPHMR   **15** nisus B; conixius DV   ausus] aut sus P
16 φιλαληθεις *uariis litt.* α / λ, η / ν BDVP, -λιθ- K *(s.l. m.2* fila li
theis*)* S, -ηεις R; φλααηνηθcιρ *sic* HM   cimmeriis *del.* R
17 atriorem *in ras.* B³; tetr- HM; -iosem KS; acriore *(del. m.1)* a. R

fuerit, cui niues atramentum fuerunt. atquin eadem caecitas est
et uero falsitatis et mendacio ueritatis nomen imponere. uidelicet homo subdolus uoluit lupum sub ouis pelle celare, ut fallaci
titulo posset inretire lectorem.   uerum esto, inscitia hoc, non
malitia feceris. quam tandem nobis attulisti ueritatem, nisi quod
adsertor deorum eos ipsos ad ultimum prodidisti? prosecutus
enim 'summi dei' laudes, 'quem regem, quem maximum, quem
opificem rerum, quem fontem bonorum, quem parentem omnium, quem factorem altoremque uiuentium' confessus es, ade-
misti Ioui tuo regnum eumque summa potestate depulsum in
ministrorum numerum redegisti. epilogus itaque te tuus arguit
stultitiae uanitatis erroris. adfirmas enim deos esse et illos tamen
subicis et mancipas ei deo, cuius religionem conaris euertere.

4. Hi ergo de quibus dixi cum praesente me ac dolente
sacrilegas suas litteras explicassent, et illorum superba impietate
stimulatus et ueritatis ipsius conscientia et, ut ego arbitror, deo,
suscepi hoc munus, ut omnibus ingenii mei uiribus accusatores
iustitiae refutarem, non ut contra hos scriberem qui paucis uerbis obteri poterant, sed ut omnes, qui ubique idem operis effi-

Auct.: 3 lupum ... pelle] *cf.* Matth. 7, 15

1 ferit P^ac, fuit R   niuis P   adquin DHM, atqui KS
2 et *post* est] ea H, *ras. tantum* M   **4** possit PHM   lectorum B¹,
corr. B³   inscia DVP^ac; inscientia KS; scientia R   **4–5** hoc] uerum
h. HM   non malitia hoc R   **5** tandem *ex* de B³   attulisti] aut tu- D
7 summi *om*. DVHM   **8** opificum DV   bonorum quem]
-rumque R   patrem KS   **9** altoremque KSR; alit-, em *ex* um, B;
altio- DV; auct- P; alitorem HM   adimisti B   **10** regnūmeumque, ˜
eras., R   **11** numero R   redigisti HM   arguat B
12 deos] et illos d. B   **13** mancipias D^ac V   ei *om*. HM
deo *om*. P   cui P   **14** hic P   praesente me] -ntes B
ac] *sup*. a *eras*. h B; et HM   dolente] delegentes *ex* delentes B²
15 suas *om*. P   **16** deo] ideo B; *de coniecturis circa* deo *temptatis u.*
Br ad l.   **17** ingeniis P   **19** subteri B; obtineri DV; -tinere HM
id *ex* idem M   operis *ex* opruis B²

ciunt aut effecerunt, uno semel impetu profligarem. non dubito
enim, quin et alii plurimi et multis in locis et non modo Graecis,
sed etiam Latinis litteris monumentum iniustitiae suae struxerint.
quibus singulis quoniam respondere non poteram, sic agendam
mihi hanc causam putaui, ut et priores cum suis omnibus scriptis
peruerterem et futuris omnem facultatem scribendi aut respondendi amputarem. praebeant modo aures; efficiam profecto, ut
quicumque ista cognouerit, aut suscipiat quod ante damnauit
aut, quod est proximum, deridere aliquando desistat. quamquam Tertullianus eandem causam plene perorauerit in eo libro
cui Apologetico nomen est, tamen quoniam aliud est accusantibus respondere, quod in defensione aut negatione sola positum
est, aliud instituere, quod nos facimus, in quo necesse est doctrinae totius substantiam contineri, non defugi hunc laborem, ut
implerem materiam, quam Cyprianus non est exsecutus in ea
oratione, qua 'Demetrianum' sicut ipse ait 'oblatrantem' atque
'obstrepentem' ueritati redarguere conatur. qua materia non est
usus ut debuit. non enim scripturae testimoniis, quam ille utique
uanam fictam commenticiam putabat, sed argumentis et ratione

Auct.: **16–17** Cypr. Demetr. 1, 1 (l. 1–2 Simonetti)

Test.: **11–13** Apologetico … positum est] *cf.* Isid. orig. 6, 8, 6
17 §§ 4–6] *cf.* Hier. epist. 70, 5, 1

1 efficerunt B   simul HM; *cf. 3, 26, 10*   **2** alia M   et *ante* non
om. P   **3** monumenta B   iustitiae P   instruxerint B; strinx- DV;
struxerunt HMR   **4** qui P^{ac}   responde P^{ac}   **5** ut *om.* PKS
et *s.l.* P   **6** omne K   **7** amputare P   **8** suspiciat B   **9** quam B¹,
corr. B²; quam quoniam HM   **10** plene *ex* paene B³   **11** cui *om.* P
apologeticum B *Br;* -cus HM   causantibus M   **12** quod] q. est R
in] aut in B; aut HM   aut] aut in HM   **13** est *om.* R
fecimus PKS   quo *ex* suo? B³; qua KS   **14** contineri *s.l.* B³
defugii B^{ar}; -gio HM   **15** inplere B; -pleam HM   in ea] ne P
16 ratione H^{ac}   qua] quã *(˜ eras.?)* ad *(s.l. m.2)* B   demetrium DV
17 quã materiã? B^{ar}   **19** unam M   commenticiamque B; -titiam
DV, -tatiam M, -taticiam H

fuerat refellendus. nam cum ageret contra hominem ueritatis ignarum, dilatis paulisper diuinis lectionibus formare hunc a principio tamquam rudem debuit eique paulatim lucis principia monstrare, ne toto lumine obiecto caligaret. nam sicut infans solidi ac fortis cibi capere uim non potest ob stomachi teneritudinem, sed liquore lactis ac mollitudine alitur, donec firmatis uiribus uesci fortioribus possit, ita et huic oportebat, quia nondum poterat capere diuina, prius humana testimonia offerri id est philosophorum et historicorum, ut suis potissimum refutaretur auctoribus. quod quia ille non fecit raptus eximia eruditione diuinarum litterarum, ut his solis contentus esset quibus fides constat, accessi deo inspirante, ut ego facerem et simul ut uiam ceteris ad imitandum pararem. ac si hortatu nostro docti homines ac diserti huc se conferre coeperint et ingenia sua uimque dicendi in hoc ueritatis campo iactare maluerint, euanituras breui religiones falsas et occasuram esse omnem philosophiam nemo dubitauerit, si fuerit omnibus persuasum cum hanc solam religionem, tum etiam solam ueram esse sapientiam. sed euagatus sum longius quam uolebam.

Auct.: **4–7** sicut ... possit] *cf.* I Cor. 3, 2. Hebr. 5, 12–13

1 cum] c. et K S   **2** a *om.* P   **3** rudes R   deberet H; -buerat M
4 demonstrare B; monstarent *sic* H; *post* monstrare *2 litt. eras.* M
caligaret] *post* g *2–3 litt. eras.* B   **5** ciui K^{ac} stomaci B
6 liquorem B K S^{ar}; liquiore D^{ar} donec] d. et *ex* decet B^3
6–7 uesci firmatis uiribus P   uiuesci B^{ar} **7** et *om.* H M
huhic, hu *exp.,* D   qui P; quoniam H M   nondum] adhuc n. B
8 offerres B; -rre P; adferri H M   **9** historicorum ut *om.* D V
istoricorum P, istoic- B^{ar} R; stoic- B^{pr} H M   **11** his *codd.* (is R^{ac}), iis *edd., Br*   contemtus V   **12** et] ac H M; ut R   ut] et R
13 ad] id D V   parare P   ortatu V M, hostatu K, hoc statu S
14 hominis P   diser R^1; deserti H M   coeperunt V^{ac} H M
15 lactare D   maluerunt K S   euanituris M; -rus K
16 religione H R; -nem M   falsam H M   hoccasuram V^{ar} (D *inc.*); -rum M   **17** cum] tum D   **18** etiam] e. et P   uere M
19 euacatus R; uagatus *ex* uac- P^2

5. Nunc reddenda est de iustitia proposita disputatio. quae aut ipsa est summa uirtus aut fons est ipsa uirtutis; quam non modo philosophi quaesierunt, sed poetae quoque, qui priores multo fuerunt et ante natum philosophiae nomen pro sapientibus habebantur. hi plane intellexerunt abesse hanc a rebus humanis eamque finxerunt offensam uitiis hominum cessisse terra in caelumque migrasse. atque ut doceant quid sit iuste uiuere – solent enim praecepta per ambages dare –, a Saturni temporibus, quae illi uocant aurea, repetunt exempla iustitiae narrantque in quo statu fuerit humana uita, dum illa in terra moraretur. quod quidem non pro poetica fictione, sed pro uero habendum est. Saturno enim regnante, nondum deorum cultibus institutis nec adhuc illa gente ad diuinitatis opinionem consecrata, deus utique colebatur. et ideo non erant neque dissensiones neque inimicitiae neque bella,

Epit.: 5, 1, 1 – 7, 1] 20, 1–3. 54, 4 – 55, 1 *passim*   5, 1, 1 poetae ... 3 colebatur] 20, 1

Test.: **1** iustitia ... uirtutis] *cf.* Zeno 2, 1, 11

Codd.: **7** *a* soleant *incipit* G *p. 54 praeter partes §§ 4–5 paene tota lecta; hinc extant* B G D V P H M K S R

2 est *post* fons] ⸱⁄⸱ *s.l.* P[2]; *cf.* 4, 12, 16   ipsa *codd.*; ipse *Walch (1715), Br, ft. recte; cf. Buen ad l.*   **3** quierunt B[1], *corr.* B[2]   quoque *om.* P qui *s.l.* B[2]; qui et K S R   **4** pro sapientibus] prospicient- B[1], *corr.* B[3]; *ante* prosp- *s.l.* a B[2]   **5** hii P, ii R   humanibus D V[1]   **6** eamque *om.* D   terram B H M   **7** edoceant B; doceat S[ac] soleant G   **8** ambage K S[1]   a] et a, a *s.l.*, P   saturnis G temporis P   **9** illi uocant] inuoc- P   exempla] et e. K S iustitia R   narrant quae B[ac] P; narrentque H M   quos H[1]   **10** quod] quae B[1], *corr.* B[2]   **11** non ... habendum] nondum R pro poetica] poetica G; pro etica K[1] S[1]   fictio P   **12** regnante] regna tenenti B G *contra numerum*   cultoribus B G   **13** illo *ex* illa B[3]; ulla *recc., Le, Mo, sed cf. 5, 6, 13* eius progenie   gens R   ad] a H M opinionem] ad o. G; opinione H M   consecrata] consita B deus] adeo B[1], *corr.* B[3]   **14** colebantur B[ar]   et *om.* B erat B[1], *corr.* B[2]

'nondum uesanos rabies nudauerat enses',
ut Germanicus Caesar in Arateo loquitur carmine,
'nec consanguineis fuerat discordia nota',
immo ne alienigenis quidem, sed neque ulli omnino gladii qui
nudarentur fuerunt. quis enim praesente ac uigente iustitia aut
de tutela sui, cum nemo insidiaretur, aut de pernicie alterius
cogitaret, cum nemo quidquam concupisceret?
'malebant tenui contenti uiuere cultu',
ut Cicero in suo narrat, quod est proprium nostrae religionis.
'ne signare quidem aut partiri limite campum
fas erat; in medium quaerebant',
6 quippe cum deus communem omnibus terram dedisset, ut communem degerent uitam, non ut rabida et furens auaritia sibi
omnia uindicaret, nec ulli deesset quod omnibus nasceretur.
7 quod poetae dictum sic accipi oportet, non ut existimemus nihil
omnino tum fuisse priuati, sed more poetico figuratum, ut in-

Auct.: 1 Germ. 112   3 ibid. 113   8 Cic. Arat. frg. 17 Soubiran
10–11 Verg. georg. 1, 126 sq

Codd.: 16 *in* omnino *desinit* G *p. 54, seq. p. 53, cuius l. 1–3 (*tunc ...
natas sibi*) partim legi possunt; ceterum extant* B DV P HM KS R

1 ensen K[ac], ensus R   2 Caesar] ar *in ras. m.2* S, caesunt K
arateo DV; -to BHM(G *inc.*); -ti P; -te R; -tisteo KS   2–3 carmine
... consanguineis] carne non sanguine B[1], *corr.* B[3]   3 fuerit D[1] V
nata HM   4 ne *s.l.* B[3]; nec HM   ullo M[ac]; ullis K[1] omnino ulli P
cladii DV[ac]   5 dudarentur DV[1]   praesente] in p. V
ac] aut P   6 de *s.l.* P[2]   tutela] te *s.l. m.2* DV   insidianter HM
7 cum ... concupisceret *in mg. inf.* P[2]   concupesceret R *(cf. Thes. IV
104, 79)*   8 mallebant, ll *in ras. m.3,* B   9 cicero DV *(in ras. m.2 ex
maro?)* PKSR; maro B, maro *ut* G; uergilius HM   10 partire K[ac] S
limitem H[ar] M   11 medio P   querebat M[ac] K[ac]   12 communem *bis
ut uid., sed pr. inc.,* G; commune KS   13 non *s.l.* B[3]   rauida *ut uid.*
G; rapida DV[1] R   furente BG   13–14 auaritia ... uindicaret *om.* D
14 uindicarent B (G *inc.*)   ulli] ubi B[1] *(corr.* B[3]*)* G *ut uid.*
deesset] datum est B; esset G   15 sic] si G   16 tunc BGHM
priuatum BG; -tim KS   16–p. 455, 1 priuati ... fuisse *in mg. inf.* P[2]

tellegamus tam liberales fuisse homines, ut natas sibi fruges non
includerent nec soli absconditis incubarent, sed pauperes ad
communionem proprii laboris admitterent.
  'flumina iam lactis, iam flumina nectaris ibant.'
nec mirum, cum promptuaria iustorum benigne paterent omnibus nec auaritia intercipiens beneficia diuina famem sitimque
uulgo faceret, sed omnes aequaliter abundarent, cum habentes
non habentibus large copioseque donarent. sed postquam Saturnus a filio pulsus in Latiumque delatus est
  'arma Iouis fugiens et regnis exul ademptis',
cum iam populus uel noui regis metu uel sua sponte deprauatus
deum colere desisset regemque pro deo habere coepisset, cum
ipse propemodum parricida exemplo ceteris esset ad uiolandam
pietatem,
  'deseruit propere terras iustissima uirgo',
sed non, ut ait Cicero,
  'et Iouis in regno caelique in parte resedit.'
quomodo enim poterat in eius regno residere aut commorari qui

Epit.: 5, 5, 9 cum ... uirgo] 54, 6 inde ... iustitia

Auct.: **4** Ou. met. 1, 111 **10** Verg. Aen. 8, 320 **15** Germ. 137
17 Cic. Arat. frg. 19 Soubiran

1 natos sibi fructus R non] nec HM **2** includerunt M
incubarent] *post* in *1 litt. eras.* P **3** communem DV **5** nec mirum
bis, alt. eras., V propria B¹, promturia B³, promptaria PR (m *s.l.
m.1*) benigne *om.* R; -gnae VH^ac, -gna KS **6** interficiens B¹,
corr. B³ famemque KS **7** facerent B abundaret P^ac
8 copiosoque H donare KS¹ **9** a *s.l. m.2?* P, *om.* R
filios KS^ar inlatumque M **10** regni P **11** depriuatus K *et ft.* S^ac
12 desiisset S; dedisse M **12–13** cum ... esset *om.* B¹, *in mg. inf.
suppl.* B³ *signis* hd· *et* hs· *usa* **13** uolandam D **15** deseruit] deserit
ut B propere *edd. cum correctore cod. Germ.* S; proprie PKR *cum
parte codd. Germ., quod ft. legit Lact.*, propriae BDVHMS *cum aliis
codd. Germ.* terra B¹ *(corr.* B³*)* P; -rae HM iustissimas R
16 non *om.* P aut K¹ Cicero] maro *ex* c. B³; *cf. § 5*
18 regnum HM

patrem regno expulit, bello persecutus est, exulem toto orbe iactauit?

'ille malum uirus serpentibus addidit atris
praedarique lupos iussit',

id est odium et inuidiam et dolum hominibus inseuit, ut tam essent quam serpentes uenenati, tam rapaces quam lupi. quod quidem uere faciunt ii, qui iustos ac fideles deo persequuntur dantque iudicibus saeuiendi aduersus innoxios potestatem. fortasse aliquid eiusmodi Iuppiter fecerit ad expugnandam tollendamque iustitiam et idcirco efferasse serpentes ac lupos acuisse tradatur.

'tum belli rabies et amor successit habendi.'

neque immerito. sublata enim dei religione boni quoque ac mali scientiam perdiderunt. sic hominibus intercidit communitas uitae et diremptum est foedus societatis humanae. tum inter se manus conserere coeperunt et insidiari et gloriam sibi ex humano sanguine comparare.

6. Quorum omnium malorum fons cupiditas erat, quae scilicet ex contemptu uerae maiestatis erupit. non tantum enim non

Epit.: 5, 5, 13–14] 20, 2; *cf.* 54, 6 diremptum ... humani

Auct.: **3–4** Verg. georg. 1, 129 sq   **12** Verg. Aen. 8, 327

1 belloque B   est] et HM   exulet H, -ltet, *pr.* t *eras.*, M
2 iactabit D[1] V[1]; iactatus HM; agitauit *coni. Br contra numerum*
3 uirum D[1]   addit B[1], *corr.* B[2]   **4** praedaritque? H[ar] M[ar]
5 insaeuit B[ar]; inseruit HMS[2]   **6** essent *om.* HM   uenati D[1]
7 uera R   ii R, hii P, hi *cet.*   fidelis P[ac], fedeles R
dei HM   persequentur D[1] V[1]   **8** aduersos M   **9–10** Iuppiter ... iustitiam] ad exp. delendamque iust- iupp- f. R   **9** fecerat B
10 efferasse] etfer- B; et feras et R   acuisse] seuisse HM
11 traditur HMR   **12** tum] cum HM; et *Verg.*   rabies] ratio HM et *s.l.* B[3]   **13** religione dei B   **14** intercedit KS   **15** diremptum *edd.*; -remtum BR, -reptum DVPHM, -remptus KS; *cf. epit.* 54, 6
est BKS, *om. cet.*   foedus ... tum *om.* P   **16** conserere] inferre HM   ex] de R   humana VD *(ut uid.)*   **17** compare P
18 malo R   **19** contemptum B[1], *corr.* B[3]   non *post* enim *om.* HM

participabant alios quibus aliquid afluebat, sed aliena quoque
rapiebant in priuatum lucrum trahentes omnia, et quae antea in
usus omnium etiam singuli laborabant, in paucorum domos conferebantur. ut enim seruitio ceteros subiugarent, in primis necessaria uitae subducere et colligere coeperunt eaque firmiter
conclusa seruare, ut beneficia caelestia facerent sua, non propter
humanitatem, quae nulla in eis erat, sed ut omnia cupiditatis et
auaritiae instrumenta corraderent. leges etiam sibi iustitiae
nomine iniquissimas iniustissimasque sanxerunt, quibus rapinas
et auaritiam suam contra uim multitudinis tuerentur. tantum igitur auctoritate, quantum uiribus aut opibus aut malitia praeualebant. et quoniam nullum in iis uestigium iustitiae fuit, cuius
officia sunt humanitas aequitas misericordia, iam superba et tumida inaequalitate gaudebant altioresque se ceteris hominibus
satellitum comitatu et ferro et insigni ueste faciebant. hinc
honores sibi et purpuras et fasces inuenerunt, ut securium gladiorumque terrore subnixi quasi iure dominorum perculsis ac
pauentibus imperarent. in hac condicione humanam uitam rex

Epit.: 5, 6, 6] *cf.* 20, 12 nam ... conderet

18–p. 458, 1 rex ille] Iuppiter; *cf. 1, 10, 10–14*

1 alios] hi H M   affluebat *ex* afl- V²   aliene M   **2–3** ad *(pro* in*)* priuatum ... laborabant *in mg. inf.* P²   **3** omnium *edd., Br;* hominum *codd. (etiam* P²*), uix recte def. Win*   conferrebantur D^ac V^ac
5 eoque P   **7** eis, e *ex* i? *m.1, R Br;* his *cet., Win ft. recte; u. 5, 1, 28 et ind. form.*   **8** strumenta B¹, *corr.* B³   contraderent, *pr.* t *eras.,* H
sibi] sub B   **9** nomine] n. munitas H M   iustissimasque H M
sanxerunt *ex* sancse- B²; saxe- D^ac V¹   rapinam P   **11** aut opibus *post* malitia *s.l.* B³   malitia] auaritia H M   **12** iis R, his *cet.* (D *deest*)   iustitiae uestigium H M   **13** officio H M   iam] tam P
14 se *om.* D V   **15** et ferro et] et f. B; efferro et P; f. et H M
hic B¹, sic B²   **16** honoras D¹; -rem H M   et *ante* fasces *s.l.* B³
ut *ex* et B³   securum K S¹; -ri S²   **17** terrores H^ar M
18 inperabant H M

ille constituit, qui debellato ac fugato parente non regnum, sed
impiam tyrannidem ui et hominibus armatis occupauit et aureum
illud iustumque saeculum sustulit coegitque homines malos et
impios fieri uel ex hoc ipso, quod eos auertit a deo ad se
adorandum; quod terror insolentissimae potestatis expresserat.
7 quis enim non metueret eum, quem arma cingebant, quem ferri
et gladiorum fulgor insuetus circumdabat? aut cui parceret
alieno, qui ne patri quidem suo pepercerat? quem uero metueret,
qui Titanum robustam et excellentem uiribus gentem bello ui-
8 cerat, occisione deleuerat? quid mirum si omnis multitudo
insolito metu pressa in unius adulationem concesserat? hunc
9 uenerabantur, huic honorem maximum deferebant. et quoniam
mores ac uitia regis imitari genus obsequii iudicatur, abiecerunt
omnes pietatem, ne exprobrare regi scelus uiderentur, si pie ui-
10 uerent. sic adsidua imitatione corrupti diuinum fas reliquerunt
et paulatim male uiuendi consuetudo mos factus est. nec iam
quidquam ex antecedentis saeculi pio atque optimo statu mansit,
sed explosa iustitia et ueritatem secum trahens reliquit homini-

Epit.: 5, 6, 10 explosa iustitia] *cf.* 54, 6

Test.: 9 Titanum ... gentem] *cf.* Isid. orig. 9, 2, 134

2 impium M   impiam ... ui et] imperium tyrannidemque B
uim HMS^{ar} ornatis HM   **3** illum B^1 *(corr.* B^3*)* VP
coegit KS   **4–5** auertis DV   auertit ... adorandum] a ueritate et a
deo ad se ador- traduxit R; *cf. Heck, 1972, 190*   **4** ad se *s.l.* P^2
6 cingebat R   **7** et] et quem B   **8** nec HM   suo quidem B
9 qui *s.l.* B^2 titanam BD^{2}R   et *om.* P   uirtutibus BP
10 occidione BP   **11** unius] humus S   adulatione B^2 *(ex*
-nem*)* HMKS   cesserat *ex* conc- B^2 **12** ueraebantur D^{pc}, uerab-
D^{ac} V   **13** imitaturi HM   obsequi V *(D deest)*   iudicabatur HMR
abierunt HM   **14** exprobare B^1, *corr.* B^2 regis B   **15** relinquerunt
fas, *pr.* n *eras., ord. lineolis rest.,* B   relinquerunt HM   **16** uiuendi *ex*
-do P^2 mos factus] mox facta *ex* m. f. D^2 **18** explosa] -pulsa *ex*
-plosa S^2 *(u. Br ad l.);* exemplo M   et] ac B   ueritate BHM^{ac}

bus errorem ignorantiam caecitatem. imprudenter igitur poetae, 11
qui eam confugisse cecinerunt ad Iouis regnum. si enim saeculo
quod uocant aureum iustitia in terra fuit, a Ioue utique pulsa est,
qui aureum saeculum commutauit. saeculi autem commutatio 12
et expulsio iustitiae nihil aliud ut dixi quam desertio diuinae
religionis putanda est, quae sola efficit, ut homo hominem
carum habeat eumque sibi fraternitatis uinculo sciat esse con-
strictum, siquidem 'pater idem omnibus' deus est, ut dei patris-
que communis beneficia cum iis qui non habent partiatur, nulli
noceat, nullum premat, non forem claudat hospiti, non aurem
precanti, sed sit 'largus beneficus liberalis'; quas 'regias esse
laudes' Tullius existimauit. haec est profecto iustitia et hoc 13
aureum saeculum, quod Ioue primum regnante corruptum, mox
et ipso et omni eius progenie consecrata deorumque multorum
suscepto cultu fuerat omne sublatum.

7. Sed deus ut parens indulgentissimus appropinquante 1
ultimo tempore nuntium misit, qui uetus illud saeculum fuga-
tamque iustitiam reduceret, ne humanum genus maximis et

Epit.: 5, 6, 11–13] 20, 1–3; *cf.* 54, 6   5, 7, 1–2] *cf.* 55, 1

5 ut dixi] *cf.* 5, 5, 2–3. 9–13

Auct.: **1** poetae] *u*. 5, 5, 9   **8** Lucr. 2, 992; *cf. opif. 19, 3*
11–12 Cic. Deiot. 26

2 qui *exp.* D   eum B[ac] M   confugisse] ad caelum c. HM
saeculum BR   **3** uocat B   iustitiae HM[ar]   itaque D
5 expulsio] e. iouis B; -pulso D; pulsio P   desertio] ser *in maiore
ras.* V[2]; -to M   **7** eumque *ex* quemque B[3]   **8** pater idem] p. i. pater
HM[ar]   ut] et R   **9** cummunis V; -nia HM   iis R, his *cet.*
partiantur BHM[ar] KS   **10** noceant HM[ac]   fores BPKS; -re HM
claudit V[ac]   aurum P[1], *corr.* P[2]; -reum M; auarus B   **11** sit] si P
liberabilis P   **12** laude R   est *om.* HM   **13** regnantem KS[ac]
14–15 multorum ... fuerat *om.* B[1], *in mg. inf. signis* hd· *et* hs· *usa
suppl.* B[3]   **15** cultu (-to D) suscepto DV   cultum KS[ac]
ablatum HM   **17** *post* nuntium *s.l.* suum B[3]   uerus KS
18 redduceret HM[ar]   humanus V[ac]

2 perpetuis agitaretur erroribus. rediit ergo species illius aurei temporis et reddita quidem terrae, sed paucis adsignata iustitia est, quae nihil aliud est quam dei unici pia et religiosa cultura. 3 sed moueat aliquem fortasse, cur si haec sit iustitia, non omni humano generi sit data nec in eam multitudo uniuersa consenserit. magnae hoc disputationis est, cur a deo, cum iustitiam terrae daret, sit retenta diuersitas; quod et alio loco declaraui et 4 ubicumque opportune inciderit explicabitur. nunc designare id breuissime satis est, uirtutem aut cerni non posse, nisi habeat uitia contraria, aut non esse perfectam, nisi exerceatur aduersis. 5 hanc enim deus bonorum ac malorum uoluit esse distantiam, *naturam,* ut qualitatem boni ex malo sciamus, item mali ex bono, nec alterius ratio intellegi sublato altero potest. deus ergo *iustitiam reducturus* non exclusit malum, ut ratio uirtutis constare posset. 6 quomodo enim patientia uim suam nomenque retineret, si nihil esset quod pati cogeremur? quomodo laudem mereretur deuota deo suo fides, nisi esset aliquis qui a deo uellet auertere? nam ideo potentiores esse iniustos permisit, *uoluit iniustos,*

---

7 alio loco] 3, 29, 3–10; *cf. Heck, 1972, 49 sq.*

2 tempore V   terrae] terra est H M^{ac} **3** pia *s.l.* B^3 religiosa et pia H M   **4** omnino K S   **5** datum P^{ac} ea H M K S   **6** iustitia R   **7** daret] redderet R *Mo*   retenta] reperta H (-pp-) M   declarauit R   **9** *ante* aut *3–4 litt. eras.* D   **9–10** nisi ... esse *in mg. inf.* V   **10** est K S^1 aduersus B   **11** haec B   **12** distantiam] naturam R *ex retractatione; u. Heck, 1972, 190*   **13** ut] aut B^{ar} boni ex ... mali ex *om.* B^1, *in mg. inf. cum signis* hd· *et* hs· *suppl.* B^3 sciant H M idem B^3 **14–15** iustitiam reducturus K S R *tantum, ex retractatione? u. Heck ibid. 180*   **15** non] nec M   excludit P^{ac} posset *ex* -sit B^3 **16** *ante* quomodo *exp. et* D   retinet B^1, *corr.* B^3 sic B^{ar} **17** esset *om.* K S   **18** ni H   aliquid P   **19** ideo B P; et i. *cet. ft. recte; cf. Br ad l.*   potiores D V   **20** iniustos permisit] uoluit i. R *ex retractatione; u. Heck l. c. 190*

ut cogere ad malum possent, ideo plures, ut uirtus esset pretiosa, quod rara est. quod quidem ipsum Quintilianus egregie ac breuiter ostendit in Capite obuoluto: 'nam quae' inquit 'uirtus esset innocentia, nisi laudem raritas dedisset? uerum quia natura sic comparatum est, ut odium cupiditas ira in id quod incubuerunt agant caecos, supra hominem uidetur culpa uacare. alioquin si natura pares omnibus adfectus dedisset, pietas nihil erat.' hoc quam uerum sit, docet necessitas ipsa rationis. si enim uirtus est malis ac uitiis fortiter repugnare, apparet sine malo ac uitio nullam esse uirtutem. quam deus ut absolutam perfectamque redderet, retinuit id quod erat ei contrarium, cum quo depugnare posset. agitata enim malis quatientibus stabilitatem capit et quanto frequenter impellitur, tanto firmiter roboratur. haec nimirum causa efficit, ut quamuis sit hominibus missa iustitia, tamen aureum saeculum non esse dicatur, quia malum non sustulit, ut retineret diuersitatem, quae sacramentum diuinae religionis continet sola.

8. Qui ergo putant iustum esse neminem, ante oculos habent iustitiam, sed eam nolunt cernere. quid est enim, cur illam uel in

Auct.: **3–7** Quint. decl. frg. 6 Lehnert = inc. 2 Winterbottom *(uterque solum* nam . . . dedisset *Quint. tribuit; u. Lehnert ad l.)*

Test.: **12** § 9] *cf.* Lucif. moriend. 2 l. 56–58 Diercks

1 cogi P   **2** quo P   ipsum *ex* -su B²   **3** obluto B¹, *corr.* B³ nam quae *(a s.l.)* inquid *s.l.* B³   namque PKS^{ac} inquit] id quid HM *(eras.)*   **4** innocentiae B³ *(ex* -tia) HM   **5** id *om.* R; *ad* in id quod *cf. epit. 22, 1*   incubuerint *recc., edd., prob.* Br   **6** caecos] eos KS   culpa] a c. B   uagare D   **7** natura *om.* HM   pares] similem *ex* similisest? *m.1* B   adfectum B; -tibus VR *(D deest)*   **8** rationes KS^{ac} **9** ac uitiis *ex* ait his B³   ac uitio] aui- HM   nullam] nihil B **10** ut *s.l. m.1 uel 2* B   **11** ei contrarium *ras. ex* etiam contraria *et 2 litt. inc.* B³   quod repugnare B^{ar} M^{ar} S¹   **13** nimirum] enim mirum P **14** hominibus] in h. HM   **15** quia] quam B¹, quas B², *corr.* B³ non *s.l.* B³   **16** quam B¹ *(corr.* B³*)* HM   sacramenta B¹, *corr.* B³ **17** continent B¹ *(corr.* B³*)* DV   **19** noluit D¹   est *om.* HM illa B

carminibus uel in omni sermone describant conquerentes eius
absentiam, cum sit facillimum bonos esse, si uelint? quid uobis
inanem iustitiam depingitis et optatis cadere de caelo tamquam
in aliquo simulacro figuratam? ecce in conspectu uestro est;
suscipite si potestis eamque in domicilio uestri pectoris collocate, nec difficile aut alienum a temporibus existimetis. estote
aequi ac boni, et sequetur uos sua sponte iustitia quam quaeritis.
deponite omnem malam cogitationem de cordibus uestris, et statim uobis tempus illud aureum reuertetur; quod aliter consequi
non potestis, quam si deum uerum colere coeperitis. uos autem
manente cultu deorum iustitiam desideratis in terra, quod fieri
nullo pacto potest. sed ne tum quidem potuit, cum putatis, quia
nondum natis diis istis quos impie colitis necesse est unius dei
cultum fuisse per terram, eius scilicet qui exsecratur malitiam
exigitque bonitatem, cuius templum est non lapides aut lutum,
sed homo ipse, qui figuram dei gestat; quod templum non auri et
gemmarum donis corruptibilibus, sed aeternis uirtutum muneribus ornatur. discite igitur, si quid uobis reliquae mentis est,
homines ideo malos et iniustos esse, quia dii coluntur, et ideo
mala omnia rebus humanis cottidie ingrauescere, quia deus
mundi huius effector et gubernator derelictus est, quia susceptae
sunt contra quam fas est impiae religiones, postremo quia

2 esse] se P   si *s.l.* P² **4–5** est si suscipite si, *pr.* si *del. m.2*, K
5 pectoris *ex* corporis P   **6** difficilem HM   **7** aequi ac] ec *sic* R
uos ... quaeritis] sibi quem quaeris *(-*tis *ex* -tes*)* R   **8** malam *ex*
-lum PM   cogitationem] cogam c. R   et *om.* R   statim]
confestim B *ft. recte (alias in Lact. non legitur)*   **10** non *om.* R
11 manete P   culto HM   doerum] dei iam HM   **12** nec B
tunc HM   cum putatis] computastis P   qui nondam B
13 diis istis] deseritis B   unius *ex* in eius B³   **14** per *s.l.* B³
eius *in ras.* B³   **15** exigit P   lapis HM   lutum *ex* aurum B³
16 templum] t. dei B   **17** corruptilibus BVP *(*-bt-*;* D *deest)* R
uirtutis B   **18** disce KS¹   quis M   **19** malos ... ideo *om.* R
20 cottidie B *(pr.* t *eras.)* R, coti- *cet.; u. 5, 3, 5*   **21** huius mundi KS
est *om.* R   suscepta M   **22** sint HM   quam fas est] fas HM
religionis R

ne coli quidem uel a paucis deum sinitis. quodsi solus deus 6
coleretur, non essent dissensiones et bella, cum scirent homines
unius se dei filios esse ideoque diuinae necessitudinis sacro et
inuiolabili uinculo copulatos, nullae fierent insidiae, cum scirent
cuiusmodi poenas deus animarum interfectoribus praepararet,
qui clandestina scelera et ipsas etiam cogitationes peruidet, non
essent fraudes et rapinae, si deo praecipiente didicissent et suo
et paruo esse contenti, ut fragilibus et caducis solida et aeterna
praeferrent, non essent adulteria et stupra et mulierum prosti- 7
tutiones, si esset omnibus notum damnari a deo quidquid appetitur ultra generandi cupiditatem, nec feminam necessitas cogeret pudorem suum profanare, ut uictum sibi obscenissimum
quaerat, cum et mares libidinem continerent et habentium pia et
religiosa collatio non habentibus subueniret. non essent igitur, 8
ut dixi, haec omnia in terris mala, si ab omnibus in legem dei
coniuraretur, si ab uniuersis fierent quae unus noster populus
operatur. quam beatus esset quamque aureus humanarum rerum
status, si per totum orbem mansuetudo et pietas et pax et innocentia et aequitas et temperantia et fides moraretur! denique 9

Auct.: **7–8** et suo ... contenti] *cf.* Cic. off. 1, 70

1 necloquidem D¹, nec·culi q. M   a *om.* R   initis D V
solus *ex* -um B³   deus *om.* K S   **2** coletur D^{ac} et] t *in ras. m.*2 P
3 dei filios se B; d. s. f. R   filius D^{ac} P^{ac} necessitudine K^{ac}
4 ininuiolabili P   copulatis R   insidie cum scirent *s.l.* P²
5 dei HM   praepararent H *(ra s.l.)* M; -rarit R   **6** clamdestina B¹,
corr. B³; clandestinata S   praeuidet D V   **7** et] nec HM
rapina HM   **7–8** et suo et paruo] et s. H; et s. p. MKR; et et *(hoc
eras.)* s. p. S   **8** essent BHMR *Mo, Win haud recte, quia ex anteced.*
didicissent *ortum*   ut] et ut P   et *ante* aeterna *om.* KS
9 praeferrentur HM   **10** sic KS^{ar} esset] e. et P   **11** feminas HM
13 quaerant HM   cum *om.* HM   **14** non habentibus *om.* HM
non essent igitur] nec e. mutua B; n. e. *om.* HM   **15** hominibus V^{ar}
lege HMKS   **16** coniurarent B¹, *corr.* B³   **17** quamquam M
19 et *ante* aequitas *om.* B

ad regendos homines non opus esset tam multis et tam uariis
legibus, cum ad perfectam innocentiam dei lex una sufficeret,
neque carceribus neque gladiis praesidum neque terrore poenarum, cum praeceptorum caelestium salubritas humanis pectoribus infusa ultro ad iustitiae opera homines erudiret. nunc
autem mali sunt ignoratione recti ac boni. quod quidem Cicero
uidit. disputans enim de legibus 'sicut una' inquit 'eademque
natura mundus omnibus partibus inter se congruentibus cohaeret
ac nititur, sic omnes homines inter se natura confusi prauitate
dissentiunt neque se intellegunt esse consanguineos et subiectos
omnes sub unam eandemque tutelam. quod si teneretur, deorum
profecto uitam homines uiuerent.' uniuersa igitur mala, quibus
humanum genus se ipsum inuicem conficit, iniustus atque impius deorum cultus induxit. nec enim poterant retinere pietatem
qui communem omnium patrem deum tamquam prodigi ac re-
belles liberi abnegassent.

Auct.: 7–12 Cic. leg. frg. 2 Ziegler–Görler = 3 Powell *(post 1, 33 ins. Ziegler, sed u. Görler in addendis ad p. 36, 2)*

1 esset *om.* B¹, *s.l.* est B², *corr.* B³; essent R   tam uariis] tantis HM
3 praesidum neque] -dumque B; -dium n. D^{ac} P^{ac} K   neque *om.* R
terrores HM   4 cum *s.l.* B   praeceptorem P^{ac}; -tarum R
5 infuso M   ad *om.* B   operam *ex* -ra B²   erueret DV
6 quo P; quam M   7 disputans enim] ualide d. HM   eaque B;
eaedemque V; eadem quae M; eadem KS   8 coherere HM
9 ac *om.* HM   homines *om.* R   se natura] sanatura D¹ V
confusi] coniuncti *Ziegler, Powell; trad. seruat Görler*   11 omnis
DVKS   una B *(ex unam)* PHMS² *(ex unā)* R^{ac} eademque B *(ex eand-)* HMS² *(ex eand-)* R   tutela B *(ex* -am*)* PHMS² *(ex* -lā*)*
si teneretur] sit fen- R   deorum] a *(s.l. m.2)* deo B   12 uitam] u.
beatam B; uita PHMS   13 ipsum se HM   iniustos BHM
inpios BH *(*imp-*)* M   14 indixit KS   poterat D¹ VHM
15 commune P   prodigi ac *codd. (nisi quod* prodigia R*);* perfidi ac *Br cl. 1, 10, 3. 5, 9, 11. al., sed de* filio prodigo *sec. Luc. 15, 11–32 (praesertim 15, 13. 30) iam egit Tert. pudic. 9, 8–11. al.; u. ipsum Br ad l. et Thes. X 2, 1611, 65–68*   16 libere *ex* -ri B²

9. Nonnumquam tamen sentiunt se malos esse et ueterum
saeculorum statum laudant et de suis moribus meritisque coniectant abesse iustitiam, quam obuersantem oculis suis non tantum
non suscipiunt nec agnoscunt, uerum etiam uiolenter oderunt et
5 persequuntur et exterminare contendunt. fingamus hanc interim non esse iustitiam quam nos sequimur. quomodo si illa
uenerit quam ueram putant, eam recipient? qui laniant et occidunt eos, quos et ipsi fatentur imitatores esse iustorum, quia
bona operentur et iusta, cum si tantummodo malos occiderent,
10 digni essent ad quos iustitia non ueniret, cui nulla fuit alia causa
linquendi terram quam humani cruoris effusio. quanto magis,
cum pios interficiant et ipsos iustitiae sectatores pro hostibus
ducant, immo uero plus quam pro hostibus? quibus utique, cum
animas eorum et opes et liberos ferro et igni appetant, tamen
15 parcitur uictis et est locus inter arma clementiae, aut si adeo
saeuiri placuit, nihil plus in eos fit quam ut occidantur uel in
seruitutem abducantur. hoc uero inenarrabile est quod fit aduersus eos qui male facere nesciunt, et nulli nocentiores haben-

Epit.: 5, 9, 3–10] 47, 3–5 *(quaedam ex 5, 1, 1–9)*   3] 47, 3 idemque
... habet   4 ... innocentes] 47, 4 ... meretur

Test.: **15–18** parcitur ... aduersus] Lucif. moriend. 3 l. 11–14 Diercks

2 saecularium *ex* -lorum B² et *om.* P   moribus] honor- *ex* oner- B²
3 abesse] tabesse P; obesse K S   obseruantem Vᵃᶜ   **4** suspiciunt B
5 persequentur Vᵃᶜ   fingamus *ex* digna- B²   **5–6** interim hanc, *om.*
non, H M   **7** eam *om.* P M   recipiant Dᵃᶜ; precipient Vᵃʳ
8 *ante* eos *s.l.* in D²   esse *ex* esset, *deinde fere 8 litt. eras.* M
9 operarentur V   cum] cum hii *ex* cur ii B²   tantum B; -ntomodo R
occiderint D V   **11** liquendi H M S¹, relinqu- R   humana R
12 sectatoribus P   hostiis R   **13** pro *om.* D V   quibus *om.* H M R;
qui, bus *eras.*, B   cum] et B   **14** ferro *om.* P   et *ante* igni *om.* R
15 inter] et i. P; interra M   clementia H M   **16** seuiri *ex* scueri
B³ H (saeu-); -re D   eos *ex* deo B³; eo H M   **16–17** uel ...
abducantur *om.* P   **18** qui *ex* quia B³   male facere] fa *in ras., antea
eras.* q P

tur quam qui sunt ex omnibus innocentes. audent igitur homines improbissimi iustitiae facere mentionem, qui feras immanitate uincunt, qui placidissimum dei gregem uastant

'lupi ceu
raptores atra in nebula, quos improba uentris
exegit caecos rabies.'

5 uerum hos non uentris, sed cordis rabies efferauit nec atra in nebula, sed aperta praedatione grassantur nec eos umquam conscientia scelerum reuocat, ne sanctum ac pium nomen iustitiae ore illo uiolent, quod cruore innocentium tamquam rictus bes- 6 tiarum madet. huius tanti et tam pertinacis odii quam potissimum causam esse dicamus? utrumne 'ueritas odium parit', ut ait poeta quasi diuino spiritu instinctus, an erubescunt coram iustis et bonis esse nequam, an potius utrumque? nam et ueritas ideo semper inuisa est, quod is qui peccat uult habere liberum peccandi locum nec aliter se putat male factorum uoluptate securius 7 perfrui posse, quam si nemo sit cui delicta non placeant. ergo tamquam scelerum et malitiae suae testes extirpare funditus nituntur et tollere grauesque sibi putant, tamquam uita eorum co- 8 arguatur. cur enim sint aliqui intempestiue boni, qui corruptis moribus publicis conuicium bene uiuendo faciant? cur non

Epit.: 5, 9, 6 ... dicamus] 47, 4 quae ... est causa   6 utrumne ... 7 coarguantur] 47, 5 ut ... peccare

Auct.: 4–6 Verg. Aen. 2, 355–357   12 Ter. Andr. 68

1 audeant M   **2** facere] ferrae P   inmanitatem B[ar]   **5** raptos P[1], *corr.* P[2]   quas P[1], *corr.* P[2]   **6** exiget B[1], *corr.* B[3]   **8** praedicatione D V   **9** ne] nec M   iustitia R   **10** uiolento H M   rictu H M; ritus B P   **11** madent *ex* -et B[2]   et] ac R   **12** causam *om.* H M   **13** an] sane R   **14** utrumque *ex* uir- P   et *om.* R   ideo] odio K S   semper ideo H M   **15** is] his M K S   *post* qui *eras.* in V   **17** sit] esse possit H M   placeat R   **18** tamquam] quasi H M   nitundur D V   **19** grauesque] -s quos B D[2] *(ex* -sque*);* -s qui H M   uitam P   **20** aliquid D[ac]   intempestiue ... qui *om.* R   quo V[ac]   **21** conuitium P; uitium B; conuictum H M   faciunt M[ac]

omnes sint aeque mali rapaces impudici adulteri periuri cupidi
fraudulenti? quin potius auferantur quibus coram male uiuere
pudet, qui peccantium frontem etsi non uerbis, quia tacent, tamen ipso uitae genere dissimili feriunt et uerberant. castigare
enim uidetur quicumque dissentit. nec est magnopere miran-
dum, si aduersus homines ista fiunt, cum aduersus ipsum deum
propter eandem causam insurrexerit etiam populus in spe constitutus nec dei nescius, sequiturque iustos eadem necessitas
quae ipsum iustitiae uiolauit auctorem. uexant ergo et exqui-
sitis poenarum generibus excruciant parumque habent interficere quos oderunt, nisi etiam crudelitas corporibus inludat.
si qui autem doloris uel mortis metu uel suapte perfidia caeleste
sacramentum deseruerint et ad funesta sacrificia consenserint,
eos laudant et honoribus mactant, ut eorum exemplo ceteros
inliciant. qui autem magni aestimauerint fidem cultoresque se
dei non abnegauerint, in eos uero totis carnificinae suae uiribus,
ueluti sanguinem sitiant, incumbunt et desperatos uocant, quia

Epit.: 5, 9, 10] 47, 5 . . . lacerant

Test.: **9–17** uexant . . . incumbunt] Lucif. moriend. 3 l. 58–62 Diercks

Codd.: **12** *a* mortis *incipit* G *p. 91 fere tota lecta; hinc extant* B G D V
P HM KS R

2 aut ferantur HM[ac]   **3** qui tacet B[1], *corr.* B[2]   **4** ipso] in i. P
genere *ex* -ri B[2]   **7** insurrexerunt B[ar]   etiam *om.* B   in *om.* B
constitutus *ex* -secutus *ut uid.* B[3]; -tos M[ac]   **8** iustas easdem *ex* -tos
ead- D[2]   **9** uexanter P[ac]   **10** poenarum *s.l.* B[3]   habentes, s *s.l.*
m.2, B   **11** corporis P[ac]   **12** quis MR   dolores P
metum P   suapte] p *exp.,* r *s.l.* D[2]; *ante* a *s.l.* e P; sua BGR *Mo, Win*
perfidia] *alt.* i *exp.* D; -diae HM   **13** ad *s.l.* B[2], *om.* G
conserint HM   **14** laudent R   **15** inliceant B[1] *(corr.* B[2]*)* GP[pc] *(e
ex* i*)*   magnam aestimauerunt G   cultores se KS[1] *(*-res esse se
m. rec.)   **15–16** se dei non] eorum B   **16** abnegauerunt B[ac] V[ac]
uero *om.* P, *exp.* S   totos R   carnificae B[ac] V   **17** sanguine R
sitint *sic* G   et *om.* R   disperatos B   qua P

corpori suo minime parcunt, quasi quidquam desperatius esse
possit quam torquere ac dilaniare eum quem scias esse innocen-
13 tem. adeo nec pudor ullus apud eos superest, a quibus abest
omnis humanitas, et retorquent in homines iustos conuicia sibi
14 congruentia. impios enim uocant, ipsi scilicet pii et ab humano
sanguine abhorrentes, cum si et actus suos considerent et illorum quos tamquam impios damnant, iam intellegant, quam men-
daces sint et iis omnibus quae aduersus bonos aut dicunt aut
15 faciunt digniores. non enim de nostro, sed ex illorum numero
semper existunt qui uias obsideant armati, maria praedentur, uel
si palam grassari non licuit, uenena clam temperent, qui uxores
necent, ut dotes earum lucrentur, aut maritos, ut adulteris nu-
bant, qui natos ex se pueros aut strangulent aut, si nimium pii
16 fuerint, exponant, qui libidines incestas nec a filia nec sorore
nec matre nec sacerdote contineant, qui aduersus ciues suos pa-
triamque coniurent, qui nec culleum metuant, qui denique sa-

Epit.: 5, 9, 14] 49, 6 et dum ... nuncupant. 50, 4 ... sequuntur
15–17] 54, 7. 9 ... uenditabant

Codd.: **15** *in* nec sa| *desinit* G *p. 91, seq. p. 92 usque ad* libidinibus
maximam partem lecta; ceterum extant B D V P H M K S R

1 parcant R   quidquam *ex* -icqu- B²; quiqu- G   desperatus D¹
2 diliniare D, delan- P   eum quem] -mque D^ac V   esse *om.* P
3–4 omnis humanitas abest H M   **4** conuitia P M *(con eras.)* S R
5 ipsi] ii si H M   impii B *(im s.l. m.3)* P   **6** suos *om.* P
7 damnat B¹, *corr.* B²   intellegent *ex* -gant B³; -gunt H M
8 et] ex H M   iis R, his *cet.* (G *inc.*)   quae *om.* R
aut dicunt *ex* audent B³, a[ud]ent G *spatio indice*   **9** nostros G
10 praehendentur H^ar; -dantur R   **11** uenenum H M   temperant R
12 negent P; noc- M   dotibus P   ut *post* maritos] aut S^ar R
adulteros D^ac; -riis M^ar   **13** stringulent B¹ *(corr. B²)*; stranguilent G R
sii B^ar   si nimium] simium K; si minus S   **14** a *ante* filia *s.l.* D, *om.*
B G V H M *ft. recte; cf. Heck, 1972, 176*   sorore] a s. P
15 matre] a m. P   sacerdote] a s. P; socru D   patriaque H M
16 culleum] acull-, a *s.l. m.3*, B; cule- V^ac; ulleum P; ullum H M;
eculeum R   qui denique] quid enim P

crilegia committant et deorum quos colunt templa despolient et, ut quae leuia sunt atque usitata dicamus, qui hereditates captent, testamenta supponant, iustos heredes uel auferant uel excludant, qui corpora sua libidinibus prostituant, qui denique immemo- res, quid nati sint, cum feminis patientia certent, qui sanctissi- mam quoque corporis sui partem contra fas omne polluant ac profanent, qui uirilia sua ferro metant et, quod est sceleratius, ut sint religionis antistites, qui ne uitae quidem suae parcant, sed extinguendas publice animas suas uendant, qui si iudices sede- ant, aut immeritos perdant mercede corrupti aut noxios impune dimittant, qui caelum quoque ipsum ueneficiis appetant, tamquam illorum malitiam terra non capiat, – haec, inquam, et his plura scelera utique ab iis fiunt qui deos colunt. quis inter haec tot et tanta iustitiae locus est? et ego de multis pauca collegi, non ut arguerem, sed ut ostenderem. qui uolet scire omnia, Senecae libros in manum sumat, qui morum uitiorumque publicorum et descriptor uerissimus et accusator et insectator acerrimus fuit. sed et Lucilius tenebrosam istam uitam circum-

Auct.: **16–18** Senecae ... fuit] *cf.* Quint. inst. 10, 1, 129

1 et] ac HM   templa quos colunt HM   dispolient BGHM **1–2** ut et GR   **2** ut quae] utque D *(*ut|que*)* PM¹; uterque KSac laeuia BG   atque *om.* KS   usitata] illis u. *ex* u. B²; usita V¹; uisitata Har   hereditatis P   capiant B¹, *corr.* B³   **3** testamenta] et t. HM   **5** nati sunt V *(in ras.)* M   patientiae R   certant KS **6** fas] has P   omne *ex* -nium B³   polluant *ex* -lunt *m.2 et 3* B **7** profanant B¹ *(corr.* B³*)* P   qui] de eunucis qui HM metant *ex* -tunt? B³   **8** antestites Dac V   nec uitae suae quidem B **9** publicae Bar DR   suas *om.* DV   **12** malitia MKS¹ **13** plurima BHM   iis R, his *cet.*   **14** tot et] t. ac KS est *om.* HM   et ego] ut *(eras.)* ergo B   **15** non aut K **16** sumat in manum B   sumant V   morum *ex* mir- B³; manum HM **17** accusator et insectator R *Win sec. Heck 1972, 190 sq., dubitanter recepimus;* acc- *tantum cet., edd., Lausberg 1970, 13 ft. recte;* instantum *Br, Mo cl. Quint.*   **18** lucillius P   circumscriptae PKS; -scribit HM

scripte breuiterque depinxit his uersibus:

'nunc uero a mane ad noctem, festo atque profesto
totus item pariterque die populusque patresque
iactare indu foro se omnes, decedere nusquam,
uni se atque eidem studio omnes dedere et arti,
uerba dare ut caute possint, pugnare dolose;
blanditia certare, bonum simulare uirum se;
insidias facere, ut si hostes sint omnibus omnes.'

nostro autem populo quid horum potest obici, cuius omnis religio est sine scelere ac sine macula uiuere? cum igitur uideant et se ac suos ea quae diximus gerere, nostros autem nihil aliud operari nisi aequum et bonum, poterant, si quid saperent, ex hoc intellegere et illos qui bonum faciunt pios esse et se impios qui nefanda committunt. neque enim fieri potest ut, qui in omnibus uitae suae actibus non errant, in ipsa summa errent, hoc est in religione, quae rerum omnium caput est. impietas enim suscepta in eo quod est summum per cetera uniuersa sequeretur.

Auct.: **2–8** Lucil. 1228–1234 Marx

Codd.: **1** *a* | s[ibus] *incipit* G *p. 97, in qua usque ad* nusquam *perpauca uidentur (nulla uar. l. certa); ceterum extant* B D V P HM K S R

1 breuiter B^{ac}; et breuiterque HM   uerbis BPKS   **2** a mane BKSR; a mani DV *Br, Marx, alii edd. Lucil.*; amem P; ament HM; *cf. Thes. VIII 276, 70 – 277, 17*   festo *ex* fert B^3 atque profesto *om.* HM   **2–3** profesto ... populusque *om.* B^1, *in mg. inf. suppl., repet.* adque, *signis* hd *et* ·hs· *usa* B^3 **3** pariterque die] -ter quidem R   dies DVHM   populusque HM   patresquae B^{ar}; -trisque HM   **4** iacturae B   indi *ex* -du B^3; -do P   foro se R, foros HM; -rum se B *ft. recte*; -rus se P, -rus set DV; -ry se K, -ri se S   omne P^{ac} **4–5** nusquam ... dedere *om.* M   onusquam R   **5** idem DHKS   **5–6** dedere ... caute] dedaretater | queauadereutcautae B^1, dedaretartier | queeuadere ut c. B^2, dederet *ex* dederat B^3 **6** dolosa B; dolo HM   **7** blanditiae M; -diri KS   **8** si *in ras.* B^3, *eras.* M   **11** et *om.* B *Br*; *cf. Hofmann–Szantyr 516*   ac] et H   ea quae] eamque KS genere KS   **13** esse *ex* se B^2 et se *om.* P   **15** errant B^1 *(corr.* B^2) D^{ac} **17** sequeretur] quaereretur B; se sequitur P

aeque fieri non potest, ut ipsi qui errant in omni uita, non et in religione fallantur, quoniam pietas in summo regulam tenens tenorem suum seruaret in ceteris. ita fit, ut in utraque parte de condicione rerum quae geruntur qualis sit summa ipsa noscatur.

10. Operae pretium est cognoscere illorum pietatem, ut ex iis quae clementer ac pie faciunt possit intellegi, qualia sint quae ab iis contra iura pietatis geruntur. ac ne quem uidear inclementer incessere, aliquam mihi personam poeticam sumam, quae sit uel maximum pietatis exemplum. apud Maronem rex ille,

'quo iustior alter
nec pietate fuit nec bello maior et armis',
quae nobis documenta iustitiae protulit?
'uinxerat et post terga manus, quos mitteret umbris
inferias, caeso sparsurus sanguine flammas.'
quid potest hac pietate clementius quam mortuis humanas uic-

Auct.: **11–12** Verg. Aen. 1, 544 sq. **14–15** ibid. 11, 81 sq.

Codd.: **6** *a* possit *incipit* G *p. 98 paene tota lecta; hinc extant* B G D V P HM KS R

1 aeque] atquin B; eoque P; eaque HM   ut ... errant in *om.* P; qui e. ut ipsi in DV   **2** relegione DV   **3** seruat P   fit] fuit HM   utrasque partes HM   **4** quas *ex* quae D²   gerunt DV   nascatur H^{ac} **5** operae, a *s.l. m.2,* B, -re *cet.*   illarum B   pietate HM   **6** iis R, his *cet.*   piae KS   sunt HM   **7** iis R, his *cet.*   iure P   ne quem] neque KS   quam B^{ac} uidear *ex* -am B²; uider *sic* R   inclementer *om.* R   **8** incessere] lacessere, la *ex* in? *m.2, antea s.l. m.3* arguere et, B, lac- G; arguere V (D *deest);* i. atque a re HM   summam P   **14** uinxerant HM^{ar} posterga GDVHM *ut Verg. cod.* γ, *St 243*   quas B¹ *(corr.* B²) G   **15** caesos BGP   sparsuros BG *ut plurimi codd. Verg. saec. IX*   **16** potest] p. esse P *recc., edd. quid., sed cf. 3, 27, 4 et St 243 sq.*   hac] ac MKS¹   *post* pietate *lac. stat. Br (alii alia temptauerant);* quam *del. Hm, St 244, Mo, sed* hac pietate *abl. modi intellexit Buen ad l.; cf. Heck, 1977, 369*   mortuus HM   humanas *om.* R

timas immolare et ignem cruore hominum tamquam oleo pas-
cere? sed fortasse hoc non ipsius uitium fuerit, sed poetae, qui
illum 'insignem pietate uirum' insigni scelere foedauerit. ubi est
igitur, o poeta, pietas illa quam saepissime laudas? ecce 'pius
Aeneas'
> 'Sulmone creatos
> quattuor hic iuuenes, totidem quos educat Vfens,
> uiuentis rapit, inferias quos immolet umbris
> captiuoque rogi perfundat sanguine flammas.'

cur ergo dicebat eodem ipso tempore quo uinctos homines ad
immolationem mittebat:
> 'equidem et uiuis concedere uellem',

cum uiuos quos habebat in potestate uice pecudum iuberet occidi? sed haec, ut dixi, culpa non illius fuit, qui litteras fortasse
non didicerat, sed tua; qui cum esses eruditus, ignorasti tamen
quid esset pietas, et illud ipsum quod nefarie, quod detestabiliter
fecit, pietatis esse officium credidisti; uidelicet ob hoc unum
pius uocatur, quod patrem dilexit. quid quod 'bonus Aeneas

Auct.: **3** Verg. Aen. 1, 10   **4** ibid. 1, 220. 305 *al.*   **6–9** ibid. 10, 517–520   **12** ibid. 11, 111   **18–p. 473, 1** ibid. 11, 106

Codd.: **16** *in* illut *desinit* G *p. 98; hinc extant* B DV P HM KS R

1 igne G   cruorem HM^{ar} hominem V (D *inc.*)   pascere] spargere P   **2** uitio B^1 *(et* G *ut uid.), corr.* B^3 **3** illum KSR, *om. cet., edd.,* Br; *cf. Heck, 1972, 176*   pietatem P   insigna HM
4 o KSR, *om. cet.; cf. 1, 18, 12*   quem G   laudes P^{ac}; uindicasti HM   ecce] cum *ex* ecce *ut uid.* B^2, tum B^3 **6** submone V^{ac} (D *inc.*) KS   **7** totidem *om.* P   **7–8** educat ... uiuentis] educatu fensui uentis V, educatu sensui ue- D   **7** utens P^{ac} **8** rapit *bis, alt. eras.,* K; rapiat HM   **9** captiuosque B^{ar} G   **10** uictos M   homines *om.* HM
11 mitteret *ut uid.* P^{ac} **12** equidem] et qu- B^{ar}; eo qu- P; ęqu- KS   uiuus V^{ac} **13** habebant G   pecudum uice P   **14** ipsius B (G *non legitur);* ullius H^{ac} **15** cumque, que *eras.,* B   essis, i *ex* e, B^2
16 et *s.l.* B^3, *om.* G   nefariae B^{ac} PKS   **17** fecerit R   unum *ex* unus? B^3 **18** pius] per ius, e *exp.* D   bonus] non b. HM

haud aspernanda precantis' trucidauit? adiuratus enim per eundem patrem et 'spes surgentis Iuli', nequaquam pepercit 'furiis accensus et ira'. quisquamne igitur hunc putet aliquid in se 9 uirtutis habuisse, qui et furore tamquam stipula exarserit et manium patris per quem rogabatur oblitus iram frenare non quiuerit? nullo igitur modo pius, qui non tantum non repugnantes, sed etiam precantes interemit. dicet hic aliquis: quae ergo aut ubi 10 aut qualis est pietas? nimirum apud eos qui bella nesciunt, qui concordiam cum omnibus seruant, qui amici sunt etiam inimicis, qui omnes homines pro fratribus diligunt, qui cohibere iram sciunt omnemque animi furorem tranquilla moderatione lenire. quanta igitur caligo, quanta tenebrarum et errorum nubes hominum 11 pectora obduxit, qui cum se maxime pios putant, tum maxime fiunt impii? quanto enim religiosius terrenis istis simulacris inseruiunt, tanto magis scelerati aduersus nomen uerae diuinitatis existunt. itaque pro merito impietatis suae grauioribus 12 malis saepe uexantur. quorum causam quia nesciunt, fortunae culpa omnis adscribitur, et locum inuenit Epicuri philosophia

Auct.: **2** Verg. Aen. 10, 524   **2–3** ibid. 12, 946   **18–p. 474, 2** Epicur. rat. sent. 1 ap. Lucr. 2, 646–651. Cic. nat. deor. 1, 45. *al.; cf. 3, 17, 42*

1 aut spernanda R   precantes P *ut Verg. cod. R et M m.2* trucidaui Ita D V   **2** spe B[1] *(corr.* B[3]*)* P; spem H M; per spes R[1] *(cf. testes Verg. ap. Geymonat),* p. spem R[2]   surgentes V[ac] *(D inc.);* gentis H M   iuli *s.l.* B[2]   necquaquam B[ar] H M   **2–3** pepercit . . . quisquam *(ne extat) om.* R   **2** furtis D V   **3** iram H   se uirtutis] seruit- K S R   **4** furorem K S; -ror et H *(& ex e?)* M   manum V[ac] *(D inc.)* M K[ac]; manu H   **5** uocabatur R   ira H M   **6** modo *om.* R   non *post* tantum *om.* H M K S R   repugnantes *ex* -tis B[3]   **7** precantis B[1] *(corr.* B[2]*)* D[ac] V   decet D[1] V   quae] qui M   **9** omnibus] omni ui D[1] V   qui *om.* V *(D inc.)*   amicis K S[ar]   **12** quanto M; quan S[ac]   errorem V P   **13** pectore M   **14** fiant V[ac] *(D inc.)*   enim] ergo B   religiosis D V; -sus M[ac]   **15** uerae *om.* D V, uere P M   **17** causa B[1] *(corr.* B[3]*)* H M   fortunae] f. causa H M   **18** omnis *ex* -nes B[3]   aduenit P[1], *corr.* P[2]

nihil ad deos pertinere censentis nec gratia eos tangi nec ira
moueri, quia et contemptores eorum saepe uideant beatos et
13 cultores saepe miseros. quod eo fit quia, cum religiosi uideantur et natura boni, nihil tale creduntur mereri quale saepe patiuntur. consolantur se tamen accusatione fortunae nec sentiunt
14 quod, si esset ulla, cultoribus suis numquam noceret. merito
igitur huiusmodi pietatem poena consequitur et offensa diuinitas
scelere hominum praue religiosorum graui eos infortunio mactat. qui licet sanctis moribus uiuant in summa fide atque innocentia, tamen quia deos colunt, quorum ritus impios ac profanos
deus uerus odio habet, a iustitia et a nomine uerae pietatis alieni
15 sunt. nec est difficile docere, cur deorum cultores boni et iusti
esse non possint. quomodo enim sanguine abstinebunt qui colunt cruentos deos Martem atque Bellonam? quomodo aut
parentibus parcent qui expulsorem patris sui Iouem aut natis ex
se infantibus qui Saturnum? quomodo pudicitiam tuebuntur qui
colunt deam nudam et adulteram et quasi apud deos prosti-
16 tutam? quomodo se rapinis et fraudibus abstinebunt qui Mercurii furta nouerunt docentis non fraudis esse decipere, sed astutiae? quomodo libidines coercebunt qui Iouem Herculem Liberum Apollinem ceterosque uenerantur, quorum adulteria et

1 ad eos R[1]   censetis V[ac] KS, -ntes P; -nti si HM *(cons-)*; contestantis B   **1–2** iram *(m eras.?)* noueri R   **2** condemptores D[1] V   uidebant KS   beatiores PR   et cultores *om.* R[1], c. *tantum in mg.* R[2]   **4** bona V[ac]   quales D[ac]   **5** consolatur D[1]   accusatione] occasione HM   nec *ex* haec? B[3]   **6** ultoribus HM   numquam *om.* KS   **7** hoc modo HM   poenas B[ar]   diuinitatis HM[ar]   **8** eos *ex* os B[3]   infortuno D[1]   **9** uiuat K[ac]   **10** quia *bis, pr. eras.* H; qui ad S[ac]   **11** a *post* habet *in ras.* H et *s.l.* B[3]   a nomine *ex* animi et B[3]; a nomina R[1]   **12** sint H   cur *s.l.* B[3]   *ante* boni *exp.* quod B[3]   **14** bellonem D[ac] P[ac]   autem S   **15** parcent] parent HMKS   aut] ut P   **16** se *s.l.* H   **17** deos] eos KS; eosdem (dem *ins. m.2*) deos R   **18** rapinis] a r. R   mercurii PKSR; -ri *cet., Br; cf. 1, 6, 3*   **20** libidines *om.* R

stupra in mares et feminas non tantum doctis nota sunt, sed exprimuntur etiam in theatris atque cantantur, ut sint omnibus notiora? possuntne inter haec iusti esse homines, qui etiamsi natura sint boni, ab ipsis tamen diis erudiantur ad iniustitiam? ad placandum enim deum quem colas iis rebus opus est, quibus illum gaudere ac delectari scias. sic fit, ut uitam colentium deus pro qualitate numinis sui formet, quoniam religiosissimus est cultus imitari.

11. His igitur hominibus qui deorum suorum moribus congruunt quia grauis est et acerba iustitia, eandem impietatem suam, qua in ceteris rebus utuntur, aduersus iustos uiolenter exercent, nec immerito a prophetis 'bestiae' nominantur. praeclare itaque Marcus Tullius: 'etenim si nemo est,' inquit 'quin emori malit quam conuerti in aliquam figuram bestiae, quamuis hominis mentem sit habiturus, quanto est miserius in hominis figura animo esse efferato? mihi quidem tanto uidetur, quanto praesta-

Auct.: **12** bestiae] Ezech. 34, 25. 28   **13–p. 476, 1** Cic. rep. 4, 1 = frg. dub. 4 Powell

Test.: **12** Lucif. moriend. 5 l. 27 sq. Diercks

1 et *post* mares] et in B H M   feminasque *sub fine col. dext.*, q· *add. m.3*, B   dictis B   **2** cantatur B¹ *(corr.* B²*)* K S; incantantur P¹, *corr.* P²; cantur H   **3** possum ne, n *exp.*, D; possunt P   etiam H M   **4** diis *ex* dii P²   iustitiam D¹ V P K S   **5** iis R¹, his R² *cet.*   **6** delectari] letari P   sic *ex* sit P²   uitia, *alt.* i *eras.*, B   colentium] 1 *ex* a *m.1?* B   **7** numinis R; nom- *cet.* (s *s.l. m.2* D)   **9** his *codd. nisi quod* hic P; iis *edd., Br*   homines P   **10** grauis . . . iustitia] grauem habent acerbamque iustitiam P   acerua B¹ *(corr.* B²*)* D¹ V   iustitiae Dᵃᶜ V   eademque H Mᵃᶜ, eandemque Mᵖᶜ   inpietate sua *ras. ex* -tem suam B   **11** quia Bᵃʳ Mᵃʳ; quam R   exerceant, a *s.l. m.2*, R   **12** ne P   a prophetis] pro factis B   **13** marcus R² *(cf. 1, 6, 14. 3, 1, 10. al. 5, 16, 13),* ·m̄· D V P, ·m· K S R¹; *om.* B; meminit H M   quin *om.* R   mori P   **15** sit *om.* D   in *om.* R   *post* in hominis *exp.* in homini D   **16** esse *s.l.* P²; fuisse H M   ferato, *post* esse *una* f, B; effrenato H *(-*enta-*)* M

3 bilior est animus corpore.' aspernantur utique corpora beluarum, quibus sunt ipsi saeuiores, sibique adeo placent, quod homines nati sint, quorum nihil nisi liniamenta et summam figuram gerunt. nam quis Caucasus, quae India, quae Hyrcania tam immanes, tam sanguinarias umquam bestias aluit? quoniam ferarum omnium rabies usque ad uentris satietatem furit fameque sedata protinus conquiescit. illa, illa est uera bestia, cuius una iussione

    'funditur ater ubique cruor, crudelis ubique
       luctus, ubique pauor et plurima mortis imago.'

6 nemo huius tantae beluae immanitatem potest pro merito describere, quae uno loco recubans tamen per totum orbem ferreis dentibus saeuit et non tantum artus hominum dissipat, sed et ossa ipsa comminuit et in cineres furit, ne qui extet sepulturae locus, quasi uero id adfectent qui deum confitentur, ut ad eorum sepulcra ueniatur, ac non ut ipsi ad deum ueniant. quaenam illa feritas, quae rabies, quae insania est lucem uiuis, terram mortuis

Auct.: **4–5** quis ... aluit] *cf.* Verg. Aen. 4, 366 sq.   **9** funditur ... cruor] ibid. 11, 646   **9–10** crudelis ... imago] ibid. 2, 368 sq.

Test.: **2–4** homines ... gerunt] Lucif. moriend. 5 l. 30 sq. Diercks

1 animi K S^1 corpore K S; -ri *cet.*   utique R, *Heck, 1972, 185 n. 90*; itaque *cet. ex § 2, edd., Br*   **2** seueriores M^1; sequiores K S   sibi R   **3** nisi *om.* K S   lineamenta B^{ac} Br; *cf.* 2, 3, 8   summam *del., s.l.* solum R^2 **4** india quae *s.l.* B^3; indiaeque M   **5** tam *ante* sanguinarias] tamquam *ex* tamque M   alui H   **6** fuerit R^{ar} **7** illa illa D V *et ft.* R^{ar} *(illa post eras.* illa?*);* illa R^{pr} *cet.*   est *s.l.* K   **9** ater] at K S   **10** pauorque et H M; *cf. Schol. Veron. Aen. 9, 402*   **11** tantae beluae] tandem bestiae H M   **12** recubat B^1, *corr.* B^3 per ... orbem] toto orbe, *deinde* per *eras.* B   per *s.l.* H   **13** artus] actus K^1 S   dissupat B   **14** ossa] exosa H *(et ft.* M^{ac}*)*   furit] *post* u *1 litt. eras.* K; fudit H M   ne qui D *(sup.* i *litt. inc., ft.* e*)* V *(*i *s.l. pro exp.* e*)* P H M K S R; ne quis, i *ex* e *m.1,* B *edd., Br*   **16** ueniat M^{ac}; peruen- D V   **17** feritas quae] ferit. acq; H, -tas. atquae M   terra R

denegasse? dico igitur nihil esse miserius iis hominibus, quos ministros furoris alieni, quos satellites impiae iussionis necessitas aut inuenit aut fecit. non enim honor ille aut prouectio dignitatis fuit, sed hominis damnatio ad carnificinam, dei uero ad poenam sempiternam. quae autem per totum orbem singuli gesserint, enarrare impossibile est. quis enim uoluminum numerus capiet tam infinita, tam uaria genera crudelitatis? accepta enim potestate pro suis moribus quisque saeuiuit. alii prae nimia timiditate plus ausi sunt quam iubebatur, alii suo proprio aduersus iustos odio, quidam naturali mentis feritate, nonnulli, ut placerent et hoc officio uiam sibi ad altiora munirent; aliqui ad occidendum praecipites extiterunt, sicut unus in Phrygia, qui uniuersum populum cum ipso pariter conuenticulo concremauit. sed hic quanto saeuior, tanto clementior inuenitur. illud uero pessimum genus est cui clementiae species falsa blanditur, ille grauior, ille saeuior est carnifex qui neminem statuit occidere. itaque dici non potest huiusmodi iudices quanta et quam grauia tormentorum genera excogitauerint, ut ad effectum propositi sui peruenirent. haec autem non tantum ideo faciunt, ut gloriari

Epit.: 5, 11, 13–17] 49, 4 at enim ... 6 immittant

Test.: 14 § 11] *cf.* Lucif. moriend. 6 l. 22. 31 Diercks

1 denegare B; designasse K S   dicet H M   iis R, *om.* B, his *cet.*
2 furoris *om.* M   iussionis *ex* -nes B² **4** dignatis H, -nitas M
hominis] h. prouecti R   dei] dehinc R   **5** autem *ex* aut B²
6 cesserint D^ac V   **7** capiet *s.l.* B³; -pit H M   infini B¹, *corr.* B²
8 moribus] pioribus *sic* D V   saeuiit, *pr.* i *eras.*, B; siuiuit H M¹
prae nimia] praemia D¹ V; pro n. H M   **9** iubebatur B P H M¹ R *Mo,*
Win (uterque uertit sec. -bantur*);* -bantur D V M² *Br (uariant edd. antea);* iubeatur K S   pro | prio *ex* | prio B²   **10** aduersum D V   natura
alimentis R   feritatem H M^ac   **11** hoc *om.* H M   uiam] u. iam
H M   aliqui] alii qui H M   **13** conuerticulo H M^ac   **15** species *in*
mg. inf. P²   **16** grauior] g. est P   **17** humodi B¹, *corr.* B²   quanta
huiusmodi iudices R   quam] tam P H *(quam sup. fere 2 eras.*
litt. M²)   **18** excogitauerunt V *(D deest)*   **19** gloria K S

possint nullum se innocentium peremisse – nam et ipse audiui
aliquos gloriantes, quod administratio sua in hac parte fuerit
incruenta –, sed et inuidiae causa, ne aut ipsi uincantur aut illi
uirtutis suae gloriam consequantur. itaque in excogitandis poenarum generibus nihil aliud quam uictoriam cogitant; sciunt
enim certamen esse illud et pugnam. uidi ego in Bithynia
praesidem gaudio mirabiliter elatum tamquam barbarorum gentem aliquam subegisset, quod unus, qui per biennium magna
uirtute restiterat, postremo cedere uisus esset. contendunt igitur
ut uincant et exquisitos dolores corporibus immittunt et nihil
aliud euitant quam ut ne torti moriantur, quasi uero mors tantummodo beatos faciat ac non etiam tormenta quanto fuerint
grauiora, tanto maiorem uirtutis gloriam pariant. illi autem
pertinaci stultitia iubent curam tortis diligenter adhiberi, ut ad
alios cruciatus membra renouentur et reparetur nouus sanguis ad
poenam. quid tam pium, tam beneficum, tam humanum fieri
potest? non curassent tam sollicite quos amarent. haec est
deorum disciplina, ad haec opera cultores suos erudiunt, haec
sacra desiderant. quin etiam sceleratissimi homicidae contra pios iura impia condiderunt. nam et constitutiones sacrilegae et
disputationes iuris peritorum leguntur iniustae. Domitius de

Auct.: **21** Domitius Vlpianus; *cf. Liebs, HLL 4, 181 (§ 424 B 14 T 28)*

Test.: **11–13** quasi ... pariant] Lucif. moriend. 6 l. 32–34 Diercks

1 nam] tamen HM   **3** et *om.* HM   **4** poenarum *om.* HM
5 uictoriam cogitant] m, git, n *in ras. m.3* B   **6** esse ... et] illud esset
HM   illum B   et] in R   bythynia BV, bythin- M² R; bythiniam
HM¹   **7** praeside HM¹   **9** gederem Hᵃᶜ Mᵃᶜ, cẹd- KS
esset] est B; est et R   **10** et *om.* R   exquisitas P   **11** deuitant PKS
Br; uitant R   **12** ac] hac R   quanto] quae *(s.l.* B²; que M) q. BHM
13 maioris BHM   pariunt HM   **14** adhibere HM   **15** cruciatos
B¹ *(corr.* B³) PMᵃᶜ   paretur DV; irepar- R   **17** *post* quos *s.l.*
non B²   **18** ad] si ad HM   erudiuit KS   **19** sacre D
desiderent R   quin *ex* quia B³   contra pios] -trarios DV
20 iuriampia P¹, *corr.* P²   **21** iure *ex* iuries P²   domitium HM

officio proconsulis libro septimo rescripta principum nefaria collegit, ut doceret quibus poenis adfici oporteret eos qui se cultores dei confiterentur.

12. Quid iis facias, qui ius uocant carnificinas ueterum tyrannorum aduersus innocentes rabide saeuientium? et cum sint iniustitiae crudelitatisque doctores, iustos se tamen ac prudentes uideri uolunt, caeci et hebetes et rerum et ueritatis ignari. adeone uobis, o perditae mentes, inuisa iustitia est, ut eam summis sceleribus adaequetis? adeone apud uos perit innocentia, ut ne morte quidem simplici dignam iudicetis, sed supra omnia facinora habeatur nullum facinus admittere pectusque purum ab omni sceleris contagione praestare? et quoniam communiter cum deorum cultoribus loquimur, liceat per uos bene facere uobiscum; haec est enim lex nostra, hoc opus, haec religio. si uobis sapientes uidemur, imitamini, si stulti, contemnite aut etiam ridete, si libet; uobis enim stultitia nostra prodest. quid

Epit.: 5, 12, 1 et cum ... ignari] *cf.* 52, 9 stultos ... aequales 5, 12, 3 si uobis ... 4 amplectimur] 48, 10

Test.: 4 § 1] *cf.* Lucif. moriend. 6 l. 48–52 Diercks

Codd.: 10 *a* sed supra *incipit* G *p. 37 usque ad § 4* stultitiam *fere lecta; ceterum extant* B DV P HM KS R

1 libris KS septimo *om.* D, VII· VPK, VII *et s.l. m.1?* tē *(i. e.* septem*)* S scripta R 2 doceret *ex* dic- B³ affici, a *ex* e *uel* o, B³; adoffici Hᵃʳ 3 confiterent P, -tent Mᵃᶜ 4 quod HKS iis PR, his BDVKS; uis HM faciant HM carnificinam *sic s.l.* B³ ueterum] et u. KS 5 rabidae Bᵃʳ DVPSR, -des M saeuientium *om.* M *spatio relicto;* -uienum H¹, seuiunt *in mg.* H² sunt HM 6 crudelitatis Vᵃᶜ iustos *in mg.* V se] se esse P 7 et *post* rerum] ac HM *prob. Br* 8 perdite PKS; -tam HMᵃᶜ mentis B 9–10 apud ... ut ne] quo uos per innocentiam ne HM *(*quo *et* per *eras.)* 10 iudicatis HM 12 omne DV cogitatione KS 13 licet HM 14 est *om.* R 15 uobis *bis, alt. exp.,* P autem G 16 uobis] no- P *Mo* prodeest B *(G inc.); cf.* 5, 1, 12

laceratis? quid adfligitis? non inuidemus sapientiae uestrae;
hanc stultitiam malumus, hanc amplectimur, hoc nobis credimus
expedire, ut uos diligamus et in uos ipsos qui odistis omnia
conferamus. est apud Ciceronem non abhorrens a uero locus in
ea disputatione, quae habetur a Furio contra iustitiam. 'quaero,'
inquit 'si duo sint, quorum alter optimus uir, aequissimus, summa iustitia, singulari fide, alter insigni scelere et audacia, et si in
eo sit errore ciuitas, ut bonum illum uirum sceleratum faci-
nerosum nefarium putet, contra autem qui sit improbissimus,
existimet esse summa probitate ac fide, proque hac opinione
omnium ciuium bonus ille uir uexetur rapiatur, manus ei denique auferantur, effodiantur oculi, damnetur uinciatur uratur exterminetur egeat, postremo iure etiam optimo omnibus miserrimus esse uideatur, contra autem ille improbus laudetur colatur,
ab omnibus diligatur, omnes ad eum honores, omnia imperia,
omnes opes, omnes denique copiae conferantur, uir denique
optimus omnium existimatione et dignissimus omni fortuna

Auct.: 5–p. 481, 2 Cic. rep. 3, 27 = 3, 13 Powell

Codd.: **13** *a* | netur egeat *extat cod. Cic.*   **14** *a* colatur *incipit* G *p. 38
fere tota lecta; extant* B G D V P H M K S R

3 qui odistis] quod istis K S   **4** est] et R   abhorrendus B; oberrans
ex abhor- S²   **5** quam H M¹   habeatur B   a Furio *om.* P
6 sunt H M   *post* uir *s.l. repet.* alter B³   **7** insignis Hᵃʳ M
et *ante* audacia *om.* K S   **8** eos H Mᵃʳ   ut *om.* H M
facinorosum H M K S   **9** autem ⟨eum⟩ *Baiter (ed. Cic. 1865; cf. Halm,
1861, ad l.), Br, edd. Cic., om. Mo, Win, qui subaudit anteced.* uirum
10 aestimet H M; existimetur *Hm*   inprobitate Bᵃʳ   ac] et H M
proque] proqua H M; -quę S   opinionem P   **11** rapiatur uexetur
5, 18, 9 rapietur H M   ei denique] eidem quoque B; eidemque H M
12 auferatur K¹ S   uincatur Hᵃᶜ   uratur *om.* H M   **13** miserrimus
omnibus B   **14** improbus *in mg.* V   laudetur colatur] uidetur P
15 diligatur *om.* H M   **16** omnes denique *codd. ex errore Lact. uel
eius exemplaris, Mo, Win;* o. undique *cod. Cic., edd. Cic., Br*   copiae
... denique *om.* P   uir *om.* G   **17** dignissimus et H M
fortuna] f. optima *cod. Cic.; u. Win et Powell ad l.*

iudicetur – quis tandem erit tam demens qui dubitet, utrum se
esse malit?' profecto quasi diuinaret, quae nobis mala et quo- 7
modo euentura essent propter iustitiam, hoc posuit exemplum.
haec enim populus noster patitur omnia errantium prauitate.
ecce in eo est errore ciuitas uel potius orbis ipse totus, ut bonos 8
et iustos uiros tamquam malos et impios persequatur excruciet
damnet occidat. nam quod ait 'neminem esse tam dementem 9
qui dubitet, utrum se esse malit', ille quidem ut is, qui contra
iustitiam disserebat, hoc sensit, malle sapientem malum esse
cum bona existimatione quam bonum cum mala. a nobis autem 10
absit haec amentia, ut falsum uero anteponamus. an boni nostri
qualitas ex populi pendebit erroribus quam ex conscientia nostra
et iudicio dei? aut aliqua nos felicitas inliciet umquam, ut non
potius ueram bonitatem cum omni malo quam falsam cum omni
prosperitate malimus?

'sua sibi habeant regna reges, suas diuitias diuites', 11
ut loquitur Plautus, suam uero prudentiam prudentes. relinquant
nobis stultitiam nostram, quam uel ex hoc apparet esse sapien-

Epit.: 5, 12, 10 ut non ... malimus] 48, 11 ego ... uiuere

Auct.: 16 Plaut. Curc. 178

Test.: 10 § 10] *cf.* Lucif. moriend. 7 l. 5–7 Diercks   **17–18** relinquant
... nostram] ibid. l. 10

Codd.: **18** *in* esse sa | *desinit* G p. 38; *hinc extant* B D V P H M K S R
1 quid | ubi putet B¹, *corr.* B²   **3** proposuit H M   **4** omnium H M
5 ecce] atque H M   **6** malos et *om.* D *(spatio indice)* V
persequitur K¹ S¹   excruciet] et cr- H *(-uti-)* M   **7** tam dementem]
post de *4–5 litt. eras.* V; tande dem- H Mᵃʳ   **8** dubitat Pᵃᶜ
ille *s.l.* S²   quidem ut is *om.* H M   his G K S   **12** populi] p. potius
edd., Le (unde Mo falso contra Br), trad. def. Buen   pendeuit G
13 illiciet umquam felicitas K S   inliceat R   **16** sibi sua *codd. Plaut.*
sibi *ex* si V   habeat Dᵃᶜ V   regna habeant B G   suas] sibi *codd.
Plaut.*   **17** ut] et ut P   loquimur B¹, *corr.* B²   **18** appareret H

12 tiam, quod eam nobis inuident. quis enim stulto inuideat nisi
qui ipse sit stultissimus? illi autem non sunt adeo stulti, ut stultis
inuideant, sed ex eo quod accurate, quod sollicite persequuntur,
13 stultos non esse concedunt. cur enim tam crudeliter saeuiant
nisi quia metuunt, ne in dies inualescente iustitia cum diis suis
cariosis relinquantur? si ergo cultores deorum sapientes sunt et
nos stulti, quid metuant ne sapientes inliciantur a stultis?

1   13. Cum autem noster numerus semper de deorum cultoribus augeatur, numquam uero, ne in ipsa quidem persecutione
minuatur – quoniam peccare homines et inquinari sacrificio possunt, auerti autem non possunt a deo; ualet enim ui sua ueritas –,
quis est tandem tam excors tamque caecus, quin uideat in utra
2 sit parte sapientia? sed illi malitia et furore caecantur, ne
uideant, stultosque ⟨eos⟩ esse arbitrantur, quod cum habeant in
potestate supplicia uitare, cruciari tamen et emori malunt, cum
possint ex eo ipso peruidere non esse stultitiam, in quam tanta
hominum milia per orbem totum una et pari mente consentiant.
3 si enim feminae sexus infirmitate labuntur – nam interdum isti

---

1 quod] quam D V^{ac}; quia V^{pc} inuidiat D^1 V; -deant K^{ac} S^{ac}
2 sit ipse H M **3** accusare, *post* r *eras.* at? B **4** non] nos B S *(sup.
exp.* ñ *i. e.* non); nos *ante* non *uel alibi inserendum coni. Br neglecto* B
tam] nos tam *ex* notam M^2 **5** dies *ex* deo B^3; d. si non H M^{ar}
inualescent K; -cat, at *ex* 3 eras. litt., S^2 **6** cariosis K S R, *om.* P; na-
B^1 H M, gna- B^2; nanosos appellauit quod doloribus *(sic;* odoribus
recc. ap. Buen) turis colantur nariosis D V sunt et] set K^1, sed S
7 metuunt H M R **8** cur, *s.l. m. rec. alius* cum, S autem noster]
auter R de *om.* B **9** in *s.l.* B^3, *om.* R percutione D^1 V
10 inquinare K^1 **12** tandem] tam demens B; tamen D V
quin] qui non B P M K S **13** malitia et] malitiae, *deinde* t *eras.*, B
14 stultosque eos esse *scripsimus;* -tos quos esse B^2 R *(falso Br, unde*
-tosque eos *Heck, 1972, 185 n. 90, Win);* -tosque esse B^1 *cet., edd., Br,
Mo* arbitratur P quod *codd., Heck l. c., Win;* qui *edd., Br, Mo*
15–16 tamen ... peruidere] t. uniuersi et mori malunt eum qui possit
ex eo ipso prouideri H M **15** et mori H M R **16** quam tanta] quanta
D V **18** delabuntur K^1 **18–p. 483, 1** stimuliebrem H M

muliebrem aut anilem superstitionem uocant –, uiri certe sapiunt. si pueri, si adulescentes improuidi sunt per aetatem, maturi certe ac senes habent stabile iudicium.   si una ciuitas desipit, ceterae utique innumerabiles stultae esse non possunt. si una prouincia, una natio prudentia caret, ceteras omnes habere intellegentiam recti necesse est.   cum uero ab ortu solis usque ad occasum lex diuina suscepta sit et omnis sexus, omnis aetas et gens et regio unis ac paribus animis deo seruiat, eadem sit ubique patientia, idem contemptus mortis, intellegere debuerant aliquid in ea re esse rationis, quod non sine causa usque ad mortem defendatur, aliquid fundamenti ac soliditatis, quod eam religionem non tantum iniuriis et uexatione non soluat, sed augeat semper et faciat firmiorem.   nam et in hoc quoque illorum malitia conuincitur, qui euertisse se funditus religionem dei opinantur, si homines inquinauerint, cum et deo satisfacere liceat et nullus sit tam malus dei cultor, quin data facultate ad placandum deum reuertatur et quidem deuotione maiore.   peccati enim conscientia et metus poenae religiosiorem facit et semper multo firmior est fides, quam reponit paenitentia.   si ergo ipsi cum

Epit.: 5, 13, 6–10] 49, 3 . . . 4 uoluntatem

2 adolescens P   **3** desipiro K¹ S, -piant K²   **4** cetera P^ac M utique] u. in S; quoque P   stulta M   **5** notio K² S, notitio K¹ prouidentia B¹ *(corr.* B³*)* P   ceret D¹ V   ceterae H, -ra M omnis D V   **6** ortus R   **7** omnis sexus *om.* R   omnis aetas et] aetas *(s s.l. m.3) tantum* B   **8** regio unis] regi unitis K S   paribus] similibus B   deo seruiat *ex* deseru- B³   **9** patientia] *pr.* i *s.l. m.3* B; sapientia H M   **10** re] lege R   non *s.l.* S²   non sine] sic R   **11** aliquid] id quod H M   religione P   **12** saluat D   **13** et *om.* H M   malitia illorum P K S   **14** qui B D V P K S R, *def. Win;* quae H M; quod *Br sec. Buen, ft. recte*   opinatur H M   **16** tam] quam H M   qui B K S   **17** reuertatur] non r. B K S   **18** conscientiam H M   pęne K S   semper] saepe H M   multo] et m. P   **19** paenitentia *ex* -ium? B; -am K^ar S^ar   ipsi] sibi K S

deos sibi arbitrantur iratos, tamen donis et sacrificiis et odoribus placari eos credunt, quid est tandem cur deum nostrum tam immitem, tam implacabilem putent, ut uideatur is iam Christianus esse non posse, qui diis eorum coactus inuitusque libarit? nisi forte contaminatos semel putant animum translaturos, ut sua sponte iam facere incipiant quod per tormenta fecerunt. quis id officium libens obeat quod ab iniuria coepit? quis cum uideat laterum suorum cicatrices, non magis oderit deos, propter quos aeterna poenarum insignia et impressas uisceribus suis notas gestet? ita fit, ut data diuinitus pace et qui fuerunt uniuersi redeant et alius propter miraculum uirtutis nouus populus accedat. nam cum uideat uulgus dilacerari homines uariis tormentorum generibus et inter fatigatos carnifices inuictam tenere patientiam, existimant, id quod res est, nec consensum tam multorum nec perseuerantiam morientium uanam esse nec ipsam patientiam sine deo cruciatus tantos posse superare. latrones et robusti corporis uiri eiusmodi lacerationes perferre non queunt, exclamant et gemitus edunt; uincuntur enim dolore, quia deest illis inspirata patientia. nostri autem, ut de uiris taceam, pueri et

Auct.: **16** §§ 12–14] *cf.* Min. Fel. 37, 3–5, *de exemplis § 13 Win ad l.*

1 deos] d. suos P   tamen] cum H M   **2** eos credunt] putant P qui S[1]   **2–3** tamen immittem R   **3** putant B[1], *corr.* B[3]; credant P is B H M K[1] S; his D V P K[2], iis R   cristianus B[ac]   **4** liberauerit, er *exp.*, B; libauerit P   **5** putant animum] p. animos B; animos ita p. P; putent a. H   translaturos] posse transferri P   **6–7** per ... quod *om.* D V   **6** id *s.l.* B[3], *om.* P   **7** subeat *ex* sob- P   iuria D V H[ac], iniurio M[ac], inuria K[ac]   **9** suis *om.* P   notas *om.* R   **10** et *om.* D V fuerunt B[1] V[pc] P H M R *edd. (subaudias* Christiani *sim.)*; -rint V[ac] D (int *inc.*) K S, *Le*; fugerunt B[2] *Fr et inde ut uid. Br (uoluitne* fuerunt? *cf.* Heck, 2005, 58 et n. 12)   uniuersi] auersi *Le sec. recc. quosdam*   **11** aliis B[1], *corr.* B[3]   **12** dilacerati K S[1], -ratos S[2]   **14** existimat P; exismant H M[1]   tam *om.* H M   **15** morientium *om.* D V   unam P   **16** cruciatus *ex* -tos B[3] K[2]   posset, t *s.l. m.2*, V; sponte sua B   **17** uiri *om.* R   **19** inspiratio H M; inspirita R patientiae H M   ut ... pueri] pueri ut de u. t. pueri H M

mulierculae tortores suos taciti uincunt et exprimere illis gemitum nec ignis potest. eant Romani et Mucio glorientur aut 13 Regulo, quorum alter necandum se hostibus tradidit, quod captiuum puduit uiuere, alter ab hostibus deprehensus cum uideret
5 mortem se uitare non posse, manum foco iniecit, ut pro facinore suo satisfaceret hosti quem uoluit occidere, eaque poena ueniam quam non meruerat accepit. ecce sexus infirmus et fragilis 14 aetas dilacerari se toto corpore urique perpetitur non necessitate, quia licet uitare si uelint, sed uoluntate, quia confidunt deo.
10 haec est uera uirtus, quam philosophi quoque gloriabundi non re, 15 sed uerbis inanibus iactant disserentes nihil esse tam congruens uiri sapientis grauitati atque constantiae quam nullis terroribus de sententia et proposito posse depelli, sed tanti esse cruciari et emori, ne fidem prodat, ne ab officio discedat, ne metu mortis
15 aut dolore acerbo subactus aliquid faciat iniustum; nisi forte 16 delirare illis uidetur Flaccus in lyricis, cum dicit:
'iustum et tenacem propositi uirum
non ciuium ardor praua iubentium,

Auct.: **17–p. 486, 2** Hor. carm. 3, 3, 1–4

Test.: **8–14** dilacerari ... emori] Lucif. moriend. 8 l. 9–13 Diercks

1 et ... illis] quibus exprimere P   **2** igni B^{ac} potes D^1 V
3 reigulo H M^{ar} quod] et q. H M^{ar} **5** se mortem H M
manu H M^{ac} **6** safaceret D^1 V   hosti quem] hostemque B
7 accipit D V   infirmus *ex* -um B^3; -mis H M^{ac}; infimus K S;
femineus D V   **8** dilacerare M   perpetitur] repperitur D V
non *s.l.* S^2, *om.* K   **9** quia] i *eras.* B, qua H M   si] se P
uellint P^1, *corr.* P^2 deo] in deo P; de *(s.l. m.2)* deo S
10 gloriabant H *(deinde 2 litt. eras.)* M   rem D V   **11** lactant R
12 grauitate atque constantia H M   **13** sententia et proposito] p. et s.
H M; et *om.* K S, *unde* sententiae *ex* -ia S^2 tanto H M
14 emori K S R *Lucif.;* mori *cet.*   prodat *ex* -ant *m.1 uel 2* B
metum H   **15** dolorem H *(et M?)*   aceruo B^1 *(corr.* B^3) D^1 V; -rbe
K S   subactu K S^1 nisi] ne R   **16** diirare D; deliberare H M
18 non ciuium] nuncium P   praue *ex* -ua D^2 iuuentium
V H M K S^1; uiue- *ex* inue- D^2

        non uultus instantis tyranni
        mente quatit solida.'

17 quo nihil uerius dici potest, si hoc ad eos referatur qui nullos cruciatus, nullam mortem recusant, ne a fide iustitiaque declinent, qui non tyrannicas iussiones, non praesidum gladios tremunt, quominus ueram et solidam libertatem constanti mente 18 defendant, quae in hoc solo tuenda sapienti est. quis enim tam insolens, tam elatus est qui me uetet oculos in caelum tollere, qui imponat mihi necessitatem uel colendi quod nolim uel quod 19 uelim non colendi? quid iam nobis ulterius relinquetur, si etiam hoc quod uoluntate fieri oportet libido extorquet aliena? nemo istud efficiet, si quid nobis ad contemnendam mortem doloremque uirtutis est. quam constantiam si tenemus, cur stulti iudi- 20 camur facientes ea quae philosophi laudant? recte igitur Seneca incongruentiam hominibus obiectans ait: 'summa uirtus illis uidetur magnus animus, et idem eum qui contemnit mortem pro

Auct.: **9–10** cf. Tert. apol. 24, 6   **15–p. 487, 1** Sen. frg. 29 Haase; cf. Lausberg, 1970, 193 sq.

Test.: **3–6** nullos ... tremunt] Lucif. moriend. 8 l. 33–35 Diercks

Codd.: **7** a | dant quae *incipit* G *p. 83 paene tota lecta; hinc extant* B G D V P H M K S R

1 uultis M[1]   stantis H M; infandi B   tyrannorum B
2 mentem quatit solidam B D K S R *Mo; u. Win ad l.*   **3** quo] qua *ex* quam? H; quia M   nullus K[ac]   **4** iustitiae quae H M[ar]
7 in] mihi *ex* me *m.1 uel 2* B   sola K S   sapienti R; -tia *cet.*
8 insolens tam] -nsestam *sic* G   me uetet] metuet H M[1]; metet K S[1], uetet S[2]   uetet *ex* -tat B[3]   **9–10** quod nolim ... colendi *om.* P
9 nolim] uelim *ex* uolim D[2]   **10** relinquatur P[ac] H M *Br, Mo* (D *inc.*)
11 hoc *om.* B G   quo P   uoluntati G; -tem H M; uolunt P
extorqueat R *Br, Mo, Win contra numerum*   **12** efficiat H M
contempnendam *ex* -dum B[3]   **13** tenemus] exhibemus t. R, *unde* tenet exh- *Heck, 1972, 185 n. 90 (dubitanter), Win*   iudicemur B G
14 facntes, c *eras.*, P   **15** obiectantibus H M   illius H M
16 magnis D[ac]   idem] ideo B G   contemnet B G

furioso habent, quod est utique summae peruersitatis.' sed hi 21
uanarum religionum cultores eadem stultitia id obiciunt qua
uerum deum non intellegunt; quos Sibylla Erythraea κωφοὺς et
ἀνοήτους uocat, surdos scilicet et excordes, qui nec audiant
5 diuina nec sentiant, sed terram digitis suis imaginatam metuant
et adorent.

14. Quae uero causa sit, ut eos qui sapientes sunt stultos 1
putent, magna ratio est – nec enim frustra falluntur –; quae nobis
diligenter est explicanda, ut errores suos tandem si fieri possit
10 agnoscant. iustitia suapte natura speciem quandam stultitiae 2
habet, quod ego et diuinis et humanis testimoniis confirmare
possum. sed nihil fortasse apud istos agamus, nisi eos de suis
doceamus auctoribus non posse quemquam iustum esse, quod
est coniunctum cum uera sapientia, nisi idem stultus esse uide-
15 atur. Carneades Academicae sectae philosophus – cuius in 3

444

Epit.: 5, 14, 3 – 16, 11] 50, 5 – 51, 5   5, 14, 3–5] 51, 8

Auct.: **3–4** *cf.* Orac. Sib. 8, 397   **15** §§ 3–5] Cic. rep. 3, 9

Codd.: **12** *in* fortasse *desinit* G *p. 83, seq. p. 84, in qua usque ad* § 3
qui nescit *pauca leguntur; ceterum extant* B DV P HM KS R

1 futurioso B[ar]   summum KS; -me R   prauitatis BG
hii PR; illi|G; mihi HM   **2** religionum] r[e]rum, *alt.* r *inc.*, G *(antea
non plus quam 7–8 litt. euan.)*   cultores *ex* colit- B[3]   id obiciunt
om. KS   quia HM; quo S[ac]   **3** deum uerum M   quos PKSR, *om.*
G; quod B *(post paenult. lin. col. m.3)* DVHM   erythrea sibylla *in
ult. lin. uacua* B[3]*, eadem ft.* G *(legitur* | erit *et* sib?)   κιοιφους B;
κ. ... ἀνοήτους *spatio relicto om.* G   et] ες V (D *inc.*)
4 ανοητοις P; ανεςθητους B; ανοςιους R; ἄναυδοι *codd.* Sib.
uocat *ex* -ant P[2]   et *om.* HM[1] KS   audiunt B[1] *(corr.* B[2]*)* K[ac] S *(G
inc.)*   **5** imaginatam *ex* ema-? B[2]; -ta GHM[1]   **5–6** metuunt et
adorant HM   **7** uera BGM[1]   sapientes *ex* -tis B[2]   **8** quae] quam
H; que a *ex* qua M[2]   **9** potest HM   **10** suapte natura] s[ue?]te-
neaturet B[1], suaque n. B[3]   quadam HM[1]   **11** ego et] ego *ex* HM
humanis] inanis G   **12** de] *ex* HM   **13** quem P   **14** cum *om.* P
15 carneades academicae B *(ult.* c *in ras. m.3)* DVKS, -neacadem- P,
-neadem- R; c. academiae HM   sectae *s.l.* B[3]   in *s.l.* B[3]

disserendo quae uis fuerit, quae eloquentia, quod acumen, qui nescit ipsum, ex praedicatione Ciceronis intelleget aut Lucilii, apud quem disserens Neptunus de re difficillima ostendit non posse id explicari, 'non Carneaden si ipsum Orcus remittat' –, is cum legatus ab Atheniensibus Romam missus esset, disputauit de iustitia copiose audiente Galba et Catone Censorio maximis tunc oratoribus. sed idem disputationem suam postridie contraria disputatione subuertit et iustitiam quam pridie laudauerat sustulit, non quidem philosophi grauitate, cuius firma et stabilis debet esse sententia, sed quasi oratorio exercitii genere in utramque partem disserendi. quod ille facere solebat, ut alios quidlibet adferentes posset refutare. eam disputationem, qua iustitia euertitur, apud Ciceronem Lucius Furius recordatur, credo quoniam de re publica disserebat, ut defensionem laudationemque eius induceret, sine qua putabat regi non posse rem publicam. Carneades autem ut Aristotelen refelleret ac Platonem iustitiae patronos, prima illa disputatione collegit ea omnia quae pro iustitia dicebantur, ut posset illa, sicut fecit, euertere. erat

Epit.: 5, 14, 5 Aristotelen ... patronos] 50, 5 ... uirtutem

Auct.: 4 Lucil. 31 Marx; cf. Win ad l. n. 1036

Codd.: 17 ab | nia quae *incipit* G *p. 69 usque ad § 7* qui primam magnam partem lecta; ceterum extant B DV P HM KS R

2 nos|cit P^ac   intellegit B¹, *corr.* B³   lucili P, -cillii R
4 explicari *ex* -re B³   non carneaden (-dem HM) si BDVHMR; nec si c. (-dē KS) PKS   dimittat B   is *om.* R; ipse *ex* -sum M²
5 disputabit B¹, *corr.* B³; -tatu it *sic ex* -tatu id P   6 dei? B^ar censoribus HM   7 posttridie BDV   8 pridem B   9 quidem] tamen PKS   firma et] prudentiae HM   10 esse debet KS exercitio generi HM   11 quidquidlibet P; quodl- HMKS; quil- R
12 adferentes BPKSR (aff- KS) Mo, Win cl. 5, 16, 2. 17, 6; adser- DVHM Br; *u. Win ad l.*   possit D   eam] eadem BP; et in HM
13 lucilius B^ar; ·l· HMR   16 ut *om.* DV, *s.l.* P²   aristotelem H (te *s.l. m.2*) M (-til-), -lē KS   ac] et B   17 patronos] platonos R colligit R   18 ille HM; illam *Br cl. anteced.* iustitia euertitur

enim facillimum iustitiam radices non habentem labefactare, quia tum nulla in terra fuit, ut quid esset aut qualis a philosophis cerneretur. atque utinam tot ac tales uiri quantum eloquentiae, quantum animi, tantum etiam scientiae ad implendam defensionem summae uirtutis habuissent, cuius origo in religione, ratio in aequitate est! sed ii qui primam illam partem nescierunt, ne secundam quidem tenere potuerunt. uolo autem prius circumscripte ac breuiter quid sit ostendere, ut intellegatur philosophos ignorasse iustitiam nec id quod minime nouerant potuisse defendere. iustitia quamuis omnes simul uirtutes amplectatur, tamen duae sunt omnium principales quae ab ea diuelli separarique non possunt, pietas et aequitas. nam fides temperantia probitas innocentia integritas et cetera eiusmodi uel natura uel institutis parentum possunt esse in iis hominibus qui iustitiam nesciunt, sicuti semper fuerunt. nam Romani ueteres, qui iustitia gloriari solebant, his utique uirtutibus gloriabantur quae, ut dixi, proficisci a iustitia possunt et ab ipso fonte secerni. pietas uero et aequitas quasi uenae sunt eius, his enim duobus fontibus constat tota iustitia. sed caput eius et origo in illo primo est, in

Epit.: 5, 14, 11] *cf.* 51, 1 ... obtemperare

Codd.: **19** *a* sed *incipit* G *p. 70 tota lecta; extant* BGDVP HM KSR

1 labefactare] -ri P; labentem l. B; l. ut diceret an *(ex quo* hanc M²*)* habentem laborare HM **2** tum *om.* KS ut *s.l.* P², *om.* R qualis a] quod non HM **3** quantum eloquentiae *om.* P; quamquam e. H *(quantum sup.* 6–7 *eras. litt.* M²*)* **4** quantumque *(*q· *m.2?)* animi B scientiae *om.* P **5** summa HM¹ habuisset HM **6** sed *om.* M; prae esset H ii R, hii GP, hi *cet.* primum HM partem illam P parte K ne] nec et B *(idem in* G *uidit Br)* **7** secundam *ex* -dum P² poterunt HM prius *ex* praes? B³ circumscribtae Bᵃʳ R, -ptae P, -ptę KS **9** iustitia HM nec *om.* HM **10** iustitiam P¹, *corr.* P² omnis B simul omnes PKS **11** tamen] amen D¹ V *(sup. a ras.)* **14** possent, e *ex* u?, B iis R, his BPHMKS; hisdem DV iustiam DV **15** fuerunt] nescierunt P nam Romani] r. autem P iustitiam KS **16** gloriaturi P his] iusti DV; iis *edd., Br* **18** enim] eius DV **19** illo *om.* G in *post* est] et in R

secundo uis omnis ac ratio. pietas autem nihil aliud est quam dei
notio, sicut Trismegistus uerissime definiuit, ut alio loco dixi-
12 mus.   si ergo pietas est cognoscere deum, cuius cognitionis
haec summa est ut colas, ignorat utique iustitiam qui religionem
dei non tenet. quomodo enim potest eam ipsam nosse qui unde
13 oriatur ignorat?   Plato quidem multa de uno deo locutus est, a
quo ait constitutum esse mundum, sed nihil de religione; som-
niauerat enim deum, non cognouerat. quodsi iustitiae defensionem uel ipse uel quilibet alius implere uoluisset, in primis deorum religiones euertere debuit, quia contrariae sunt pietati.
14 quod quidem Socrates quia facere temptauit, in carcerem con-
iectus est, ut iam tunc appareret, quid esset futurum iis hominibus, qui iustitiam ueram defendere deoque singulari seruire
15 coepissent.   altera est iustitiae pars aequitas. aequitatem dico
non utique bene iudicandi, quod et ipsum laudabile est in homine iusto, sed se cum ceteris coaequandi, quam Cicero 'aequa-
16 bilitatem' uocat.   deus enim, qui homines et generat et inspirat,
omnes aequos id est pares esse uoluit, eandem condicionem
uiuendi omnibus posuit, omnes ad sapientiam genuit, omnibus
immortalitatem spopondit; nemo a beneficiis eius caelestibus

Epit.: 5, 14, 12] *cf.* 51, 1 nescierunt ... tenuerunt   16–18] 50, 6

2 alio loco] 2, 15, 6

Auct.: **2** Trismegistus] CH IV 110 (frg. 10)   **16** Cicero] de orat. 1, 188. off. 1, 88. *al.; cf. Win ad l.*

Codd.: **20** *in* eius *desinit* G *p. 70; hinc extant* B DV P HM KS R

1 omni sacratio PKS[ar] *(ac eras.)*   **2** definiuit *in scribendo ex* -nit B; difi- D   **5** enim *ex* eum P   ipsam *om.* PKS   **6** multa *om.* KS   est *om.* P   **7** religiones |, nes *euan.*, R   somniauertat H[ar] M[ar]   **8** quodsi] quia si B   defensione HM   **9–10** deorum religiones] regiones deorum HM¹ *(*relig- M²*)*   **11** carcere HM   **12** est *om.* HM   *post* ut *eras.* de H   iis R, *om.* B, his G *cet.*   **13** seruire *om.* KS   **14** pars iustitiae HM   **16** aequalitatem GV   **17** et *ante* generat *om.* DVP, *s.l.* K   spirat HM   **19** omnesapientiam P[ac]

segregatur. nam sicut omnibus unicum suum lumen aequaliter
diuidit, emittit omnibus fontes, uictum subministrat, quietem
somni dulcissimam tribuit, sic omnibus aequitatem uirtutemque
largitur. nemo apud eum seruus est, nemo dominus. si enim
cunctis idem pater est, aequo iure omnes liberi sumus. nemo
deo pauper est nisi qui iustitia indiget, nemo diues nisi qui uirtutibus plenus est, nemo denique egregius nisi qui bonus et innocens fuerit, nemo clarissimus nisi qui opera misericordiae largiter fecerit, nemo perfectissimus nisi qui omnes gradus uirtutis
impleuerit. quare neque Romani neque Graeci iustitiam tenere
potuerunt, quia dispares multis gradibus homines habuerunt, a
pauperibus ad diuites, ab humilibus ad potentes, a priuatis denique usque ad regum sublimissimas potestates. ubi enim non
sunt uniuersi pares, aequitas non est, et excludit inaequalitas
ipsa iustitiam, cuius uis omnis in eo est, ut pares faciat eos qui
ad huius uitae condicionem pari sorte uenerunt.

15. Duobus igitur illis iustitiae fontibus immutatis omnis
uirtus et omnis ueritas tollitur et ipsa iustitia remigrat in caelum.
ideo non est uerum illud bonum a philosophis repertum, quia
ignorabant uel unde oreretur uel quid efficeret; quod nullis aliis

Epit.: 5, 14, 19 . . . 15, 1 efficeret] 50, 7

Auct.: **5** cunctis . . . est] *cf.* Lucr. 2, 992 *et supra 5, 6, 12*

1 segregetur B¹, *corr.* B³   suum *om.* R   lumen *ex* nu- B³
2 diuidi H M¹   emittit] et e. R   fontibus P¹, *corr.* P²
suum minist[rat] D   **3** somnii *ex* -ni P²   **4** illum R   si enim *om.* P
6 iustitiam B R   **7** qui *s.l.* B³   innocus *sic* B   **8** operam B K S R
9 perfectissimis Pᵃᶜ; -mus est K S   **10** neque Romani *om.* R
12 ad diuites ab humilibus *om.* R   **13** rerum D V; regnum K Sᵃʳ,
regni Sᵖʳ   non *om.* H   **14** sint V¹   et *om.* B P H M
15 ipsam K S R   faciet P   **16** pare R   **17** duo P¹, *corr. m. rec.*
18 et *ante* omnis *om.* B   et *ante* ipsa *om.* R   **19** illud uerum B
illum Vᵃᶜ *(D inc.)*   *post* bonum *s.l.* quod V²   filosofiis D V
20 ignorabat B¹ *(corr.* B²*)* H M¹ Kᵃᶜ   oriretur, i *ex* e *m.2,* B D M R,
-rir- *m.1* S   effeceret R   nullus V

2 praeterquam nostro populo reuelatum est. dicet aliquis: nonne sunt apud uos alii pauperes, alii diuites, alii serui, alii domini? nonne aliquid inter singulos interest? – nihil, nec alia causa est, cur nobis inuicem fratrum nomen impertiamus, nisi quia pares
3 esse nos credimus. nam cum omnia humana non corpore, sed spiritu metiamur, tametsi corporum sit diuersa condicio, nobis tamen serui non sunt, sed eos et habemus et dicimus spiritu
4 fratres, religione conseruos. diuitiae quoque non faciunt insignes, nisi quod possunt bonis operibus facere clariores. diuites sunt enim non quia diuitias habent, sed quia utuntur illis ad opera iustitiae, et qui pauperes uidentur, eo tamen diuites sunt,
5 quia et non egent et nihil concupiscunt. cum igitur et liberi seruis et diuites pauperibus humilitate animi pares simus, apud deum tamen uirtute discernimur; tanto quisque sublimior est
6 quanto iustior. si enim iustitia est parem se etiam minoribus facere, quamquam hoc ipso praecellit, quod se inferioribus coaequauit, tamen si non tantum quasi parem, sed etiam quasi minorem se gesserit, utique multo altiorem dignitatis gradum deo
7 iudice consequetur. nam profecto in hac uita saeculari quoniam breuia et caduca sunt omnia, et praeferunt se alteris homines et de dignitate contendunt, quo nihil foedius, nihil adrogantius, nihil a sapientiae ratione submotius; rebus enim caelestibus

1 preter V, *in* D *extat* praeter| dicit B **3** nec] ne KS aliqua R **4** impertiamus] in peritiam dei P¹, *corr.* P²; -mur R **6** men|[tiamur], n *exp.,* D; metamur, *post* e *1–2 litt. eras.,* H; metimur M tametsi] tamen si P corpore D **7** et *post* eos *om.* P spiritu *ex* spiri B² **9** nisi *ex* num? B³ quos B¹ *(corr.* B³) D² *(ex* -od) M² *(sup. eras. litt.)* **11** qui] quia V^{ar} *(D inc.)* H M^{ar} R^{ac} **13** serui HM sumus DVHM **14** tamen] autem B tanto] et t. KSR **15** iustior] i. est *(exp. m.3)* B patrem D^{ar} V etiam] e. et B **16** facere] f. debet R; *cf. Heck, 1972, 191* quam P hoc *om.* D praecellat P, -lleat KS **17** parem . . . quasi *om.* DV **18** dignitas P¹, *corr.* P² **19** consequitur KS **20** omnia *om.* B alteris] a litteris B hominis P **21** foedius] est f. P **22** a *s.l.* P, *om.* R sapientis DV; -ti PKS¹; -tium S² submotus H^{ac} M

contraria sunt ista uniuersa terrena. sicut enim 'sapientia homi- 8
num summa stultitia est apud deum', stultitia, ut docui, summa
sapientia est, sic deo humilis et abiectus est qui fuerit conspi-
cuus et sublimis in terra. nam ut taceam, quod haec praesentia 9
terrae bona, quibus magnus honos tribuitur, uirtuti contraria sunt
et uigorem mentis eneruant, quae tandem potest firma esse no-
bilitas, quae opes, quae potentia, cum possit deus reges quoque
ipsos inferiores etiam infimis facere? et ideo consulens nobis
deus inter diuina praecepta illud praecipue posuit: 'qui se extollit, humiliabitur, et qui se humiliat, exaltabitur.' cuius prae- 10
cepti salubritas docet quod, qui se apud homines planum fecerit
humilemque praebuerit, hic apud deum praecellens et insignis
habeatur. neque enim falsa est illa sententia quae apud Euri- 11
piden fertur in hunc modum:

  'quae hic mala putantur, haec sunt in caelo bona.'

16. Exposui causam, cur philosophi nec inuenire iustitiam 1
nec defendere potuerunt; nunc redeo ad id quod intenderam.
Carneades ergo, quoniam erant infirma quae a philosophis adfe- 2

Epit.: 5, 16, 2–3] 51, 2; cf. 3 quod si ... contendant

2 ut docui] 5, 12, 3–4. 7–13. 14, 1–2

Auct.: **1–2** I Cor. 3, 19   **9–10** Matth. 23, 12   **15** TrGF F 1118; cf. *Frgg. poet. Rom. ed. Blänsdorf, 1995, 379 sq.*   **18** §§ 2–4] Cic. rep. 3, 21, ap. Powell ad 3, 8 et 12

1 ista] omnia uel HM   sicuti HM   **2** est ... stultitia *om.* PR
summa *om.* B   **3** est *om.* P   si R   et *om.* DV   **4** hae P
5 terrae bona *ex* terrena B³; terra b. D^ac V; -rena b. D^pc   honor DVP
(r? *ex* s?)   uirtutis BP^ac   **6** eneruat KS   firma potest B
firma] summa HM   **7** deos, d *eras. et exp.,* M; *om.* KS
reges *om.* M   **8** infirmis D^ac KS; infirmos D^pc   **10** humilabitur R;
cf. Heck–Wlosok ad epit. 43, 2   cuius] quibus R   **11** hominem HM
12 praecellens *ex* -les B³   **13** euripiden DVP (-pyd-), -dem B (-pyd-)
HMR, -dē KS   **14** in *om.* P   **17** potuerint Hm; *cf.* epit. 14, 2. *al.*
noncredeo P¹, *corr.* P²   **18** adferebantur (aff- KSR) *codd., Mo, Win
(u. ad 5, 14, 4);* adser- *recc., edd., Br cl.* 5, 17, 6

rebantur, sumpsit audaciam refellendi, quia refelli posse intellexit. eius disputationis summa haec fuit: iura sibi homines pro
utilitate sanxisse, scilicet uaria pro moribus, et apud eosdem pro
temporibus saepe mutata, ius autem naturale esse nullum; omnes et homines et alias animantes ad utilitates suas natura du-
cente ferri; proinde aut nullam esse iustitiam aut, si sit aliqua,
summam esse stultitiam, quoniam sibi noceret alienis commodis
consulens. et inferebat haec argumenta: omnibus populis qui
florerent imperio et Romanis quoque ipsis, qui totius orbis po-
tirentur, si iusti uelint esse, hoc est si aliena restituant, ad casas
esse redeundum et in egestate ac miseriis iacendum. tum omissis communibus ad propria ueniebat. 'bonus uir' inquit 'si habeat seruum fugitiuum uel domum insalubrem ac pestilentem,
quae uitia solus sciat, et ideo proscribat ut uendat, utrumne profitebitur fugitiuum ⟨seruum⟩ se uel pestilentem domum uendere
an celabit emptorem? si profitebitur, bonus quidem, quia non
fallet, sed tamen stultus iudicabitur, quia uel paruo uendet uel

Epit.: 5, 16, 4] 51, 3 . . . reuertentur   6] *cf.* 51, 5 si uolet . . . nocebit

Auct.: 11 §§ 5–11] Cic. rep. 3, 29–30 = 3, 15–16 Powell

1 *post* posse *1 litt. eras.* B   **2** dispositionis HM   fuit *om.* R
3 sanc|sisse B, -ncxi- D (c *exp.*) PM   **3–4** et . . . temporibus *s.l.* P²
4 omnis DVKS   omnes et] -ne sed HM^(ac), -nes *tantum* MP^(c)
7 summa KS¹   stultitiam] iustitiam D   **9** florent DV; flos erant B
poterentur P¹ *(corr.* P²) HMR¹   **10** hoc est *bis* D *(pr. del.)* V *(alt.
exp.); om.* P   **11** et . . . iacendum *om.* P   in egestate] necessitate
DV   tum omissis KSR; cum o. BD (o *s.l.*) VP; commi- HM
12 ueniebant BD² (ã *ex* a) HM   habeat] *alt.* a *in ras. 2 litt. m.2* B
13 fugitium B^(ac) H   **14** sol|lus B^(ar)   perscribat *ex* pros- B²
15 seruum se *dubitanter scripsimus* seruum *ante* se *excidisse rati;*
seruum *tantum,* se *m.1,* r *m.1 uel 2,* uũ *s.l. m.2,* S; se *tantum*
BDVHMR, sẻ *sic* K; *utrumque om.* P; se seruum *Br ex recc. quibusdam cl. anteced.* habeat seruum *et 5, 17, 32, deinde edd. Cic.;* seruum,
sed se *post* domum *alii recc., edd., Buen cl. 5, 17, 32, unde numeri
causa recipias* ⟨se⟩ domum   **16** profitebitur] p. emptorem fugitiuum
esse P   **17** fallit BHM   uendet *ante* uel *ex* -dit B³

omnino non uendet; si celabit, erit quidem sapiens, quia rei consulet, sed idem malus, quia fallet. rursus si reperiat aliquem qui
orichalcum se putet uendere, cum sit illud aurum, aut plumbum,
cum sit argentum, tacebitne, ut id paruo emat, an indicabit, ut
magno? stultum plane uidetur malle magno.' unde intellegi
uolebat et eum qui sit iustus ac bonus stultum esse et eum qui
sapiens malum, et tamen sine pernicie fieri posse, ut sint homines paupertate contenti. transcendebat ergo ad maiora, in quibus nemo posset sine periculo uitae iustus esse. dicebat enim:
'nempe iustitia est hominem non occidere, alienum prorsus non
attingere. quid ergo iustus faciet, si forte naufragium fecerit et
aliquis imbecillior uiribus tabulam ceperit? nonne illum tabula
deturbabit, ut ipse conscendat eaque nixus euadat, maxime cum
sit nullus medio mari testis? si sapiens est, faciet; ipsi enim
pereundum est, nisi fecerit; si autem mori maluerit quam manus
inferre alteri, iam iustus ille, sed stultus est, qui uitae suae non

Epit.: 5, 16, 7] 51, 4   8] *cf.* 51, 3 quod si . . . contendant. 5 . . . damno est   9–11] 51, 5 quid? . . . nocebit

Codd.: **5** *a* magno unde *incipit* G *p. 51 maiorem partem lecta; hinc extant* BG DV P HM KS R

1 celauit B^ac   celabit erit] -lauerit P   rei] sibi *ex* rei? B²
2 qua B   fallit HM   rursum B   repperiat BPHMR*; u. 3, 8, 37*
3 orichalcum BR, -ica- D¹ V, -ichalch- P, -icalch- HM, auricalcum D² KS*; cf. epit.*   **4** ut] aut P   ema K, emãt, t *add. m.2*, S
an *om.* P   **5** stultum . . . magno *in mg. inf.* P²   uideatur HM
6 et *post* uolebat *om.* KS; ut R   et . . . esse *bis, alt. exp.* V
7 tamen . . . pernicie *om.* P   potest BG   **8** transcendat B¹, *corr.* B³; -ced- H, tras- K^ac   **9** posset *ex* -se P²   **9–10** iustus . . . nempe *om.* R
10 nempe] p *in ras. m.3* B (G *inc.*)   iustitiam B^ar; iusti HM
11 ergo *ex* enim P²   naufragium] *ante* g *1 litt. eras.,* ū *in ras. m.2* B
(G *inc.*)   faceret P¹, *corr.* P²   **12** aliqui P   inbeccillior BG*; u. ind. form.*   **12–13** tabulam deturbauit R   **14–15** faciet . . . est *om.* R
15 per eundem V   manus *ex* malus B²   **16** iam M *(deinde 2–3 litt. eras.)* KS Br; iam non est BG*;* iam non *cet.,* Mo; *cf. Heck, 1972, 199* sed ⟨idem⟩ Br *contra numerum*   est *om.* R

11 parcat, dum parcit alienae. item si acie suorum fusa hostes
insequi coeperint et iustus ille nactus fuerit aliquem saucium
equo insidentem, eine parcet, ut ipse occidatur, an deiciet ex
equo, ut ipse hostem possit effugere? quod si fecerit, sapiens,
sed idem malus, si non fecerit, iustus, sed idem stultus sit ne-
12 cesse est.' ita ergo iustitiam cum in duas partes diuisisset
alteram ciuilem esse dicens, alteram naturalem, utramque subuertit, quod illa ciuilis sapientia sit quidem, sed iustitia non sit,
naturalis autem illa iustitia sit quidem, sed non sit sapientia.
13 arguta haec plane ac uenenata sunt et quae Marcus Tullius non
potuerit refellere. nam cum faciat Laelium Furio respondentem
pro iustitiaque dicentem, inrefutata haec tamquam foueam prae-
tergressus est, ut uideatur idem Laelius non naturalem, quae in
crimen stultitiae uenerat, sed illam ciuilem defendisse iustitiam,
quam Furius sapientiam quidem esse concesserat, sed iniustam.
1   17. Quod ad praesentem disputationem pertinebat, ostendi
quomodo iustitia similitudinem stultitiae gerat, ut appareat non
sine causa decipi eos qui putant nostrae religionis homines

Epit.: 5, 16, 13 – 19, 1] 52, 1–10   5, 16, 13 ... sunt] 52, 1 ... sane

Auct.: 6 §§ 12–13] Cic. rep. 3, 31, *ap. Powell ad* 3, 18

Test.: 6–7 iustitiam ... naturalem] *cf.* Zeno 2, 1, 2

Codd.: 10 *in* sapientia a[rguta] *desinit* G *p. 51, ab* haec *seq. p. 52 usque ad* uideatur *lecta; ceterum extant* B DV P HM KS R

1 parcit] -cet P   fulsa P[ac]   hostis *ex* -tes B[2]; ostes HM[1]
2 nactus M[pr] K S[2], -nct- BDVPHM[ar] *Br,* nacius R; natus S[1] *(G non legitur); u. 1, 10, 9*   fuerint P[ac]   **3** deiciat DV   **7** alteram ... alteram] unam ciuilem et alteram R   **10** plana B[ac]   benenata G; uenetata H   Marcus] ·m· KSR   **12** inrefutata ... foueam] *sup.* i. 2, *sup.* t. *1 lineolae ordinis signa eras.,* foueam *s.l. m.3,* B   **13** in crimen *ex* incrementum B[3]   **14** euenerat, *pr.* e *s.l. m.3,* B   **15** quam] q. quidem, *postea* quidem *seruato,* HM   sapientiam ... esse] q. e. s. R   consenserat HM   sed iniustam *om.* M   iniustitiam V[ac] *(D deest)*
17 iustitiam V[ar] *(in* D *extat* ius |*)*   stultitiae similitudinem HM   generat R

stultos esse, qui talia facere uideantur qualia ille proposuit.
nunc maius a me exigi sentio, ut ostendam, quare iustitiam deus
stultitiae specie conuolutam ex oculis hominum uoluerit auferre,
si prius Furio respondero, quia parum plene respondit Laelius.
qui profecto licet sapiens fuerit, ut uocabatur, patrocinari tamen
uerae iustitiae nullo modo poterat, qui caput ipsum fontemque
iustitiae non tenebat. nobis autem facilior est ista defensio,
quibus caelesti beneficio familiaris est ac penitus nota iustitia
quique illam non nomine, sed re nouimus. nam Plato et Aristoteles honesta quidem uoluntate iustitiam defendere cupierunt
effecissentque aliquid, si conatus eorum bonos, si eloquentiam,
si uirtutem ingenii diuinarum quoque rerum doctrina iuuisset.
itaque opus illorum inane atque inutile iacuit nec cuiquam hominum persuadere potuerunt, ut eorum praescripto uiueret, quia
fundamentum a caelo disciplina illa non habuit. nostrum opus
certius sit necesse est, quos deus docuit. illi enim depingebant
uerbis et imaginabantur iustitiam, quae in conspectu non erat,
nec praesentibus exemplis confirmare poterant quae adferebant.
responderi enim posset ab audientibus non posse ita uiui, sicut
illi sua disputatione praescriberent, adeo ut nulli adhuc extiterint
qui id genus uitae sequerentur. nos autem non uerbis modo,

Epit.: 5, 17, 3] 52, 1 sed ... possumus   4–5] *cf.* 50, 5

2 deus *ex* deum B² **3** speciem B **4** plene *ex* plane B³
5 fuerit *ex* -rat B³ **6** qui] quia D V *Br* fontemque] -m qui D V
9 quique] qui *ex* que B³ **10** honeste H *(ex* -tae*)* M uoluntatem P
cupiuerunt B P² *(ex* -ie-*)* H M K S **11** fecissentque B¹, *corr.* B³
conatos D¹, *corr. m. rec.* **12** *post* uirtutem *s.l.* animi et B³
iuuisset *ex* iussisset? B² **14** perscripto R uiuerent B H M
15 a caelo] e c. B; ad caelos, d *s.l. m.2,* M **16** quod Bᵃᶜ V
doluit V¹ enim *om.* D **17** iustitiam *bis* P non erat *bis, alt. exp.* V
18 adferebant B³ P K S R *Mo, Win;* aufe- B¹; adse- D V H M *Br; cf.*
5, 14, 4. 16, 2 **19** possit H M sicut] quemadmodum R *Win, ft.*
recte; u. Heck, 1972, 191 **20** perscriberent B ut *om.* B
21 qui id] quid B¹ *(corr.* B³*)* R; quid id P¹, *corr.* P² sequeretur B¹,
corr. B² modo uerbis P K S

sed etiam exemplis ex uero petitis uera esse quae a nobis dicuntur ostendimus. sensit igitur Carneades quae sit natura iustitiae, nisi quod parum alte perspexit stultitiam non esse; quamquam intellegere mihi uideor qua mente id fecerit. non enim
uere existimauit eum stultum esse qui iustus est, sed cum sciret
non esse et rationem tamen cur ita uideretur non comprehen-
deret, uoluit ostendere latere in abdito ueritatem, ut decretum
disciplinae suae tueretur, cuius summa sententia est nihil percipi
posse. uideamus ergo, utrumne iustitia foedus aliquod habere
cum stultitia possit. 'iustus' inquit 'si aut equum saucio aut tabulam naufrago non ademerit, ut ipse animam suam liberet, stultus est.' primum omnium nego ullo modo fieri posse, ut homini, qui quidem uere iustus sit, eiusmodi casus eueniat, quia
iustus neque cuiquam nato inimicus est neque quidquam omnino
appetit alienum. cur enim nauiget aut quid petat ex aliena terra,
cui sufficit sua? cur autem belligeret ac se alienis furoribus mis-
ceat, in cuius animo pax cum hominibus perpetua uersetur?

Auct.: **10–12** *ex* Cic. rep. 3, *sed aliunde ac* 5, 16, 10–11; *u.* Win *ad l.*;
cf. Powell ad rep. 3 frg. inc. 4

Codd.: **12** *a* | tus est *incipit* A *fol. II*^{r} *hac pag. usque ad* § 21 nomen *hic
illic lituris adfecta; u. p. LXXV; hinc extant* B D V P A H M K S R

1 sed etiam *bis, alt. eras.* S; exemplis *bis, pr. eras.* K   uero] uestro S
3 quod parum] quorum P^1, *corr.* P^2 patrum? B^{ar}; paruum H M
alter P; alta K S; a te H M^{pc} (*ex* apte)   respexit B; prosp- S
stultitia B   non *del., deinde lac. stat. Br; cf. Heck,* 1972, 197 *n.* 7
est B   quam B   **5** uere *om.* B   existimauerit V^{ac}
eum] e. uero B   est sed] esset B H   **6** et *eras.* B   tamen *om.* B
ita *in mg. m.1 uel 2* S   uideatur B   **6–7** conprehendere uoluit, *pr.* u
in ras. m.2, B   **7** latere *om.* P   **8** posse percipi H M
9 aliquid B (-it) H M   **10** equum B^2 P (q *ex* u) M^2 (*sup. ras.* 2–3 *litt.*),
ecum R *Br;* aecum B^1, ęquũ K S; cum D V H   tabula R
11 naufragio B^{ar} K (-go, o *in ras. m.2* S)   suam *om.* R
12 nullo H M   **13** sic] s (*sic*) R   casus] causa A   **14** iniquus P
ne P   **16** sufficit *codd., def. St* 245; -ciat *Br*   belligeret *ex* -rat P^2

scilicet peregrinis mercibus aut humano sanguine delectabitur, 13
qui nec lucrum sciat appetere, cui sufficit uictus, et non modo
ipse caedem facere, sed interesse facientibus ac spectare ducat
nefas. sed omitto ista, quoniam fieri potest, ut uel inuitus ad
haec subeunda cogatur. adeone ergo iustitiam, o Furi uel potius 14
o Carneade, cuius est illa omnis oratio, tam inanem, tam superuacuam tamque contemptam deo putas, ut nihil possit nihilque habeat in sese quod ad custodiam sui ualeat? sed uidelicet 15
qui sacramentum hominis ignorant ideoque ad hanc temporalem
uitam referunt omnia, quanta sit uis iustitiae scire non possunt.
nam et cum de uirtute disputant, quamuis intellegant aerumnis 16
ac miseriis esse plenissimam, tamen expetendam esse aiunt sua
causa; eius enim praemia, quae sunt aeterna et immortalia, nullo
modo uident. sic rebus omnibus ad hanc praesentem uitam re-
latis uirtutem plane ad stultitiam redigunt, siquidem tantos huius
uitae labores frustra et inaniter suscipit. sed haec alio loco 17
plenius, interim de iustitia, ut coepimus; cuius tanta uis est, ut
cum oculos in caelum sustulerit, a deo mereatur omnia. recte 18
igitur Flaccus tantam esse dixit innocentiae uim, ut ad tutelam
sui non egeat nec armis nec uiribus, quacumque iter fecerit:
   'integer uitae scelerisque purus   *455*

16 alio loco] 5, 18, 1–11

Auct.: **21–p. 500, 7** Hor. carm. 1, 22, 1–8

Codd.: **14** *hinc fere coepisse uid.* G *p. 173, in qua nihil nisi* § **20** *fieri
... faciet legitur; ceterum extant* B DV PA HM KS R

2 nec] c *eras.* B   ne|plucrum *sic* H   sufficiat HM *Br; u.* § *12*
3 ac spectare] cs *et* re *in ras. m.2* S; asp- K; ab sp- R   **5** ergo] igitur P
furii D[ac] VPAR   **6** carneadae R; -des DV   **7** putas] p. esse R
8 sesed B[ar]   ad *om.* P   **9** quia BHM   ignorat A
10 referunt *ex* repe- B[2]   quanta] et q. KSR   uis] ius D
12 tam R   **13** inmortali M   **14** relati B   **15** uirtute HM[1]
plane] sane HM   siquid HM   **16** aniter A[ac]   loco *om.* R
20 *ante* sui *exp.* suam V   uirtutibus HM   **21** integra, *deinde* s *eras.,*
B; interger H   pura, a *in ras. m.2, deinde* s *eras.* B

> non eget Mauris iaculis nec arcu
> nec uenenatis grauida sagittis,
>   Fusce, pharetra,
> siue per Syrtis iter aestuosas
> siue facturus per inhospitalem
> Caucasum uel quae loca fabulosus
>   lambit Hydaspes.'

19 non potest ergo fieri, quin hominem iustum inter discrimina tempestatum atque bellorum caelestis tutela custodiat ac non, etiamsi cum parricidis et nocentibus nauiget, aut malis quoque parcatur, ut una iusta et innocens anima liberetur, aut certe per-
20 euntibus ceteris sola seruetur. sed concedamus posse fieri quod proponit philosophus. quid ergo iustus faciet, si nactus fuerit aut in equo saucium aut in tabula naufragum? non inuitus confiteor:
21 morietur potius quam occidat. nec ideo tamen iustitia, quod est singulare hominis bonum, stultitiae nomen accipiet. quid enim melius, quid carius esse homini debet quam innocentia? quae utique tanto perfectior sit necesse est, quanto illam perduxeris ad extremum morique malueris, ne quid de innocentiae ratione
22 minuatur. 'stultitia est' inquit 'alienae animae parcere cum

Auct.: **20**–p. 501, 1 *ex* Cic. rep. 3; *u. supra ad § 10 et Win ad l.*

Codd.: **16** *hinc fere coepit* G *p. 174, in qua nihil legi potest (cf. § 16); ceterum extant* B DV PA HM KS R

1 egeat HM *(aeg-)*   mauriis? D^{ar} artu DV   **3** fuscae HM; fuisse B; fugare R   **4** syrtes P   inter S   **5** siue *ex* si B^2 **6** quae *ex* que B^2; quem KS   fabulosa *ex* -lo S^2 **7** labitti B^1, *corr.* B^2; ambit HM   **9** caelestes P   custodit K^{ac} **10** parricidiis B^{ar} A **11** pascatur B^1, *corr.* B^3; pacc- DV   et ... anima] a. et i. KS **12** solus seruetur, *tert.* s *s.l. m.2*, B   **13** ego KS^1 nanctus DVPA; natus KS^1; *cf.* 5, 16, 11   **14** in equo] ne quod A *(*in aequo P*)* naufragium KS^1 **15** occidat B; -det *cet.*   tamen *om.* B iustitiam B^{ar} **16** singulare *ex* -ri B^2 hominis *ex* -ni B^3; -nibus HM **17** quae *ex* qua B^3 **18** tanto *s.l.* B^3 sit *ex* est B^3 *sup* est *m.2* dici, sed eras. B   quanto] anto *in ras. m.3* B   perduxerit P^1 *(corr.* P^2) HM   **19** rationem A   **20** muniatur V^{ac} *(*D *deest)*

pernicie suae.' num etiam pro amicitia perire stultum iudicabis? quid ergo illi familiares Pythagorei laudantur a uobis, quorum alter se tyranno uadem mortis pro altero dedit, alter ad praestitutum tempus, cum iam sponsor eius duceretur, praesentiam sui
5 fecit eumque interuentu suo liberauit? quorum uirtus in tanta gloria non haberetur, quod alter pro amico, alter etiam pro fide mori uoluit, si stulti putarentur. denique ob hanc ipsam uirtu- 23
tem tyrannus iis gratiam rettulit utrumque seruando et hominis crudelissimi natura mutata est. quin etiam deprecatus esse di-
10 citur, ut se tertium in amicitiam reciperent, non utique tamquam stultos, sed tamquam bonos et sapientes uiros. itaque non uideo 24
quare, cum pro amicitia et fide mori summa gloria computetur, non etiam pro innocentia perire sit homini gloriosum. ergo stultissimi sunt qui nobis crimini dant mori uelle pro deo, cum ipsi
15 eum, qui pro homine mori uoluit, in caelum summis laudibus tollant. denique, ut concludam disputationem, non posse eun- 25
dem iustum esse ac stultum, eundem sapientem et iniustum do-

Epit.: 5, 17, 25–27] 52, 3–5

Auct.: **2–10** illi ... reciperent] *cf.* Val. Max. 4, 7 ext. 1

Codd.: **1** *ab* amicitia peri[+] *ad 5, 20, 12* etiam mimos *transsilit* P *(in mg. m. rec.* +hic plurima desunt*); hinc extant* B D V A H M K S R

1 perniciae B[ac] V P *(-iti-)* M[ac] R *(par-);* penitentiae, *ult.* e *exp.*, D sua H M *(ex* -ae*)* R num] siũ K, siue S amicitia] *post* ia *1 litt. eras.* M; amico ita R iudicabit V *(D inc.)* **2** spythagorei D *(-yta-)* V; -rae H *(pro* t *est* p*)* M (t *sup. eras. litt.)* **3** alter ad] alter *ex* ad? S[2] praestitum A[ac]; -stitit utrum H M[ar] **4** praestantiam D V **6** habetur R quod] cum D V **7** maluit H M ipsa K S[1] uirtute S[1] **8** iis R, is D V, his *cet.* retulit D V M K S; *u. ind. form.* utramque H M[1] **9** qui R **11** sapientis R **13** homini sit B stultissimi sunt] -tissimis K S **14** crimina V[ac] R (D *deest)* cum] qui A K S **15** uoluit mori D V **15–16** laudant tollant R **17** iustum] sapientem R iustum ... sapientem *om.* D *(spatio indice)* V eundemque A K S sapientem et iniustum] s. e. iustum A; insipientem et iustum R

cet ipsa ratio. qui enim stultus est, quid sit iustum ac bonum
nescit et ideo semper peccat. ducitur enim quasi captiuus a uitiis
nec resistere ullo modo potest, quia caret uirtute, quam nescit.
26 iustus autem ab omni se peccato abstinet, quod aliter facere non
potest quam si habeat recti prauique notitiam. rectum autem
discernere a prauo quis potest nisi sapiens? ita fit, ut numquam
possit iustus esse, qui stultus est, neque sapiens, qui fuerit in-
27 iustus. quod si est uerissimum, manifestum est eum qui aut
naufrago tabulam aut equum saucio non ademerit stultum non
esse, quia haec facere peccatum est, a quo se sapiens abstinet.
28 uideri tamen et ipse confiteor per hominum errorem ignorantium
cuiusque rei proprietatem. itaque omnis haec quaestio non tam
29 argumentis quam definitione dissoluitur. stultitia igitur est in
factis dictisque per ignorantiam recti ac boni erratio. ergo stultus
non est qui ne sibi quidem parcit, dum ne noceat alteri, quod est
malum. quod quidem nobis et ratio et ueritas ipsa praescribit.
30 in omnibus enim uidemus animalibus, quia sapientia carent,
conciliatricem sui esse naturam. nocent igitur aliis, ut sibi pro-
31 sint; nesciunt enim quia malum est nocere. homo uero quia
scientiam boni ac mali habet, abstinet se a nocendo etiam cum
incommodo suo, quod animal inrationale facere non potest, et
ideo inter summas hominis uirtutes innocentia numeratur. quibus rebus apparet sapientissimum esse, qui mauult perire, ne

Epit.: 5, 17, 31–33] *cf.* 52, 2*; ad* innocentia *cf.* 55, 4

Test.: **1–3** qui ... nescit] *cf.* Zeno 2, 1, 8

1 qui] quis R   quit B*;* qui quid R   **2** dicitur M¹   **4** omini V^ar
non] numquam H M   **5** quam si] nisi H   **7** esse iustus A K S
9 naufragio B^ar   sauciato H M   **12** itaque omnis] ita *tantum* K S
13 igitur] ergo B   **14** factis] ac *in ras. m.3* B   dictisque *ex* uic- B³*;*
d. omnibus R   erratio] er *in ras. m.3* B; -tior H, *post* o *1 litt. eras.* M
15–16 parcit ... quidem *om.* D V   **15** dum] dummodo H M
16 perscribit B³ *(ex* pros- *uel* pres-*)* R   **17** qui R   sapientiam D^ac
18 consiliatricem B   sui] sibi A   **19** uero] enim H M
qui B^ac H M   **20–21** cum in modo K S   **23** ne *om.* M¹, *s.l.* quam M²

noceat, ut id officium quo a mutis discernitur seruet. nam qui 32
uendentis errorem non redarguit, ut aurum paruo emat, aut qui
non profitetur fugitiuum seruum uel pestilentem se domum
uendere lucro et commodo suo consulens, non est ille sapiens, ut
Carneades uideri uolebat, sed callidus et astutus. calliditas 33
autem et astutia in mutis quoque animalibus sunt, uel cum insidiantur aliis et dolo capiunt, ut deuorent, uel cum insidias aliorum uario genere deludunt, sapientia uero in hominem solum
cadit. sapientia est enim intellegentia uel ad bonum rectumque 34
faciendum uel ad abstinentiam dictorum factorumque improborum. lucro autem numquam sapiens studet, quia bona haec terrena contemnit, nec quemquam falli patitur, quia boni uiri officium est errores hominum corrigere eosque in uiam reducere,
siquidem socialis est hominis ac benefica natura, quo solo cognationem cum deo habet.

18. Sed nimirum haec causa efficit, ut stultus esse uideatur 1
qui egere aut mori malit quam noceat uel eripiat aliquid alteri,
quod hominem morte deleri putant. ex qua persuasione omnes
cum uulgi tum etiam philosophorum nascuntur errores. si enim 2
post mortem nihil sumus, profecto stultissimi est hominis non
huic uitae consulere, ut sit quam diutina et commodis omnibus
plena. quod qui faciet, a iustitiae regula discedat necesse est. si 3

Epit.: 5, 18, 1–3] 52, 6–7

Test.: 19 §§ 2–3] *cf.* Lucif. moriend. 8 l. 63–71 Diercks

1 multis B^{ar} HM   **2** errore HM^1 aurum *ex* -ro AM^2
3 seruum] se s. HM; *cf.* 5, 16, 5   uel] aut B   se *hic om.* HM
4 lucro *ex* uero B^3 **6** astutias H^{ar} M^{ar} minutis M   quoque]
quidem B   **7** alii D   ut *om.* D^1 V^1; *s.l.* ut *uel* et D^2, ut V^2
insidia HM^{ac} **8** diludunt R^1 homine V^1 A   **10** faciendum *om.*
K S   ad *s.l.* V, *om.* HM   abstinentia HM   **12** falli patitur] -lit
potius HM   **13** uiam] m *exp.* R   **16** mirum A^{ac} esset, t *exp.?,* A
17 quia B   mori *bis* R   uel] aut A   **18** quo R   putent B
20 est *ex* esset B^3, *om.* D *(post* hominis *s.l.)* V   **21** diuturna R *Mo*
22 quod qui] quod si A; quodsi qui K S

autem superest homini uita melior et longior, quod et philosophorum magnorum argumentis et uatum responsis et prophetarum diuinis uocibus discimus, hanc praesentem cum bonis suis contemnere sapientis est, cuius omnis iactura immortalitate pensatur.   apud Ciceronem idem ille iustitiae defensor Laelius 'uult' inquit 'paene uirtus honorem nec est uirtutis ulla alia merces'. est plane et quidem uirtute dignissima, quam tu, Laeli, numquam poteras suspicari; nihil enim diuinarum noueras litterarum. 'quam tamen illa' inquit 'accipit facile, exigit non acerbe.' erras uehementer, si putas ab homine praemium solui posse uirtuti, cum ipse alio loco uerissime dixeris: 'huic tu uiro quas diuitias obicies? quae imperia? quae regna? qui ista putat humana, sua bona diuina iudicat.'   quis ergo te sapientem, Laeli, putet, cum ipse tibi loquare contraria et paulo post uirtuti adimas quae dedisti? sed uidelicet ignorantia ueri facit incertam labantemque sententiam.   deinde quid adiungis? 'sed si aut ingrati uniuersi aut inuidi multi aut inimici potentes suis uirtutem praemiis spoliant,'   – o quam fragilem, quam inanem uirtutem in-

Auct.: **5** §§ 4–8] Cic. rep. 3, 40 = 3, 28. 29. 31 Powell; *cf. Win ad l. n. 1122*

Codd.: **18** *ab* fragilem quam *(deinde 2 litt. eras.) ad § 14* catur *(exp.)* et si *transsilit* B¹; inanem ... iudicatur *in mg. inf. et sup. fol. 146ᵛ / 147ʳ suppl. signis* hd· *et* hs· *usa* B³; *ceterum extant* D V A H M K S R

1 longior] -re longior est H M   **2** argumento A   uatum] tantis u. B
4 iactura] iac *in ras. m.3* B   mortalitate B¹, *corr.* B³; -tem S¹
6 paene] poena et B; plane H M   nec est *om.* R; necesse est H Mᵃʳ, nec *tantum* Mᵖʳ   ulla] illa *ex* u. R   **7** et *s.l. m.3 ut uid.* B
tute H M   **8** *post* diuinarum *del.* rerum *m. rec.* A   **9** accepit D V; -cipiat S   **10** posse *om.* D V   **11** uirtute H M R   **12** qui] quis D V
13 te *om.* R   sapientissimum B   laelii sapientem R   **14** cum *om.* H M   loquere M   adimes M   **15** quam H M   labentemque B³ *(ex* -ban-*)* D² *(ex* -ban-*)* H M R   **16** sententiam] faciam R
quod D V   adiunges H M   ingrati *ex* ignorant B³   **17** aut *post* multi] alii ut Bᵃʳ   inimici] ci *s.l.* B²   **18** induxistis R

duxisti, si spoliari praemio suo potest! quae si 'bona sua diuina iudicat', ut aiebas, qui possunt existere tam ingrati, tam inuidi, tam potentes, qui uirtutem spoliare ualeant iis bonis quae fuerint in eam collata diuinitus? – 'ne illa se' inquit 'multis solaciis oblectat maximeque suo decore se ipsa sustentat.' quibus solaciis? quo decore? cum in crimen saepe ueniat et in poenam decor ille uertatur. quid enim, si, ut Furius dicebat, 'rapiatur uexetur exterminetur egeat, auferantur ei manus, effodiantur oculi, damnetur uinciatur uratur', miseris etiam modis necetur, perdetne suum praemium uirtus aut potius peribit ipsa? minime, sed et mercedem suam deo iudice accipiet et uiuet ac semper uigebit. quae si tollas, nihil potest in uita hominum tam inutile, tam stultum uideri esse quam uirtus; cuius naturalis bonitas et honestas docere nos potest animam non esse mortalem diuinumque illi a deo praemium constitutum. sed idcirco uirtutem ipsam deus sub persona stultitiae uoluit esse celatam, ut mysterium ueritatis ac religionis suae esset arcanum, ut has religiones sapientiamque terrenam extollentem se altius sibique multum placentem uanitatis errorisque damnaret, ut proposita

Epit.: 5, 18, 8–12] 52, 8 et si . . . nitamur; cf. 9 et eos . . . consecuturos

Auct.: **7–9** rapiatur . . . uratur] *u. 5, 12, 5 et Win ad l.*

Test.: **3–4** uirtutem . . . diuinitus] Lucif. moriend. 9 l. 25–26 Diercks
7–9 rapiatur . . . necetur] ibid. l. 26–27   **19–p. 506, 2** proposita . . . perduceret] *cf.* ibid. l. 30–32

1 si spoliari] ispo– H; si *s.l.* M², *om.* R   **2** aiebat R   existere] exi K S   **3** inpotentes B³   uirtute H M¹   iis R, his B³ *cet.* (D *inc.*), *Lucif.*   **4** se *s.l.* V   inquid B³; quidem H M   **5** se *om.* A   sociis R   **6** quo] quae Mᵃᶜ K S   decore] decorpore A   poena B³; p. saepe R   **7** enim] ergo A   si ut] sicut B³   uexetur rapiatur *5, 12, 5; cf. Lucif.*   **8** exterminetur uexetur R   auferantur] n *s.l.* B³ A   effodiant A   **9** damnatur B³
12 potest] p. esse, *postea* esse *seruato,* R   **14** animam] oīa S
16 personam B³   **18** altus K S   **19** placentem R   damnare H M¹
19–p. 506, 1 damnaret . . . denique *om.* R

denique difficultate angustissimus trames ad immortalitatis praemium sublime perduceret.

12 Docui, ut opinor, cur populus noster apud stultos stultus habeatur. nam cruciari atque interfici malle quam tura tribus digitis comprehensa in focum iacere tam ineptum uidetur quam in periculo uitae alterius animam magis curare quam suam.
13 nesciunt enim, quantum sit nefas adorare aliud praeterquam deum, qui condidit caelum atque terram, qui humanum genus finxit inspirauit luce donauit.
14 quodsi seruorum nequissimus habetur qui dominum suum fuga deseruit isque uerberibus et uinculis et ergastulo et cruce et omni malo dignissimus iudicatur, et si filius eodem modo perditus atque impius existimatur qui patrem suum dereliquit ne illi obsequatur, ob eamque causam dignus putatur qui sit exheres et cuius nomen in perpetuum de familia deleatur, quanto magis qui deum deserit, in quem duo uocabula domini et patris aeque ueneranda conueniunt?
15 nam ille qui seruum pretio comparat, quid in eum beneficii confert praeter alimenta, quae illi utilitatis suae gratia subministrat? et qui filium generat, non habet in potestate ut concipiatur, ut nascatur, ut uiuat, unde apparet non esse illum patrem, sed tantummodo generandi ministrum.
16 quibus ergo suppliciis dignus est desertor eius qui et dominus uerus et pater est, nisi quae deus ipse constituit, qui

Epit.: 5, 18, 14–16] *cf.* 51, 1 ... obtemperare. 54, 4

Codd.: 11 *a* catur *(exp.) redit* B[1]; *u. § 7; extant* B DV A HM KS R

1 angustissimos tramites ad id mortalitatis HM   3 docuit H[ar] M[ar] opinior D[ar] V[ar]   habebatur HM[ar]   4 mallet HM[ar]; *om.* KS
4–5 tura ... focum] paribus d. c. in f. tura B[3]   5 iactare HM
7 deum] dominum B[3]   8 qui *post* terram *ex* quam S   fixit KS   spirauit B[3]   9 lucem HM   10 deseruit R; -rit B[3] *cet.*
11 crucem K[1]   et omni B[3] AKSR, et omne H; omnique DV; omni *om.* M   si *om.* HM   12 eadem D[ac]   13 dereliquit BD *(-id)* VH[pc]; -linquit H[ac] *cet.* *(-id* KS*)*   indignus D   14 deleat A
17 beneficii *ex* -cium B[3]   22 quae *om.* B[1], *post* ipse *s.l., sed ord. lineolis rest.* B[3]*)*

spiritibus iniustis aeternum parauit ignem, quod ipse per uates suos impiis ac rebellibus comminatur?

19. Discant igitur et suarum et alienarum interfectores animarum, quam inexpiabile facinus admittant, primum quod se ipsos iugulant perditissimis daemonibus seruiendo, quos deus in aeterna supplicia damnauit, deinde quod nec ab aliis deum coli patiuntur, sed auertere homines ad mortifera sacra contendunt nitunturque summa diligentia, ne qua sit anima incolumis in terra quae saluo statu suo spectet in caelum. quid aliud dicam quam miseros qui praedonum suorum instigationibus parent, quos deos esse opinantur? quorum neque condicionem neque originem neque nomina neque rationem sciunt, sed inhaerente persuasione uulgari libenter errant et stultitiae suae fauent. a quibus si persuasionis eius rationem requiras, nullam possint reddere, sed ad maiorum iudicia confugiant, quod illi sapientes fuerint, illi probauerint, illi scierint quid esset optimum, seque ipsos sensibus spoliant, ratione abdicant, dum alienis erroribus credunt. sic implicati rerum omnium ignorantia nec se nec deos suos norunt. atque utinam soli errare, soli desipere uellent! alios

Epit.: 5, 19, 2 – 20, 14] 48, 1 – 50, 4 *(ordine mutato; quaedam aliunde)* 5, 19, 2–5] *cf.* 50, 1 quid ... 2 ueritatem   4 alios ... rapiunt] 48, 11 ... rapis

Test.: **9 § 2**] *cf.* Lucif. moriend. 10 l. 1–5 Diercks   **19–p. 508, 1** atque ... rapiunt] *cf.* ibid. l. 6–8

1 spiritalibus V^ac   **4** ininspiabile, *alt.* in *del.*, ex *s.l., sic* A
6 aeternam H^ar   damnabit H M^ac   deinde] denique K S
7 aduertere R   **8** incolomis D^ac V H M   **9** terra quae] ae *ex una litt. inc.* B^3; -raque D M; t. qui K S   salua D V   statutu D
11 opinatur H M^1   **12** nomina] oĩa *i. e.* omnia K, omĩa *i. e.* omina S   rationes B   herent B   **13** errent R   **14** aliquibus B^ar   si] *antea 2–3 litt. eras.* M; qui si H; *om.* K S   nulla B; -lum M^1   possunt H M   **15** maiora M; malorum B^3 *(ex* -aio-*)* S *(in* K *potius* i *quam* l)   confugiunt D^ac V^ac H M   **16** fuerunt D   probauerunt M   scierunt M   **17** rationem addicant K S   **18** implicanti K S
19 desupere H^ar M^ar

etiam in consortium mali sui rapiunt quasi habituri solacium de
perditione multorum. sed haec ipsa ignoratio efficit, ut in per-
sequendis sapientibus tam mali sint fingantque se illis consulere,
illos ad bonam mentem uelle reuocare. num igitur hoc sermone
aut aliqua ratione reddita facere nituntur? minime, sed ui atque
tormentis. o mira et caeca dementia! in his putatur mala mens
esse qui fidem seruare conantur, in carnificibus autem bona!
in hisne mala mens est, qui contra ius humanitatis, contra fas
omne lacerantur, an potius in his, qui ea faciunt in corporibus
innocentium, quae nec saeuissimi latrones nec iratissimi hostes
nec immanissimi barbari aliquando fecerunt? adeone etiam sibi
mentiuntur, ut uicissim boni ac mali nomina transferant et im-
mutent? quid ergo non diem noctem uocant, solem tenebras?
alioquin eadem impudentia est bonis malorum nomen imponere,
sapientibus stultorum, iustis impiorum. quin immo si qua illis
fiducia est uel in philosophia uel in eloquentia, arment se ac
refellant haec nostra, si possunt, congrediantur comminus et singula quaeque discutiant. decet eos suscipere defensionem deorum suorum, ne si nostra inualuerint, ut cottidie inualescunt,

Epit.: 5, 19, 6–8] *cf.* 48, 7 si bonum ... corporis. 49, 7. 50, 4

1 consortio V[ac] A K S   **2** multarum D[ac]   ignorantia D V
3 sunt M   fingantque K S; -gunt- *cet.*   se illis *ex* sellis B[2]
4 nam K S   **5** reddita *bis, alt. eras.* M   **5–7** facere ... fidem *om.* D
5 sed ui] sedi V   **6** his *codd.*, iis *edd., Br*   **7** qui fidem] quidem A[ac]
in *post* conantur *om.* B   **8** in *ante* hisne *om.* B   hisne *codd.*, iisne
edd., Br   contra ius] -trarius D V M[ac]   contra fas] qui c. f. R
9 his *codd.*, iis *edd., Br*   **11** nec *post* hostes *om.* R   adeone] odio
nec B   **12** uicissim *ex* licessint? B[3]   ac] aut B   transferat R
13 quid ... noctem] uidere d. non noctem B[1], non *exp.* B[2], *cet. corr.* B[3]
solem] solent K[1] S[1]   tenebras] t. noctem B[1], *deinde s.l.* diem B[2], *hoc
eras.*, noctem *exp.* B[3]   **14** alioquin eadem *om.* R   nomen] m *in ras.
m.2* B   **15** inpiorum *ex* inferio- B[2]   **16** in *ante* eloquentia *om.* H M
16–17 ac ... si] ac malosofia uel in eloquentia si R   **18** docet
M[1] (docent M[2]) K[1]   deorum *om.* H M   **19** ne si] nisi B
inualuerit B[1], *corr.* B[3]   cottidie B D V R, coti- *cet.; u.* 5, 3, 5

cum delubris ac ludibriis suis deserantur. et quoniam ui nihil possunt – augetur enim religio dei quanto magis premitur –, oratione potius et hortamentis agant. procedant in medium pontifices seu minores seu maximi, flamines augures, item reges sacrificoli quique sunt sacerdotes et antistites religionum, conuocent nos ad contionem, cohortentur ad suscipiendos cultus deorum, persuadeant multos esse quorum numine ac prouidentia regantur omnia, ostendant origines et initia sacrorum ac deorum quomodo sint mortalibus tradita, qui fons, quae ratio sit explicent, proferant quae merces in cultu, quae poena in contemptu maneat, quare ab hominibus coli se uelint, quid illis, si beati sunt, humana pietas conferat. quae omnia non adseueratione propria – nec enim ualet quidquam mortalis hominis auctoritas –, sed diuinis aliquibus testimoniis confirment, sicuti nos facimus. non est opus ui et iniuria, quia religio cogi non potest, uerbis potius quam uerberibus res agenda est, ut sit uoluntas. destringant aciem ingeniorum suorum. si ratio eorum uera est, adseratur. parati sumus audire, si doceant. tacentibus certe nihil credimus, sicut ne saeuientibus quidem cedimus. imitentur nos, ut

Epit.: 5, 19, 11 ... uoluntas] 48, 7 uerbis ... uerberibus; cf. 49, 2

Auct.: **15** religio ... potest] Tert. Scap. 2, 2; cf. apol. 24, 6. 28, 1

1 ac] haec B^{ar} ac ... suis] s. a. l. HM   et *in ras.* B^3 ui *s.l.* H, *om.* B^1; sui *s.l.* B^3 **3** ratione HM   ortamentis B^1, *corr.* B^3 agant *ex* uacant B^3; agunt M   procedunt V; precedant HM **4** seu] eu K^1 S^1; eorum S^2 minoris D^1 V   augeres V *(D deest)* regres V^1; res H   **5** sacrificoli B^{pr} AHMKSR; -crificiocoli B^{ar}; -cricoli DV; -ficuli *edd., Br*   sunt *eras.* S   antestites H^{ac}; -tistes M^1 reuocent R   **6** coortentur B^1, *corr.* B^2 **7** nomine HM **9** sint *ex* sit B^2 ratio] origo R   **10** poenam R^{ac} **11** uellint H illi B^1 *(corr.* B^2) R   si] se R   **12** non *om.* KS   **13** ualent B^{ar} quidquemquam B^{ar} mortales homines B^1, *corr.* B^2 **14** aliquibus *om.* B   **16** uolunptas B^{ar} distringant BA; destrig- M **17** si] et si R   **19** cedimus] cred- DV; cęd- K

rationem rei totius exponant; nos enim non inlicimus, ut ipsi
13 obiectant, sed docemus probamus ostendimus. itaque nemo
a nobis retinetur inuitus – inutilis est enim deo, qui deuotione
ac fide caret –, et tamen nemo discedit ipsa ueritate retinente.
14 doceant isti hoc modo, si qua illis fiducia ueritatis est, loquantur
hiscant, audeant inquam disputare nobiscum aliquid eiusmodi;
iam profecto ab aniculis quas contemnunt et a pueris nostratibus
15 error illorum ac stultitia ridebitur. cum enim sint peritissimi
deorumque progeniem et res gestas et imperia et interitus et
sepulcra de libris nouerint ipsosque ritus quibus sunt initiati uel
ex rebus gestis hominum uel ex casibus uel etiam ex mortibus
natos sciant, incredibilis dementia est deos putare quos fuisse
mortales negare non audeant; uel si tam impudentes fuerint ut
negent, suae illos ac suorum litterae coarguant, ipsa denique
16 illos sacrorum initia conuincant. sciant igitur ex hoc ipso quantum intersit inter uerum atque falsum, quando ipsi cum sint
eloquentes, persuadere non possunt, imperiti ac rudes possunt,
17 quia res ipsa et ueritas loquitur. quid ergo saeuiunt? ut stulti-

Epit.: 5, 19, 17] *cf.* 49, 7

Test.: **15** § 16] *cf.* Lucif. moriend. 11 l. 9–16 Diercks

Codd.: **8** *hinc fere coepit* G *p. 175, in qua nihil legi potest; ceterum extant* B DV A HM KS R

1 totius rei HM; rei ·p· totius KS   inligimus DV   **2** oblectant R
itaque neque *(s.l.* S²*)* nemo KS   **4** tamen *codd.* (D *deest); tam Br*
errore, *corr. in addendis*   retine|re B¹, *corr.* B³   **5** doceant isti *ex*
-cuisti B³   ueritas B¹, *corr.* B²   **6** hiscant] dic- B; disc- HMR *(d in ras. m.2)*   **7** aniculis D   **8** stultitia] iustitia R   sint *om.* HM
9 progenie HM   **10** nouerunt B   ritos *sic,* ri *m.3 ex 3 litt.,* B
initiati *ex* inhia-? B³   **11** moribus BV *(D deest)*   **12** amentia R
13 tamen B   imprudentes B *(*inp-*)* KS   **14** coarguent HM
15 conuincent HM   ex] uel ex KSR *Win, ft. recte; u. Heck, 1972, 176*   hoc *om.* B   **16** atque] et DVHM   ipse D^ac
17 nośn B^ar   imperiti . . . possunt *om.* B¹, *in mg. inf. signis* ·hd *et* ·hs *usa suppl.* B³   **18** et] ac HM   ut *s.l.* B³   **18–p. 511, 1** stultitiam suam dum *ex* -tia quando *ut uid. (quaedam iam mutauit m.2)* B³

tiam suam dum minuere uolunt augeant. longe diuersa sunt carnificina et pietas nec potest aut ueritas cum ui aut iustitia cum crudelitate coniungi. sed merito non audent de rebus quidquam docere diuinis, ne et a nostris derideantur et a suis deserantur. nam fere uulgus, cui simplex incorruptumque iudicium est, si mysteria illa cognoscat in memoriam mortuorum constituta, damnabit aliudque uerius quod colat quaeret. 'hinc fida silentia sacris' instituta sunt ab hominibus callidis, ne sciat populus quid colat. cum autem nos in eorum doctrinis uersemur, cur nobis aut non credunt, qui utrumque nouimus, aut inuident, quia falsis uera praetulimus? – sed defendenda sunt, inquiunt, suscepta publice sacra. – o quam honesta uoluntate miseri errant! sentiunt enim nihil esse in rebus humanis religione praestantius eamque summa ui oportere defendi, sed ut in ipsa religione sic in defensionis genere falluntur. defendenda enim religio est non

Epit.: 5, 19, 20 sed ... sacra] 48, 1 ... defendant   22–23] *cf.* 48, 7 unde ... recusantem

Auct.: **7–8** Verg. Aen. 3, 112

Test.: **11–p. 512, 1** sed ... moriendo] Lucif. moriend. 11 l. 38–48 D.

Codd.: **11** *hinc fere coepit* G *p. 176, in qua nihil nisi singulas litt. § 23 agnouit Brandt, 1884, 312; ceterum extant* B D V A H M K S R

1 uoluerunt B¹ *(corr.* B³*)* H M   audeant B¹, *corr.* B³   carnifices et *ex* -fices nec B¹, *corr.* B³   **3** credelitate Dᵃᶜ V, credul- Mᵃᶜ   coniugi Dᵃᶜ V   **4** et *post* ne *om.* K S; aut R   a *s.l.* H et *ante* a suis] aut R   deserant V; diserentur H M   **5** fere] *post* f *1 litt. eras.,* r *in ras. m.3,* B   cui] cum K S   incorruptum B¹, *corr.* B²   **5–6** si ... illa] cumiseria illa B¹, cum miseriam illam B², *corr.* B³   **6** cognoscant B¹, *corr.* B³   memoriam D A K S, -a *cet.; u. Win ad l.*   **7** damnauit B¹ *(corr.* B²*)* Dᵃᶜ A K S   quaerit B   **8** instituta sunt] *ex 20 fere litt. siue receptis siue erasis, alt.* i *et alt.* t *insertis rest.* B³; institutas K¹ S   **10** uident B¹, *corr.* B³   **11** publica B   **12** o *om.* H M   honestam? Bᵃʳ   uoluptate B¹, *corr.* B³   **14** defensionis *ex* -nes B³   **15** est enim religio R

occidendo sed moriendo, non saeuitia sed patientia, non scelere
sed fide. illa enim malorum sunt, haec bonorum, et necesse est
bonum in religione uersari, non malum. nam si sanguine, si
tormentis, si malo religionem defendere uelis, iam non defendetur
illa, sed polluetur atque uiolabitur. nihil est enim tam
uoluntarium quam religio, in qua si animus sacrificantis auersus
est, iam sublata, iam nulla est. recta igitur ratio est, ut religionem
patientia uel morte defendas; in quo fides conseruata est
ipsi deo grata est et religioni addit auctoritatem. nam si is qui
in hac terrestri militia regi suo fidem seruat in aliquo egregio
facinore, si post uixerit, acceptior fit et carior, si perierit, summam
consequitur gloriam, quod pro duce suo morte occubuerit,
quanto magis imperatori omnium deo fides seruanda est, qui
non tantum uiuentibus, sed etiam mortuis praemium potest uirtutis
exsoluere? igitur dei cultus, quoniam militia caelestis est,
deuotionem maximam fidemque desiderat. quomodo enim deus
aut amabit colentem, si ipse non ametur ab eo, aut praestabit

Epit.: 5, 19, 24 ... defendas] *cf.* 48, 4 ... recte   24–25] *cf.* 61, 1–2

Test.: 9 § 25] *cf.* Lucif. moriend. 11 l. 45–50 Diercks

1 moriendo *exp. et in mg.* uiuis A   scelere] cel *in ras. m.*2 V
2 sint HM   **3** bonum] bonorum B   malorum *ex* -lum B[2]
4 defenditur B   **5** polluitur B   uiolatur B; uolab- H
6 animi A   **7** est iam] etiam A   *hoc* iam *in mg. pro eras. sub (ante*
sublata*)* H, *om.* M   sublata iam] supplicatio B   recta *ex* -te A
8 patientiae B[ar]   qua B   est ipsi B[ar]   **9** addidit D
auctoritate H   **10** militia *ex* milia AM[2]   *post* aliquo *exp. et in* B[3]
11 postea D V   ⟨et⟩ acceptior *Br cl. Lucif.*   perierit] mortuus fuerit
HM   summa V   **12** consequetur HM   gloriam consequitur AKS
mortem B[ar] D[1] *(antea s.l. in* D[2]*)* V; mort R[1]   **14** praemium *om.* A
14–15 potest ... exsoluere] mortis exsoluet B   uirtutes A
15 militia B A M[2] K S R *Wlosok, 1960, 189 n. 23, Mo, Win;* -ae
D V H M[1] *Br*   est *om.* R   **16** fidem B[ac]   enim *s.l.* B[3]
17 amauit HM   ab eo *ex* deus? B[3]; ab ea R   autem B[ar]
praestabit] quomodo p. B

petenti quidquid orauerit, cum ad precandum neque ex animo
neque obseruanter accedat? isti autem cum ad sacrificandum   27
ueniunt, nihil intimum, nihil proprium diis suis offerunt, non
integritatem mentis, non reuerentiam, non timorem. peractis itaque sacrificiis inanibus omnem religionem in templo et cum
templo sicut inuenerant relinquunt nihilque secum ex ea neque
adferunt neque referunt.   inde est quod eiusmodi religiones   28
neque bonos facere possunt neque firmae atque immutabiles esse. traducuntur itaque ab his homines facile, quia nihil ibi ad
uitam, nihil ad sapientiam, nihil ad fidem discitur.   quae est   29
enim superstitio illorum deorum? quae uis? quae disciplina?
quae origo? quae ratio? quod fundamentum? quae substantia?
quo tendit aut quid pollicetur, ut ab homine possit fideliter ser-
uari fortiterque defendi? in qua nihil aliud uideo quam ritum ad
solos digitos pertinentem.   nostra uero religio eo firma est et   30
solida et immutabilis, quia iustitiam docet, quia nobiscum semper est, quia tota in animo colentis est, quia mentem ipsam pro
sacrificio habet. illic nihil exigitur aliud quam sanguis pecudum
et fumus et inepta libatio, hic bona mens, purum pectus, inno-

Epit.: 5, 19, 30] *cf.* 60, 8 ... placatur

1 petenti HMR *Heck, 1972, 183 n. 78, Win;* pr(a)ecanti *cet., Br, Mo*
2 obsecranter DV   iusti V[ar]   autem] enim B   **4** non *ante*
timorem] in KS   **5** *post* cum *eras.* in B   **6** uenerant H
nihil B   ex ea *om.* B   **7** adfuerunt D[ar]   referunt] adf- V[ac] A[ac]
inde] id DV   **8** possint D   firmae DVR *(*-me*)*; -mos BAM *(*o *sup.*
eras. litt) KS, -mes H   inmutabiles, in *eras., s.l.* semper *eras., quod*
add. m.2, B   esse *om.* AKS   **9** traducantur B[1], *corr.* B[3]
hominibus B   **10** fidem] uitam A   **10–12** quae *ante* est, uis, origo,
substantia] quam HM[ac]   **11** uis quae] eius|que, que *del.,* D
12 quae ratio *om.* KS   **14** defendendi D[ac] V   quam *s.l. pro exp.*
ad D   **15** nostro D[ac] V   eo *in fine lin. m.3?* B   est *s.l.* B[3]; est et]
est eo A   **16** iustitia V *(*D *deest)*   **17** quia *ante* mentem *s.l.* B[3]
18 *post* illic *exp.* enim V *(*D *deest)*   **18–19** sanguis ... hic *om.* DV
19 et *post* fumus *om.* B

cens uita; illuc ueniunt sine dilectu adulterae impudicae, lenae procaces, obscenae meretrices, ueniunt gladiatores latrones fures uenefici et precantur nihil aliud quam ut scelera impune com-
31 mittant. quid enim latro sacrificans aut gladiator roget nisi ut occidant? quid uenenarius nisi ut fallat? quid meretrix nisi ut plurimum peccet? quid adultera nisi aut mortem uiri aut ut sua impudicitia celetur? quid leno nisi ut multos bonis exuat? quid
32 fur nisi ut plura compilet? hic uero etiam leui communique peccato locus nullus est et si quis ad sacrificium non integra conscientia uenerit, audit quae illi deus comminetur, ille qui latebras cordis uidet, qui peccatis semper infestus est, qui exigit iustitiam, qui fidem poscit. quis hic malae menti aut malae preci
33 locus est? at illi infelices nec ex sceleribus suis intellegunt, quam malum sit quod colunt, quandoquidem flagitiis omnibus inquinati ueniunt ad precandum et se pie sacrificasse opinantur, si cutem lauerint, tamquam libidines intra pectus inclusas ulli
34 amnes abluant aut ulla maria purificent. quanto satius est mentem potius eluere, quae malis cupiditatibus sordidatur, et uno uirtutis ac fidei lauacro uniuersa uitia depellere! quod qui fecerit, quamlibet inquinatum ac sordidum corpus gerat, satis purus est.

Codd.: **16** in tam | desinit A fol. III^v; hinc extant B DV HM KS R

1 illic KS **1–2** lenae ... meretrices] m. l. p. o., ord. lineolis rest., B
2 procaces om. A; preca- V   latrones s.l. m.1? S   **3** ut om. R
4 ut ante occidant om. H   **5** quid meretrix] q. enim (exp.) m. V
6 aut] ut B   mortem aut HM   aut ut V^2 A; ut B; aut V^1 cet.
7 ante celetur 2 litt. eras. B   celeret D^1 V   leno BDVAHMR Mo, Win; leo K; leno uel lena S; lena edd., Br ft. recte   multos om. A
bonis ex -nos? B   exsuat A   **9** est nullus BAKS   integer B
10 audit s.l. B^3 communiter DV   **12** quis] qui HM
13 at] ut DV; et A   nec ex] nec BHM; ne ex A   celeribus D; scerer- V   **15** se pie ex saepe B^3 sacrificare VHM (D deest)
16 si cutem] ut (exp. m.3) si c. B; si autem D; sic autem, a s.l., V
laberint V (D deest)   tam HM^1 ante ulli eras. quosn? B
18 eiuere V^{ac} R^1 **19** pellere B   quis B^{ar}

20. Ipsi autem quia nesciunt uel quid uel quomodo sit colendum, caeci et imprudentes in contrarium cadunt. adorant itaque hostes suos, latrones et interfectores suos uictimis placant et animas suas cum ture ipso cremandas aris detestabilibus imponunt. irascuntur etiam miseri quod non simul et alii pereant, incredibili mentium caecitate. quid enim uideant qui solem non uident? quasi uero si dii essent, indigerent hominum auxilio aduersus contemptores suos. quid ergo nobis irascuntur, si illi nihil possunt? nisi quod ipsi deos suos destruunt, quorum potestate diffidunt, magis inreligiosi quam qui omnino non colunt. Cicero in suis Legibus cum 'caste' ad sacrificia praeciperet accedere, 'pietatem' inquit 'adhibento, opes amouento. qui secus faxit, deus ipse uindex erit.' recte hoc quidem; neque enim fas est desperare de deo, quem ideo colas, quia potentem putes. nam quomodo uindicare iniuriam colentis potest, si suam non potest? libet igitur ex iis quaerere, cui potissimum praestare se putent cogendo inuitos ad sacrificium. ipsisne quos cogunt? at non est

Epit.: 5, 20, 2 quasi ... 4 non potest] 48, 1 primum ... 3 defendendus 5 ... sacrificium] 48, 6 ... faciunt   5 ipsisne ... recusanti] 48, 7

Auct.: **11–13** Cic. leg. 2, 19   **14–15** nam ... non potest] *cf.* Cypr. Demetr. 14, 1; *de fontibus cc. 20–23 cf. etiam Heck, 1987 (u. supra p. LXXXIII), 193–206*   **16** § 5] *cf.* Tert. Scap. 2, 2

1 ipsi BHMKSR *edd., Win;* isti DV *edd. (prob. Buen), Le, Br, Mo*   **2** inprouidentes DV   in] et in HM   **4** cremanda sacris S aris *ex* suis? B³   **5** miseri] m. uero HM   simul et R *Hm (coni.), Br;* similes *cet.; cf. Br ad l. et Heck, 1972, 185 n. 90*   **8** aduersum HM nobis] bonis B   **9** quorum] de q. DV   potestati KS   **12** pietate B   adhibento D (n *exp.*) VK; -nt BHMR *(*ath-*);* -ndo S; *cf. Win ad l.*   opus *sic ex* opos H   amouento D (n *exp.*) VKS; -nt HMR; admouento, *sup.* t *m.1 uel 2* d, *sed eras.,* B   qui] hoc qui R   **13** faxit *ex* fassit B³, facsit DVM, faxsit H   ipse ... erit] erit ultor KS   recto HMKS   nec R   **14** potentem *ex* potestatem B³; putenter *sic* KS   **15** colentis iniuriam HM   colentes K^{ac} R si potest DV   si] nisi B^{ar}; qui HM   **16** iis R, his *cet.* putet B   **17** at] an BK *(in ult. lin. pag.; sub* an *m.2?* at*)*

6 beneficium quod ingeritur recusanti. – sed consulendum est etiam nolentibus, quando quid sit bonum nesciunt. – cur ergo tam crudeliter uexant cruciant debilitant, si saluos uolunt? aut unde pietas tam impia, ut eos miseris modis aut perdant aut
7 inutiles faciant, quibus uelint esse consultum?   an uero diis praestant? at non est sacrificium quod exprimitur inuito. nisi enim sponte atque ex animo fiat, exsecratio est, cum homines
8 proscriptione iniuriis carcere tormentis adacti faciunt. si dii sunt isti qui sic coluntur, uel propter hoc solum colendi non sunt, quod sic coli uolunt, digni scilicet detestatione hominum, quibus cum lacrimis, cum gemitu, cum sanguine de membris
9 omnibus fluente libatur. at nos contra non expetimus, ut deum nostrum, qui est omnium uelint nolint, colat aliquis inuitus, nec si non coluerit, irascimur. confidimus enim ⟨in⟩ maiestatem eius, qui tam contemptum sui possit ulcisci quam etiam seruorum
10 suorum labores et iniurias. et ideo cum nefanda perpetimur, ne uerbo quidem reluctamur, sed deo remittimus ultionem, non ut ii faciunt, qui defensores se deorum suorum uideri uolunt et sae-
11 uiunt efferate aduersus non colentes.   ex quo intellegi datur,

Epit.: 5, 20, 6] 48, 8 ... nolenti   7] 48, 6 si diis ... dolorem
9 confidimus ... 10 ultionem] 48, 4 nec re ... ultionem

Auct.: 12–13 deum ... uelint] *cf.* Tert. apol. 24, 10   16–17 ideo ... ultionem] *cf.* Tert. Scap. 2, 11. Cypr. Demetr. 17, 1

1 colendum B   **2** ego B^ac   **3** delibant B¹, *corr.* B³   **3–4** si ... eos] si sal *eras., cet. om.* R   **3** uolunt *ex* -lent H   **4** miseris] se *exp.* B³
6 praestat K S R   at] an B; *om.* H M   est *ex* et B²
7 ex *om.* B   anima H^ac   **8** di R¹   **9–10** colendi ... quod *om.* B
10 coli] se c. H M   dignis H   **11** cum *ante* sanguine *om.* K S; de R
12 dominum H   **13** uelint *(n eras.)* nolit B, uelit nolit H M R
14 irascemur B   in maiestatem *Heck, 1987 (u. p. LXXXIII), 195 n. 37*;
maiestatem B R *Mo;* -te D V K S *Br, Win;* -ti H M   **15** quod *ex* qui B³
sui] quo *et 1 litt. inc.* B¹, suum B² K S   poscit D V   **16** suorum *om.* D   cum] c. tam H M   **17** ii R, hii B, hi *cet.*   **18** se *in fine lin.* B³; esse K S   **19** effurate B¹, *corr.* B³; -rat D

quam non sit bonum deos colere, quoniam bono potius adducendi homines ad bonum fuerant, non malo; sed quia illud malum est, etiam officium eius bono caret.   – at enim puniendi   12
sunt qui destruunt religiones. – num peius nos destruimus quam natio Aegyptiorum, qui turpissimas bestiarum ac pecudum figuras colunt, quaedam etiam pudenda dictu tamquam deos adorant? num peius quam idem ipsi, qui cum deos colere se dicant, tamen eos publice turpiterque derident, de quibus etiam mimos agi cum risu et uoluptate patiuntur?   qualis haec religio aut   13
quanta maiestas putanda est quae adoratur in templis, inluditur in theatris? et qui haec fecerint, non poenas uiolati numinis pendunt, sed honorati etiam laudatique discedunt.   num peius nos   14
destruimus quam quidam philosophi, qui omnino nullos esse deos aiunt, sed omnia sua sponte nata, omnia fortuito fieri quae geruntur? num peius quam Epicurei, qui esse quidem deos, sed curare quidquam negant, neque irasci eos neque gratia commoueri?   quibus dictis utique persuadent colendos omnino non   15
esse, siquidem nec colentes respiciunt neque non colentibus irascuntur. praeterea cum contra metus disserunt, nihil aliud efficere conantur quam ut nemo deos timeat. et haec tamen ab hominibus et audiuntur libenter et disseruntur impune.

Epit.: 5, 20, 12 ... religiones] 50, 1 ... execrantur   12 num ... 13 discedunt] 50, 3 ... honoratur   14] 50, 3 cur audiuntur ... disserunt

Codd.: **8** *ab* etiam *redit* P *(u. 5, 17, 22); extant* B DV P HM KS R

1 non sit] sit *(del.* D*)* n. s. DV   **4** num] non B H[ac]   potius B
5 ac *om.* DV   **7** num] non B   cum *s.l.* B[3]   se *s.l.* B[3]
9 uoluntate B   **10** pudenda R[1]   quae] quam HM[ac]
11 quia D   hoc B   **12** num] non B   **13** distruimus P
nullos] ull *in ras.* P   **14** fortuitu D[ac] P *(u. 1, 2, 1);* furtuito H
15 gerentur D[ac]   num] non B; nem P[ac]   **16** nec irasci B
17 ubique B[ac]; itaque D   **18** colentis DV   neque non colentibus *bis* P[1], *pr. del.* P[2]   **19** irascantur P[ac]; -cunt cur HM   metum HM
20 timeant D[ac]   **21** omnibus P[1], *corr.* P[2]   audientur M[1]
disserentur B

1   21. Non ergo ideo aduersus nos insaniunt, quia dii non
coluntur a nobis – a multis enim non coluntur –, sed quia 'ueritas' penes nos est, quae, ut est uerissime dictum, 'odium parit'.
2   quid igitur existimabimus nisi nescire illos quid patiantur?
pergitur *feruntur*
enim caeco et inrationabili furore, quem nos uidemus, illi ne-
3   sciunt. non enim ipsi homines persequuntur, qui causam cur
irascantur innocentibus non habent, sed illi spiritus contaminati
ac perditi, quibus ueritas et nota est et inuisa, insinuant se men-
4   tibus eorum et instigant nescios in furorem. hi enim, quamdiu
pax est in populo dei, fugitant iustos et pauent, et cum corpora
hominum occupant animasque diuexant, adiurantur ab iis et
5   nomine dei ueri fugantur. quo audito tremunt et exclamant et
uri se uerberarique testantur et interrogati qui sint, quando uenerint, quomodo in hominem inrepserint, confitentur. sic extorti et
6   excruciati uirtute diuini nominis exulantur. propter haec uerbera et minas sanctos et iustos uiros semper oderunt. et quia per
se nocere iis nihil possunt, publicis eos odiis persequuntur, quos

Epit.: 5, 21, 1 ueritas . . . parit] 47, 5   3–5] *cf.* 46, 7

Auct.: **2–3** Ter. Andr. 68   **7** §§ 3–5] *cf.* Cypr. Demetr. 15, 1–3

Test.: **5–10** pergitur . . . furorem] *cf.* Lucif. moriend. 12 l. 2–3 Diercks

1 aduersum BPHMKS   **2** a nobis . . . non coluntur *om.* BP
ueritas *om.* R   **3** nos est *ex* noscet P[2]; non est R   qui HM[ac]
4 igitur] ergo B   quid illos, *ord. lineolis rest. m.2,* B
patiuntur VK[ac] *(D deest)*   **5** pergitur BDVP; perig- H[ar], peraguntur
ex peragit- M, pergit perferuntur KS; feruntur R *ex retractatione; u.
Heck, 1972, 180*   **7** omnes KS   quia B[ar] KS   cum P
8 irascuntur M   **9** hac B[ar]   **10** et *om.* HM   hii P
12 diu uexant B[ar]; uex- *post 2 litt. eras.* M   iis R, his *cet.*
13 et *post* tremunt *om.* BPKS   **15** quod modo P   homine SR
torti P   **16** exulantur, *pr.* u *ex* o *m.1,* n *s.l. m.2,* B, exol- VR, exsol-
HM[ac], exsul- M[pc]; excol- D; exulta- KS; effuga- P   uerba PM
17 uiros *ex* uer- B[2]; et u. K   **18** iis R, his VKS *(D inc.), om.* B; is *s.l.*
P; ipsi HM

sibi graues sentiunt, exercentque saeuitiam quam uiolentissime
possunt, ut aut eorum fidem minuant per dolorem aut, si id
efficere non quiuerint, auferant omnino de terra, ne sint qui
possint eorum nequitiam coercere. non me fugit quid responderi e contrario possit: cur ergo deus ille singularis, ille magnus,
quem rerum potentem, quem dominum omnium confiteris, haec
fieri patitur nec cultores suos aut uindicat aut tuetur? cur denique qui eum non colunt, et opulenti et potentes et beati sunt et
honoribus regnoque potiuntur eosque ipsos dicioni suae ac potestati subiectos habent? – reddenda et huius rei ratio est, ne
quid remaneat erroris. nam in primis haec causa est cur existimetur religio dei uim non habere, quod inducuntur homines specie terrenorum ac praesentium bonorum, quae ad curam mentis
nullo modo pertinent. quibus quia carere iustos uident et afluere
iniustos, et dei cultum inanem arbitrantur, in quo inesse illa non
cernunt, et deorum ritus aestimant ueros, quoniam cultores
eorum et diuitiis et honoribus et regnis fruantur. uerum hi qui
sunt in hac existimatione non perspiciunt altius uim rationemque
hominis, quae tota non in corpore, sed in mente est. nihil enim
uident amplius quam uidetur, corpus scilicet. quod quia oculis
manuque tractabile est, imbecillum fragile mortale est; cuius

1–2 quam ... possunt] *ord. lineolis in* u. q. p. *mutauit m.1 uel 2* B
3 quieuerint B   auferant *edd., Br;* -ntur *codd.*   qui possint *om.* P;
omnino q. p. HM   **4** nequitias B   non me] nonne D
fugat R   **5** ille magnus *om.* DV   **6** rerum *s.l.* P²   potentem ...
omnium] p. quem p. deum o. P   **7** patiantur P; -tiatur HM
aut *om.* HM   uindicant V M^ar   tueatur M   cur] cum HM
9 patiuntur K S *(paci-)*   conditioni HM   **10** et *s.l.* P²
rei *s.l.* B²   **11** qui remaneant, *alt.* n *s.l. m.2,* B   errores *ex* -ris B²;
terr- H^ar   **13** praesentiae D^ac   **14** quibus *om.* B   quia quibus H^ac
14–15 uident ... iniustos *om.* V   **14** affluere K S, á fluere R
15 et *ante* dei *om.* P   illam P   **16** existimant B, *prob. Br*
17 deorum K S   et *post* diuitiis *om.* HM   hi *codd. nisi quod* hii P, ii
edd., Br   **18** haec H^ar M^ar   altus K S   **19** tota *om.* B
20 quam ⟨quod oculis⟩ *Br; trad. def. St 245 sq.*   **21** inbeccillum B^ar; i.
... est *in mg. inf.* P²

sunt illa omnia bona quae cupiditati ac miraculo sunt, opes honores imperia, quoniam corpori adferunt uoluptates, et ideo tam caduca sunt quam corpus est ipsum. animus uero, in quo solo est homo, quoniam subiectus oculis non est, nec bona eius aspici possunt, quae in sola uirtute sunt posita, et ideo tam stabilis et constans et perpetuus sit necesse est sicut ipsa uirtus, in qua est animi bonum.

22. Longum est uniuersas uirtutis species promere, ut de singulis doceam, quam necesse sit sapientem ac iustum uirum longe ab illis omnibus bonis abhorrere; quibus quia fruuntur iniusti, deorum cultus ueri et efficaces esse creduntur. quod ad praesentem pertinet quaestionem, satis est si ex una uirtute id probemus quod intendimus. nempe magna et praecipua uirtus est patientia, quam pariter et uulgi publicae uoces et philosophi et oratores summis laudibus celebrant. quodsi negari non potest, quin summa sit uirtus, necesse est iustum et sapientem uirum in potestate esse hominis iniusti, ut capiat patientiam. patientia est enim malorum quae aut inferuntur aut accidunt cum aequanimitate perlatio. ergo iustus ac sapiens quia uirtutem capit, habet in se patientiam; qua carebit omnino, si nihil patietur aduersi. contra qui in rebus prosperis agit, impatiens est et uirtute maxima caret; impatientem dico, quia nihil patitur.

Test.: 19–20 iustus ... patientiam] *cf.* Zeno 1, 4, 12

3 caduca] casu P   est ipsum *Heck, 1972, 185 n. 90 ex* i. est R*;* ipsum *tantum cet., Br*   **5** quae *ex* qua B² **8** uirtutum HM promereri H^ar **10** illi KS¹   omnibus KSR, *om. cet., Br; u. Heck, 1972, 176* **11** iniusti *ex* -te B² et *om.* B   credantur B **13** quod intendimus *om.* KS **14** uoces publicae KS **15** quod D **16** qui P   necesse est *ex* -cesses P² **18** patientia] -am B^ar **19** perlatio] perfert, fert *ex* l *et aliis litt. eras.,* B³ **20** patientiam] sapientiam B¹ *(corr.* B³*)* P*;* pentiam H^ac*;* pa|pientiam *(uix* sa|pi-*)* R^ac quia M^ar S¹   patiatur B*;* -titur HM **21** agit] a. id est in opibus in honore in regnis R *siue ex 5, 21, 8 siue ex retractatione; u. Heck, 1972, 191* **22** maximam B^ar   qui R

innocentiam quoque seruare non potest, quae et ipsa iusto et
sapienti uiro propria uirtus est, sed et nocet saepe et concupiscit aliena et rapit quae cupierit per iniuriam, quia uirtutis
expers uitio peccatoque subiectus
est   *dominari adfectat in liberos,*
                       quia temperantiam non habet,
et fragilitatis oblitus animo insolenter elato tumet. inde iniusti ac
deum nescientes et diuitiis et potentia et honoribus florent. haec
enim cuncta iniustitiae praemia sunt, quia et perpetua esse non
possunt et per cupiditatem uiolentiamque quaeruntur. iustus
uero ac sapiens quia 'illa omnia humana', ut est a Laelio dictum,
'sua bona diuina iudicat', nec alienum quidquam concupiscit, ne
quem contra ius humanitatis laedat omnino, nec ullam potentiam honoremue desiderat, ne cui faciat iniuriam – scit enim
cunctos ab eodem deo et eadem condicione generatos iure fraternitatis esse coniunctos –, sed et suo contentus et paruo, quia
fragilitatis suae memor, non amplius quaerit quam unde uitam
sustentet, et ex eo ipso quod habuerit impertit etiam non habenti,

Auct.: 11–12 illa ... iudicat] *u. 5, 18, 4*   **16** et ... paruo] *u. 5, 8, 6*

1 quae] quia B   ipso P^{ac} et *post* iusto] ac B   **3** uirtus V^{ac} M^1
5–6 est *om.* R, dominari affectat ... habet K S R, *om. cet., edd., Br,*
potius retractationi adnumeranda quam omisso est *recipienda ut unicus*
Lact. textus; u. Heck, 1972, 180 sq. et Win ad l.   **7** fragilitas B^1, *corr.*
B^2; -gilatis V^1 animo *ex* -mum B^3 relato, r *exp. m.2?,* P   elato
tumet] elatum et B^1, -to, et *exp.,* B^3; -to tum est H M^{ar} (-to M^{pr})
iniustitia, a *solam exp. m.2,* P   **9** et *post* quia] t *in ras. m.2* B
10 per *om.* S   cupiditate *ex* -tem S^{pr} uiolantiamque D V; uol- H^{ac};
-tiaque *ex* -tiamque S^{pr} **11** ac sapiens] s. est P   humana ... dictum]
h. sunt ut a l. d. est H M   est *ex* et B^2 a lelio *in ras.* B^3
sup. lęlio *repet.* dictum V^2 **12** bona| diuina, ona *in ras., in init. lin. 1*
litt. inc. et un eras., D   iudicant V^{ac} **13** quem *ex* que B^2
contra ius] -trarius M^{ar} K S^{ar} **14** nec|ui B^1 *(et* S), ne|cui B^2
15 et *om.* P   eodem R   **16** contentos *ex* -tus B^2; -temptus K S
18 sustentat H   ipso *in fine lin.* B^3 non habenti] benti *tantum in*
init. pag. H

9 quia pius est; pietas autem summa uirtus est. eo accedit quod
uoluptates caducas uitiosasque contemnit, quarum causa opes
appetuntur, quoniam continens est ac libidinum uictor. idem nihil tumoris atque insolentiae gerens non extollit se altius nec
erigit superbum caput, sed placidus et concors et communis et
10 planus est, quia condicionem suam nouit. cum ergo iniuriam
nulli faciat nec aliena cupiat nec sua quoque si ui auferantur
defendat, cum sciat etiam inlatam iniuriam moderate ferre, quia
uirtute praeditus est, necesse est iustum hominem subiectum
esse iniusto et contumeliis adfici ab insipiente sapientem, ut
ille peccet, quia iniustus est, et hic in se uirtutem habeat, quia
11 iustus est. si quis autem uolet scire plenius, cur malos et iniustos deus potentes beatos diuites fieri sinat, pios contra humiles
miseros inopes esse patiatur, sumat eum Senecae librum, cui
titulus est 'quare bonis uiris multa mala accidant, cum sit prouidentia'. in quo ille multa non plane imperitia saeculari, sed
12 sapienter ac paene diuinitus elocutus est. 'deus' inquit 'homines pro liberis habet, sed corruptos et uitiosos luxuriose ac
delicate patitur uiuere, quia non putat emendatione sua dignos.

Auct.: **17–p. 523, 3** Sen. dial. 1 *summatim reddi post alios putat Lausberg, 1970, 4. 16. 40, sed uariis ex fontibus composita Sen. solius auctoritati tribui censet C. Lo Cicero, Orpheus N.S. 12, 1991, 378–410*

1 est. eo accedit *Le, Heck, 1972, 185 n. 90, Win*; _ *(pro om.* est*)* | eo
a. R, est a. eo PKS*;* a. *tantum* B*;* et a. DV*;* est a. HM *Br, Mo*
2 quorum BKS   **4** tumortis K^ar S*;* timoris R   **5** caput *om.* P
et *ante* concors] ut P   et *post* concors] est B^ar   **7** sua] si sua R
si ui] si *(s.l. m.2)* sibi B*;* si KS*;* sibi R*; post* ui *1–2 litt. eras.* D
8 inlatam *in fine lin.* B^3   modeste P   ferre *ex* fere P^2
10 insipientem P   sapientem *om.* BP   **11** hic *om.* HM
in *eras.* B   se uirtutem] seruitutem BKSR   habeat *ex* abeat B
qui HM   **12** est et *(exp. m.2)* si P   uolet] u. | et H   **13** beatos] et
b. S   **14** sumat *ex* mat B^2   **16** non *om.* P   saecularis V *(D deest)*
17 elocutus *om.* P   **18** luxoriose DVHM   **19** dedicate KS^ac
delicate ... quia *om.* R

bonos autem, quos diligit, castigat saepius et adsiduis laboribus
ad usum uirtutis exercet nec eos caducis ac mortalibus bonis
corrumpi ac deprauari sinit.' unde nemini debet mirum uideri, 13
si pro nostris saepe delictis castigamur a deo. immo uero cum
uexamur ac premimur, tum maxime gratias agimus indulgentis-
simo patri, quod corruptelam nostram non patitur longius pro-
cedere, sed plagis ac uerberibus emendat. ex quo intellegimus
esse nos deo curae, quibus, quoniam peccamus, irascitur. nam 14
cum posset populo suo et opes et regna largiri sicut dederat ante
Iudaeis, quorum nos successores ac posteri sumus, idcirco eum
uoluit sub aliena dicione atque imperio degere, ne rerum prosperarum felicitate corruptus in luxuriam laberetur ac dei praecepta contemneret sicut illi maiores nostri, qui saepe terrenis ac
fragilibus his bonis eneruati aberrarunt a disciplina et legis
uincla ruperunt. prouidit ergo quatenus cultoribus suis prae- 15
staret quietem, si mandata seruassent, et tamen eos emendaret, si
praeceptis non obtemperassent. itaque ne tam corrumperentur 16
otio quam patres eorum licentia, premi eos uoluit ab iis, in quorum manibus eos collocauit, ut et labentes confirmet et corruptos ad fortitudinem reparet et fidos experiatur ac temptet. quo- 17
modo enim potest imperator militum suorum probare uirtutem,

2 ac] a K S   bonis *s.l.* H   3 corrumpit P   nemini] nec B
mirum debet B P K S   5 tunc B   agamus P^{ac} 6 patri] deo *(s.l. m.3)*
patri B   6–7 non ... plagis *om.* R   8 nos esse B H, nos *om.* M
quoniam] et *(s.l. m.2)* qñ *ex* qm̃, *i. e.* quando *ex* q. S   10 quorum]
cuius H M   eum *in ras. 4 litt.* B^3 11 degere ne] de genere R
ne rerum *om. m.1*, ne *s.l. m.2*, K S   rerum] de r. B   prosperarum
om. P K S   12 corrupti B   luxuriam B H (-xor-) M, -iem *cet., Win;
cf.* 4, 10, 11   laberentur B; labetur D^{ac} V, labretur *sic* D^{pc}
13 contemnerent B   13–14 fragilibus ac terrenis P   14 aberraue-
runt B   et *om.* P   legis] dei R   15 uincula B D; -culaque P
17 ne *ex* nec P^2 corrumperentur *(ex* -mppe-) H; -rent *ex* -ret M^2
18 iis R, is D, his *cet. ft. recte*   19 et] eos P   labentis V R *(D deest)*
20 fides D V   temperet S^1 21 enim] ergo B

nisi habuerit hostem? et illi tamen aduersarius exsurgit inuito,
quia mortalis est et uinci potest, deo autem quia repugnari non
potest, ipse aduersarios nomini suo excitat, non qui contra ipsum deum pugnent, sed contra milites eius, ut deuotionem ac
fidem suorum uel probet uel corroboret, donec pressurae uerberibus diffluentem corrigat disciplinam. est et alia causa cur
aduersus nos persecutiones fieri sinat: ut dei populus augeatur,
nec est difficile monstrare cur aut quomodo id fiat. primum
fugantur a deorum cultibus plurimi odio crudelitatis; qui enim
talia sacrificia non horreant? deinde placet quibusdam uirtus ac
fides ipsa. nonnulli suspicantur deorum cultum non sine causa
malum putari a tam multis hominibus, ut emori malint quam id
facere quod alii faciunt, ut uiuant. aliquis cupit scire quodnam
sit illud bonum, quod ad mortem usque defenditur, quod omnibus quae in hac uita iucunda sunt et cara praefertur, a quo nec
bonorum nec lucis amissio nec dolor corporis nec uiscerum cruciamenta deterrent. ualent haec plurimum, sed illae maxime
causae nostrorum numerum semper auxerunt: audit circumstans
populus inter ipsa tormenta dicentes non sacrificare se lapidibus
humana manu factis, sed deo uiuo qui sit in caelo. multi hoc

1 habuerint BDV   surgit P   **2** qua M   deo] adeo DV; ideo P
qua *ex* quia S² **3** aduersarius D   **4** sed] s. qui P   **5** uel *ante* probet
s.l. B³   donec] deo non DV   pressurae] -ra in B; *om.* P
6 defluentem B   colligat P; corrigant HM   disciplina D
et *om.* R   **7** aduersus R, -sum *cet.*   fieri] sacri D   **8** monstrari B
id *om.* HM   **9** fugiantur KS   cultoribus DV   plurimi *ex* primi
(quod exp. m.1 uel 2) B³   qui S² *edd.;* cum H¹; cui H² S¹ *cet.; u.*
Buen ad l.   **10** orreant KS   placent R   ac] ad P
11 ipsas K¹   **12** a *om.* BR   mori R   **13** quod] quam D^{ac}
quidnam KS   quodnam sit *bis* R   **14** bonorum KS   **15** iocunda
DPSHM *(o ex u DP² S)*   sunt *om.* HM   praeteritur DV
nec *in mg.* D   **16** bonorum] honor B   amisso M, -ssoo S^{ac}
17 deterrent *ras. ex* d. eum? P   ille B¹ *(corr.* B²) DPMKS
maximae VPM   **19** se *om.* HM   lapidis DV   **20** humana *eras.* S
humanam ut facitis, *pr.* i *s.l. m.2,* P

uerum esse intellegunt et in pectus admittunt. deinde, ut fieri 22
solet in rebus incertis, dum inter se inuicem quaerunt quae sit
huius perseuerantiae causa, multa quae ad religionem pertinent
diuulgata ac per rumorem uicissim aucupata discuntur; quae
quia bona sunt, placeant necesse est. praeterea ultio consecuta, 23
sicut semper accidit, ad credendum uehementer impellit. ne haec
quidem leuis causa est, quod immundi daemonum spiritus accepta licentia multorum se corporibus immergunt, quibus postea
eiectis omnes qui resanati fuerint adhaerent religioni cuius potentiam senserunt. hae tot causae in unum collatae magnam 24
deo multitudinem mirabiliter adquirunt.

23. Quidquid ergo aduersus nos mali principes moliuntur, 1
fieri ipse permittit. et tamen iniustissimi persecutores, quibus dei
nomen contumeliae ac ludibrio fuit, non se putent impune
laturos, quia indignationis aduersus nos eius quasi ministri fuerunt. punientur enim iudicio dei qui accepta potestate supra 2
humanum modum fuerint abusi et insultauerint etiam deo superbius eiusque nomen aeternum uestigiis suis subiecerint impie
nefarieque calcandum. propterea 'uindicaturum se in eos ce- 3

Epit.: 5, 23, 3–5] *cf.* 52, 10 *(aliter 48, 5)*

Auct.: **14–16** non … dei] *cf.* Tert. Scap. 3, 6. II Macc. 7, 19
19–p. 526, 1 Luc. 18, 8

Test.: **13–19** iniustissimi … calcandum] *cf.* Lucif. moriend. 14
l. 27–30 Diercks

2 certis B[1], *corr.* B[3] dum] qm̄ *i. e.* quoniam K S inter *ex* in B[3]
3–4 pertinendi uulgata P; p. deuulg- K S **4** discutiuntur B[1], *corr.* B[3];
dicuntur P **5** placeat H M R; -cent S **6** ad credendum *s.l.* B[3]
ne *s.l.* B[3] **7** quide H M[1] est *om.* S **9** adhereant D V H M
10 haec P H M[ar] conlocatę, *sup. alt.* o *add.* e, M **12** aduersum
B K S **13** ipsi R dei *om.* H M **14** delubrio B se *om.* P
15 indignationes D[ac] aduersum B fuerint B R *Mo contra
numerum* **17** hominum K S abusu D[ac] V insultarint R
superius D V **18** subiecerunt B[ac]

leriter' pollicetur et 'exterminaturum bestias malas de terra'. sed idem quamuis populi sui uexationes et hic in praesenti soleat uindicare, tamen iubet nos expectare patienter illum caelestis iudicii diem, quo ipse pro suis quemque meritis aut honoret aut puniat. quapropter non sperent sacrilegae animae contemptos et inultos fore quos sic obterunt. ueniet, ueniet rabiosis ac uoracibus lupis merces sua, qui iustas et simplices animas nullis facinoribus admissis excruciauerunt. nos tantummodo laboremus, ut ab hominibus nihil aliud in nobis nisi sola iustitia puniatur; demus operam totis uiribus, ut mereamur a deo simul et ultionem passionis et praemium.

Auct.: **1** leu. 26, 6. Ezech. 34, 25; *cf. Win ad l.*   **8–10** nos ... puniatur] *cf.* I Petr. 4, 14–15

1 et *om.* R   exterminaturum] -nat iterum R   **2** soleant P
3 uindicare *in fine lin.* B². caelesti K S¹   **4** pro suis *ex* pros P²
quemquẽ, ~ *add. m.2*, B   **6** et inultos *om.* P   hic B   ueniet ueniet
D K S R *Heck, 1987 (u. supra p. LXXXIII), 199 n. 49;* ueniet *cet., Br*
uoratibus V; uerac- K S   **7** suas P   iustis D^ac   nulli K S¹
9 omnibus P   in *om.* P   **10** demusque R   ut *s.l.* P²
a] de B   **11** *subscriptiones u. p. XXVII*

L. CAELI FIRMIANI LACTANTI

DIVINARVM INSTITVTIONVM

LIBER SEXTVS

DE VERO CVLTV

1. Quod erat officium suscepti muneris, diuino spiritu instruente ac suffragante ipsa ueritate compleuimus; cuius adserendae atque inlustrandae causam mihi et conscientia et fides et ipse dominus noster imposuit, sine quo nec sciri quidquam potest nec explicari. uenio nunc ad id quod est summum operis huius et maximum, ut doceam quo ritu quoue sacrificio deum coli oporteat. id enim est hominis officium in eoque solo summa rerum et omnis beatae uitae ratio consistit, quandoquidem propterea ficti et inspirati ab eo sumus, non ut caelum uideremus et solem, quod Anaxagoras putauit, sed ut artificem solis et caeli

Epit.: 6, 1, 2 – 2, 14] 53, 1–4 *(quaedam ex c. 25)*   6, 1, 2 . . . oporteat] 53, 1 sequitur . . . colendi

Auct.: **14** Anaxagoras] *u. 3, 9, 4*

Codd.: *ab initio extant* B DV P HM KS R

4 *de inscriptione u. p. XXVII. XXIX*   **5** quod . . . spiritu *om.* D   spiritu] munere M   **7** conscientia HMR *Heck, 1972, 183 cl. 5, 4, 1;* sci- BDV *Br cl. 3, 13, 12, Ingr;* scientiam PKS *edd., Buen cl. 2, 3, 25*   fidem *ex* -es P³, *edd.*   et *ante* ipse *om.* P   **8** scire D^{ac} P   **10** ut *s.l.* B³   quoue] quo uel HM   **10–11** deum . . . officium *om.* B¹, *in mg. inf. signis* hd· *et* hs̓ *usa suppl.* B³   **11** eoque] eo quo V   **12** et *om.* P   omnis *ex* -nes P²   constet B¹, *corr.* B³   **13** ficti] *sup.* c *eras.* n *quod add. m.2* B

3 deum pura et integra mente coleremus. quamuis autem praecedentibus libris pro ingenii mediocritate defenderim ueritatem,
4 tamen ex ritu quoque ipso elucere uel maxime potest. nihil enim sancta et singularis illa maiestas aliud ab homine desiderat quam solam innocentiam; quam si quis obtulerit deo, satis pie,
5 satis religiose litabit. homines autem neglecta iustitia cum sint omnibus flagitiis aut sceleribus inquinati, religiosos sese putant, si templa et aras hostiarum sanguine cruentauerint, si focos odo-
6 rati ac ueteris uini profusione madefecerint. quin etiam sacras dapes apparant et exquisitas epulas quasi aliquid inde libaturis. offerunt quidquid aspectu rarum, quidquid opere aut odore pretiosum; et haec grata esse diis suis non ex aliqua diuinitatis ratione, quam nesciunt, sed ex suis cupiditatibus iudicant nec intellegunt terrenis opibus deum non indigere. nihil enim sapiunt nisi terram bonaque et mala solius corporis sensu ac uolup-
7 tate perpendunt. huius arbitrio ut religionem ponderant, sic

Epit.: 6, 1, 4] 52, 3 ... sanctus   5 ... 6 indigere] *cf.* 53, 1 ne ... inferuntur

Auct.: 8 aras ... cruentauerint] *cf.* Sen. benef. 1, 6, 3

Test.: 6 §§ 5–6] *cf.* Orient. comm. 1, 65–70

1 deum] dominum B; *deinde* sed ut artificem *repet., sed del.* V   pura et] putaret H M[1]   **2** ingenii *ex* -nio B[3]   mediocritate *ex* -tis? B[3]; -tem P[ar]   defenderem D; -derimus H M   **4** *post* et *eras. in* P ab *s.l.* P[2]   **6** litauit H M   sit V[ac]   **7** omnibus *ex* homineb- P[2] aut *codd., def.* St 231, Ingr; ac *edd.,* Br; *cf.* 2, 10, 23   sese K S R *Heck, 1972, 176;* se *cet., Br, Ingr*   **8** ostiarum B   cruentauerit V[ac] adorati P[ac]   **9** ac *om.* R   ueteres D[ac] V M[ac]   made | refecerint B   **10–11** *post* libaturis *dist.* Ingr, *post* offerunt *edd.,* Br   **11** rarum] epularum *ex* aep- B; parum H M[1]; praeclar- M[2]   opere] cruore B aut odore *om.* P   odorem K   **11–12** pretiosum ... grata D V H M R *Ingr suadente numero;* p. est h. g. K S *Br (post* est *dist.), St 246;* p. id gratum P; praetiosius *(a del.)* et conferunt h. g. B   **12** aliena S   **13** ratione *ex* -nem P[3]   *ex s.l.* B[3]   **15** bonaque *ex* -amque P[2] *ante* sensu *eras.* et B   uoluntate B H M K S   **16** ponderent P

totius uitae suae acta disponunt. et quoniam se semel a caeli
contemplatione auerterunt sensumque illum caelestem corpori
mancipauerunt, libidinibus frena permittunt tamquam secum ab-
laturi uoluptatem, quam momentis omnibus capere festinant,
cum animus ministerio corporis, non corpus ministerio animi uti
debeat.   idem maximum bonum iudicant opes, quas si bonis
artibus adsequi non possunt, malis adsequuntur. fraudant rapiunt
spoliant insidiantur abiurant, nihil denique moderati aut pensi
habent, dummodo auro coruscent, argento gemmis uestibus ful-
geant, auidissimo uentri opes ingerant, stipati familiarum gre-
gibus per dimotum populum semper incedant.   sic addicti et
seruientes uoluptatibus uim uigoremque mentis extinguunt et
cum uiuere se maxime putant, ad mortem concitatissime pro-
perant.   nam sicut in secundo libro docuimus, caeli ratio in
animo, terrae autem in corpore est. qui bona neglegunt animi,
corporis appetunt, in tenebris ac morte uersantur, quae sunt terrae atque corporis, quia uita et lumen a caelo est. cuius quoniam

14 in secundo libro] 2, 10, 3–10

Auct.: **5–6** animus . . . debeat] *cf.* Sall. Catil. 1, 2   **7–9** rapiunt . . . habent] *cf.* ibid. 12, 2

1 actus B R *numero peiore*   se *om.* P¹ *(ante* auerterunt *s.l.* P³*)* K S ac caeli K S   **2** caelestem illum R   corpora D^{ac} V   **4** uoluptate H M^{ac}; -untatem D^{ac} V   capere] facere B   **5** animus *ex* -mo P³   animus . . . uti] animi *(ex* unitis?*)* corpus *(ex* -poris*)* ministerio non *(s.l.)* animus *(ex* -mi*)* corporis *(s.l.)* uti *sic* B³   **6** quas si] q. sibi B^{ar}; quasi H   **7** adsequi *om.* B   possint B   **8** moderati aut pensi] moderationis B   **9** uestigibus H^{ar} M^{ar}   **10** ingerent V *(D inc.)*; suggerant P   **11** per domitum K S   incendant P¹, *corr.* P² et *om.* P   **12** mentis *ex* -tes B²   extinguunt M K, -gunt *cet.*; *cf.* 3, 12, 25   **13** maxime *om.* P   **14** sicut] si ut D V P   docuimus *in fine lin.* B³; -cimus K S¹   **15** terra V^{ac}   autem] ratio in caelo est B¹; autem ratio *sic* B³   bona] pena V   animi] a. et P   **16** ac *ex* aut B³   **16–17** quae . . . corporis *om.* P   **17** atque] ac B uita et] et *om.* K S¹; et u. et R   a] de H M   est a caelo D V expertes sunt corpori seruiendo, longe absunt ab intellectu rerum diuinarum.   eadem miseros ubique caecitas premit. sicut enim qui sit uerus deus, ita etiam qui sit uerus cultus ignorant.

2. Mactant igitur opimas ac pingues hostias deo quasi esurienti, profundunt uina tamquam sitienti, accendunt lumina uelut in tenebris agenti. quodsi suspicari aut percipere animo possent quae sint bona illa caelestia, quorum magnitudinem terreno adhuc corpore obuoluti sensu capere non possumus, iam se cum his officiis inanibus stultissimos esse cognoscant,   uel si caeleste lumen quod dicimus solem contemplari uelint, iam sentient, quam non indigeat lucernis eorum deus, qui ipse in usum hominis tam claram, tam candidam lucem dedit. et tamen cum in tam paruo circulo, qui propter longinquitatem non amplius quam humani capitis uidetur habere mensuram, tantum sit fulgoris, ut eum mortalium luminum acies non queat contueri et, si paulisper intenderis, hebetatos oculos caligo ac tenebrae consequantur, quid tandem luminis, quid claritatis apud ipsum

Epit.: 6, 2, 3–5] 53, 2

1 experte D^{ac} K S^1 sum B^1, *corr.* B^2 corpore P^{ac} ab *om.* K S   **2** caecitas] -cis ita K S   **3** etiam R *Heck, 1972, 185 n. 90, om. cet., Br, Ingr*   ignoscant K   **4** opimas *ex* primas *uel* palmas B^3 hostia R   **5** tamquam] numq- B   sitientque K S^1, -nti atque S^2 accedunt D^{ac} luminaria *ex* -na B^3 ueluti D V
6 possent B^3 *cet., edd., Win, Ingr;* -sint B^1 *recc. (prob. Buen), Br*
7 magnitudine B P^1 *(corr. P^3)*   **8** possunt *ex* possumus B^3 iam] tam D *(del.)* V   se cum] m *in ras.* 3–4 *litt.* B^3; sese c. *ex* saec- D; cum *bis, pr. del.* P   **9** inanimis? V^{ac}; manibus K S^1; inanimus, *pr.* n *ex* m, R   cognoscerent M^2 *(ex* -cant*), recc., Hm*   uel] quod B
10 *ante* dicimus *eras.* di *uel* de B   iam sentient *om.* D sentient B V P H M K S *edd., Win, Ingr;* -iant R *Buen, Br ft. recte*
11 quam B (am *in ras. m.3)* V P H M; quoniam, *s.l. m.1?* intelligent, D; quod K S; quem R   indigeant B^{ar} M^{ar} K S^{ac} **12** tam *ante* candidam *ex* quam B^3 **13** longinquitudinem R   **14** tantum] nt *in ras. m.3* B
15 intueri B; tueri D V   **16** heuetatos B^1, *corr.* B^3; -beat- P^{ac}; habet- R

deum, penes quem nulla nox est, esse arbitremur? qui hanc ipsam lucem sic moderatus est, ut neque nimio fulgore neque calore uehementi noceret animantibus, tantumque istarum rerum dedit ei, quantum aut mortalia corpora pati possent aut frugum
5 maturitas postularet. num igitur mentis suae compos putandus est, qui auctori et datori luminis candelarum aut cerarum lumen offert pro munere? aliud uero ille a nobis exigit lumen et quidem non fumidum, sed, ut ait poeta 'liquidum' atque 'clarum', mentis scilicet, propter quod a poetis φῶτες nuncupamur;
10 quod exhibere non potest nisi qui deum agnouerit. illorum autem dii quia terreni sunt, egent luminibus, ne in tenebris sint. quorum cultores quia caeleste nihil sapiunt, etiam religiones quibus deseruiunt ad terram reuocant; in ea enim lumine opus est, quia ratio eius et natura tenebrosa est. itaque diis non
15 caelestem sensum, sed humanum potius attribuunt ideoque illis necessaria et grata credunt esse quae nobis, quibus aut esurientibus opus est cibo aut sitientibus potu aut ueste algentibus aut

Auct.: **8** poeta] *cf.* Lucr. 5, 281 liquidi. 3, 1 clarum

1 quam D[ac]   nullam B[ar]   nox est *ex* noctem B[3]   arbitrentur B[1], *corr.* B[3]; -tramur S[ac]   **2** nimio] in imo K *(et* S[ac] *ut uid.)* fulgere R   **3** uehementi *ex* -ter B[2]   tantum tantumque P[1], *pr.* tantum *del.* P[2]   **4** aut quantum B[1], *lineolis corr.* B[3]   corpora *ex* -re B[2]   **5** num] non HM   menti R   conpos *ex* cordis B[3]   putandus *ex* -dos P[2]   **6** qui] qui et HM   et] ac *ex* aut B[3]   candelabrum S *(b del.?)* R   erarum V; cęterarum KS; cerorum R   **7** offerent B; -rit H[ar] M[ar]   **7–8** lumen et quidem] et l. equ- *(e eras.)* B   **8** liquidum] sed l., *supra* sed *puncta eras.* B   **9** mentis *om.* P   φωτης BP; -τος KS   nuncupatur B[3] *(ex* -amur*)* HM; -antur DV   **10** exibere B[1] *(corr.* B[3]*)* PM   illo KS   **11** dii] *alt.* i *in ras.* 2 *litt.* D   terreni sunt] -renis KS   sunt V[ac]   **12** religionis B[2] *(ex* -ne*)* P   **13** seruiunt P[1], *corr.* P[2]   **14** qui D[ac]   ratio *ex* na- B[3]   itaquem B[ar]   **15** adtribuunt *ex* -bunt B[3]   **16** quae *ex* qua B[2]   quibus *om.* P   **17** opus ... sitientibus *om.* P   cibus B   potus B

9 cum sol decesserit lumine, ut uidere possimus. nullis igitur ex
rebus tam probari et intellegi potest deos istos, cum aliquando
uixerint, mortuos esse quam ex ipso ritu, qui est totus e terra.
quid enim caelestis in se boni potest habere pecudum sanguis
effusus, quo aras inquinant? nisi forte deos existimant eo uesci
10 quod homines aspernantur attingere. et quisquis illis hanc sa-
ginam praestiterit, quamuis ille grassator adulter ueneficus parricida sit, beatus ac felix erit, hunc diligunt, hunc tuentur, huic
11 omnia quae optauerit praestant. merito ergo Persius huiusmodi
superstitiones suo more deridet:

    'qua tu' inquit 'mercede deorum
  emeris auriculas? pulmone et lactibus unctis?'

12 sentiebat uidelicet non carne opus esse ad placandam caelestem
maiestatem, sed mente sancta et iusto animo et 'pectore', ut ipse
13 ait, 'quod naturali sit honestate generosum'. haec est religio
caelestis, non quae constat ex rebus corruptis, sed quae uirtutibus animi qui oritur e caelo, hic uerus est cultus, in quo mens
14 colentis se ipsam deo immaculatam uictimam sistit. id autem

Epit.: 6, 2, 9] *cf.* 53, 4 ... non est   12 ... sancta] 53, 3 ... sanctus
14] 53, 4 de quo ... contineri

Auct.: **11–12** Pers. 2, 29–30   **14–15** ibid. 74*; u. supra 2, 4, 11*

Test.: **17–18** hic ... sistit] Lucif. moriend. 12 l. 17–19 Diercks

1 possumus D^{ac} nullus P^{ac} **3** uexerint D^{ac} V   ex *om.* H
4 caelestis *ex* scelesti B^2; *om.* P   boni *om.* R   **5** eos B^{ar}
6 at|tingere, at *add.* B^3 et *ex* sed B^3 illis *om.* B^1, *post* hanc *in fine lin.* B^3 **7** beneficus B^1, *corr.* B^2 **8** huic] *ante* i *eras.* h *ut uid.* D; hunc H^{ar} M^{ar} **9** omnia *bis, pr. del. m.3,* P   persius *ex* apertius B^2
10 suo *ex* -os P^2 more] me D^1 V, metro D^2 derident B^1, *corr.* B^3
11 qua *ex* quis? B^3; quia H M   deorum mercede B   **12** emeres B^1, meres B^2, *corr.* B^3; -ras P^{ac} auris.|auriculas, *ult.* a *exp., s.l.* i *m.2,* P; -culis H M^1 luctibus B^1, *corr.* B^3 unctis B^1, -tas B^2, *rest.* B^3
13 esset K S   placandum V   **14** iusto *ex* -ta P^3 pectore *ex* -ri B^2
15 naturalis B^1 (-les B^2, *corr.* B^3) D^{ar} K S; -ra H M   hones|tate *ex* nonest|ate B^3 **17** e *om.* D V   **18** seo B^{ar} ipsa K S

ipsum quomodo consequendum, quomodo praestandum sit, docebit huius libri disputatio. nihil enim tam praeclarum hominique conueniens potest esse quam erudire homines ad iustitiam. apud Ciceronem Catulus in Hortensio philosophiam rebus omnibus praeferens 'malle' se dicit 'uel unum paruum de officio libellum quam longam orationem pro seditioso homine Cornelio'. quae sententia non utique Catuli, qui illud fortasse non dixit, sed Ciceronis est putanda, qui scripsit, credo ut libros quos de officiis erat scripturus commendaret, in quibus ipsis 'nihil esse' testatur 'in omni philosophia melius et fructuosius quam praecepta uitae dare'. quodsi hoc illi faciunt quibus non est ueritas cognita, quanto magis nos facere debemus qui a deo eruditi et inluminati possumus uera praecipere! nec tamen sic docebimus, ut quasi prima uirtutis elementa tradamus, quod est infinitum, sed tamquam docendum susceperimus eum qui apud illos iam perfectus esse uideatur. manentibus enim praeceptis eorum, quae solent ad probitatem recte dare, ignota illis superstruemus ad perficiendam consummandamque iustitiam, quam non tenent. ea uero quae possunt cum illis esse communia praetermittam, ne quid ab iis uidear mutuari, quorum errores coarguere atque aperire decreuerim.

Auct.: **5–7** Cic. Hortens. frg. 34 Straume-Zimmermann = 21 Grilli = phil. frg. V 14 Müller   **9–11** *cf.* Cic. off. 3, 5

1 quomodo consequendum *om.* P   **2** huius *ex* cu- B² **4** in *om.* D V ortensio B *(ex* -ium?*)* D K S   filosofiam *ex* -a B²   **5** praeferent, n *eras.* B   male B^ac M^ac   paruum *ex* -uo? B²   **6** oratione P seditioso *ex* -ose B² P   **7** catuli *ex* -lum B²; -tulli K S   **8** ut *s.l.* B² **9** erat scripturus] scribturas *(sic)* fuerat R   **10** omni *ex* -ne B³ **11** daret H^ac M   **12** ueritas *s.l.* P²   **13** possimus R   **14** docebimus] ebi *in ras. 3–4 litt.* B³; -cimus R   ut *om.* K S; et R   tradimus R **15** tamenquam B^ar   docendum *ex* -do B²   **16** illos *ex* -lis B² perfectos R; susceptus *ex* p. B³   **17** probitate, b *ex* u, B², *corr.* B³ ignorata B   supra instruimus B; superstrueremus P¹, *corr.* P²; -struem K S   **18** perficiendamque *tantum* B¹, *suppl.* B³   **19** ea *ex* es? B³ **20** iis R, his *cet.*   **21** perire B¹ P¹ M R, *corr.* B³ P²; aperiri H

1 3. Duae sunt uiae, *Constantine imperator,* per quas humanam uitam progredi necesse est, una quae in caelum ferat, altera quae ad inferos deprimat. quas et poetae in carminibus et phi-
2 losophi in disputationibus suis induxerunt. et quidem philosophi alteram uirtutum esse uoluerunt, alteram uitiorum, eamque quae sit adsignata uirtutibus, primo aditu esse arduam et confragosam; in qua si quis difficultate superata in summum eius euaserit, habere eum de cetero planum iter, lucidum amoenumque campum, et omnes laborum suorum capere fructus
3 uberes atque iucundos; quos autem primi aditus difficultas deterruerit, eos in illam uitiorum uiam labi atque deflectere, quae primo ingressu sit quasi amoena multoque tritior, deinde cum in ea paulo ulterius processerint, amoenitatis illius speciem repente subduci, exoriri autem uiam praecipitem, nunc saxis asperam nunc obductam sentibus nunc gurgitibus intercisam uel torrentibus rapidam, ut laborare haerere labi cadere sit necesse.
4 quae omnia eo proferuntur, ut appareat in uirtutibus capiendis

Epit.: 6, 3, 1 – 4, 14] 54, 1–3   6, 3, 1 ... 2 uitiorum] 54, 1 ... induxerunt   4 ... 6 spectat] 54, 1 sed hoc ... rettulerunt

Auct.: 1 *de fontibus cc. 3–4 cf. Ingr, Ed. 383–386*

Codd.: 6 *a primo ad 4, 4, 1* mittit transsilit *(lacuna m. rec. notata)* P; *hinc extant* B D V HM K S R

1 uitae D^{ar} constantine imperator K S R *tantum; cf. Heck, 1972, 129*   quas] as *in ras.* B^2 humana uita B^1, *corr.* B^3 **2** una *om.* V (D *deest*)   **3** ad *om.* K S^1; in *in mg.* S^2 **3–4** et a filosofi *sic* V *(in D extat* losofi)   **4** disputationis B^{ac} induxerint B^1, *corr.* B^2 **5** uirtutum $B^3 P^3 R$; -tem $B^1 V P^1$ HMKS (D *deest*)   uolunt P   alteram *ex* -rum B^2 **6** primo *ex* -mum B^3 aditum B^{ar}; additu V (D *inc.*)   arduam et] et a. et K S   **7** difficultatem B^{ar} in *om.* B   summam K^{ac} **9** omnes *codd.* (-nis K S), Ingr; -nium Hm, Br   **11** ullam B^{ac} uiam] quam D^1 *(corr. m. rec)* V   labi *ex* laui B^3 **12** ingressus $B^{ar} D^{ar}$ V K S^{ar} multo B^1, *corr.* B^3 **13** in *om.* B   eam HM   **14** subduxi B^1, *corr.* B^3 exoriri] o *in 2 litt. eras.* B^3 **15** intercisa V   **16** labore K S   labi *ex* laui B^3 cedere D^1 V

labores esse maximos, in perceptis autem maximos fructus et
solidas atque incorruptas uoluptates, uitia uero quibusdam delenimentis naturalibus inlicere animos hominum et inanium
iucunditatum specie captos ad acerbas amaritudines miseriasque
perducere. sapiens prorsus disputatio, si uirtutum ipsarum formas ac terminos scirent. non enim didicerant uel quae sint uel
quid eas mercedis a deo maneat; quod nos his duobus libris
docebimus. hi uero quia ignorabant aut dubitabant animas hominum immortales esse, et uirtutes et uitia terrenis honoribus aut
poenis aestimauerunt. omnis ergo haec de duabus uiis disputatio ad frugalitatem ac luxuriam spectat. dicunt enim humanae
uitae cursum Y litterae similem, quod unus quisque hominum
cum primae adulescentiae limen attigerit et in eum locum uenerit, 'partis ubi se uia findit in ambas', haereat nutabundus ac
nesciat, in quam se partem potius inclinet. si ducem nactus
fuerit qui dirigat ad meliora titubantem, hoc est si aut philosophiam didicerit aut eloquentiam aut aliquid honestae artis quo

Auct.: **14** Verg. Aen. 6, 540

Test.: **10** de §§ 6–17 u. Hier. in eccles. 10, 2 l. 37–39 Adriaen

Codd.: **15** a si ducem ad 6, 4, 13 mala eius et folio exsecto deest K;
hinc extant B D V H M S R

1 esse ex sese B²   praeceptis K S¹   fructos B   **2** delenimentis
B² (ex -tur) K S, -lin- D V; -liniam- H M; -lent me- R   **4** iucundita-
tum] um in ras. B²; ioc- D V H M (ex iuc- D V)   species H Mᵃʳ
6 uel om. B   quae sint] a et s in ras. B³   **8** doceuimus B¹, corr. B²
aut] et B   aut dubitabant om. R   **9** et post esse eras. B
10 aestimauerint D (est-) V   omnis ex -nes B²   **11** ad s.l. B³; id K S
fragilitatem B¹ (corr. B³) M   ac ex ad B³   **12** y s.l. B³
similem ex -le B³   **13** attingerit Dᵃᶜ V   euenerit H M
14 partis om. D V   se] a se K S   notabundus B¹, corr. B²; mut- D
ac] aut B   **15** quem Dᵃᶜ, qu sic V   parte B¹ (corr. B³) V
nanctus Dᵃᶜ V; cf. 5, 16, 11   **16** derigat B¹ (corr. B²) D¹ V
si aut] si s.l. D; sicut V   **17** eloquentiam ex -a B²   honestae] -tatis
B¹, corr. B³; -tate Dᵃᶜ V (et Mᵃʳ?)   **17–p. 536, 1** que uadat B¹, quae
euadat ut uid. B², corr. B³; quod e. R

euadat ad bonam frugem, quod fieri sine labore maximo non
potest, honestam et copiosam uitam disputant peracturum; si
uero doctorem frugalitatis non inuenerit, in sinistram uiam quae
melioris speciem mentiatur incidere, id est desidiae inertiae lu-
xuriae se tradere, quae suauia quidem uidentur ad tempus uera
bona ignoranti, post autem amissa omni dignitate ac re familiari
in omnibus miseriis ignominiaque uicturum. ad corpus ergo et
ad hanc uitam quam in terra ducimus fines earum uiarum rettulerunt. poetae fortasse melius, qui hoc biuium apud inferos
esse uoluerunt, sed in eo falluntur, quod eas uias mortuis proposuerunt. utrique ergo uere, sed tamen utrique non recte, quia
oportuit uias ipsas ad uitam, fines earum ad mortem referri.
nos igitur melius et uerius, qui duas istas uias caeli et inferorum
esse dicimus, quia iustis immortalitas, iniustis poena aeterna
proposita est. quomodo autem hae uiae uel in caelum tollant
uel ad infurna praecipitent, explicabo aperiamque, quae sint
uirtutes, quas philosophi nescierunt; tum earum quae sint praemia, simul etiam, quae sint uitia quaeue eorum supplicia,

Epit.: 6, 3, 9 ... proposuerunt] 54, 1 sed hoc ... 2 aiunt   10–11]
54, 3 ... dixerunt

Auct.: **9** poetae] *cf. § 6 et 6, 4, 1*

Test.: **9–10** poetae ... uoluerunt] Zeno 1, 2, 4

1 bonum R   **2** honestatem B[1], *corr.* B[3]   uiam HM
3 fragilitatis B[1], *corr.* B[3]   **4** speciem *ex* -ie B[3]   incedere D[ac] VHM
5 traderet B[ar]   **6** ignorant *ras. ex* -nti B   omnis B[ar]
7 miseris B[ac] HM[1]   **8** uiam S[1]   terram M   **9** biuium] biui, b *ex* u,
B[ac], *corr.* B[3]   **10** quos D[ac] V   **11** utique non S[1]   quia] quod R
12 eorum B[1], *corr.* B[2]   **13** uias istas duas S   iustas? B[ar]
uias *om.* R   **14** iustus V[ac]   immortalitatis S   **15** haec B[ar]; ae R
uel *post* uiae *s.l.* B   **16** infernum B; ferna S   praecipitant D[ac]
aperiamque quae S; aperiam quae B *(ae ex e m.2)* DVR *Win*; et aperiam quae HM *(que)*   **17** earum ... sint] ea sint quae sunt R
sunt D   **18** suplicia B[1] *(corr.* B[3]) HM

monstrabo. nam fortasse aliquis expectet, ut separatim de uitiis
ac uirtutibus dicam, cum de bono aut malo disserentibus nobis
etiam quod est contrarium possit intellegi. siue enim uirtutes
inseras, uitia sua sponte decedent, siue uitia eximas, uirtutes
ultro subibunt; sic bonorum ac malorum constituta natura est, ut
se inuicem semper oppugnent, semper expellant. ita fit, ut neque
uitia detrahi sine uirtutibus possint nec uirtutes inseri sine detractione uitiorum. has igitur uias longe aliter inducimus quam
induci a philosophis solent, primum quod utrique praepositum
esse dicimus ducem utrumque immortalem, sed alterum honoratum, qui uirtutibus ac bonis praesit, alterum damnatum, qui
uitiis ac malis. illi autem in dexteriore tantum uia ducem ponunt neque unum neque perpetuum, siquidem quemlibet doctorem bonae artis inducunt, qui a desidia reuocet homines et
frugi esse doceat. sed neque ingredi faciunt in eam uiam nisi
pueros et adulescentes, uidelicet quod artes in his discantur aetatibus. nos autem ⟨homines⟩ omnis sexus et generis et aetatis in
hoc caeleste iter inducimus, quia deus, qui eius uiae dux est,
immortalitatem nulli homini nato negat. forma quoque ipsarum
uiarum non ita est ut illi putauerunt. quid enim opus est Y

1 monstrabo] declarabo B   reparatim B¹, *corr.* B²   uitis Bᵃᶜ
2 uirtutis Bᵃᶜ   cum] ut B   de *ex* da B²   aut D V S; ac de B; aut de
H M; ac R   nobis *in mg.* D   **3** posset B   enim] etiam S
4 inferas Sᵃᶜ   cedant H M   siue] s. etiam S   eximas] *post* x *1
litt. eras.* B; existim- S   **5** sic *ex* si B³   natura *bis, pr. del.* V
7 retrahi *ex* rethari D V; extr- R   possunt D   detractatione Bᵃʳ
9 utique B¹, *corr.* B³   praepositum *ex* -tu B²   **12** dexterio B¹ *(corr.*
B²) D *(extat* | terio*)* R   **13** doctorem *ex* -ris? V²   **14** partis S
a] ad Bᵃʳ   desideria B³ *(ex* -dia*)* M¹; -deriis M²   **15** docet M¹;
deceat R   **16** artis B   his *om.* H M¹   discatur S   **17** ⟨homines⟩
omnis *Buen, Br; trad. uix recte def. Ingr*   omnes B² *(ex* -nis*)* H M
aetates H M   **18** inter Bᵃʳ   qui] quia Hᵃʳ   uitae S
19 hominum B   forma *ex* -am B³   **20** uiarum] ui *in ras. m.3, antea
eras.* s B   ut . . . est *om.* M   y *s.l.* B³

littera in rebus contrariis atque diuersis? sed altera illa melior conuersa est ad solis ortum, altera illa deterior ad occasum, quoniam qui ueritatem ac iustitiam sequitur, is accepto immortalitatis praemio perenni luce potietur, qui autem ab illo malo duce inlectus praetulerit uitia uirtutibus, mendacium ueritati, necesse est ad occasum et tenebras deferatur. describam igitur utramque et earum proprietates habitusque monstrabo.

4. Vna est itaque uirtutis ac bonorum uia, quae fert non in Elysios campos, ut poetae loquuntur, sed ad ipsam mundi arcem,
 'at laeua malorum
exercet poenas et ad impia Tartara mittit.'
est enim criminatoris illius, qui prauis religionibus institutis auertit homines ab itinere caelesti et in uiam perditionis inducit. cuius uiae species et figura sic est composita in aspectum, ut plana et patens et omni genere florum atque fructuum delecta-

Epit.: 6, 4, 1] 54, 3 sed illa ... Tartarum

Auct.: **10–11** Verg. Aen. 6, 542 sq.

Test.: **3–6** accepto ... deferatur] *cf.* Lucif. moriend. 14 l. 45–48 Diercks   **8 § 1**] *cf.* Lucif. ibid. l. 50–54. Zeno 1, 2, 4

Codd.: **11** *ab* mittit *redit* P *(u. 6, 3, 2); hinc extant* B D V P HM S R
1 litterae B^2 *(ex* -re*)* HM   **2** est conuersa B   altera *ex* ad terra B^3; alter HM   **3** ac] ad S   accepto *s.l.* B^3 **4** lucet V   patietur B^1, *corr.* B^2 malo *s.l.* B^3 **5** intellectus HM^{ar} uita D^{ac} ueritate V^{ac} **6** deferatur ⟨aeternas⟩ Br cl. Lucif. deferri a.   **7** utrumque B^1 *(corr.* B^3*)* D V   proprietatem HM   **8** uirtus B^1, *corr.* B^3 ac *om.* R   non *s.l.* B^3 **9** ad *post finem lin. m.1* B   artem D   **10** ad B^1 *(ut plurimi codd. Verg.), corr.* B^3 **11** exercet *om.* V; *ante* e. *eras.* & D   mittet *ex* -tit B^2 **12** enim *om.* S   prauus B^{ac} religionis *ex* -nibus? D^2 **13** ab itinere] a uia R   **14** uitae P^1, *corr.* P^3 species et figura *bis, alt. exp. m.3,* P   figuram B^{ar} aspectu V *(D deest)* PHM   **15** plena V *(D deest)*   potens B^1 *(corr.* B^3*)* M^{ac}; patiens P^1, *corr.* P^3 et *ante* omni] in P; *om.* HM   fluctu B^1, *corr.* B^2 dilectabilis D V

bilis esse uideatur. in ea enim posuit deus omnia quae pro bonis habentur in terra, opulentiam dico, honorem quietem uoluptatem inlecebras omnes, sed cum his pariter iniustitiam crudelitatem superbiam perfidiam libidinem cupiditatem discordiam ignoran-
5 tiam mendacium stultitiam ceteraque uitia. exitus autem huius uiae talis est. cum uentum fuerit ad extremum, unde iam regredi non licet, cum omni sua pulchritudine tam subito praeciditur, ut non ante quis fraudem prospicere possit quam praecipitatus in altitudinem profundam cadat. quisquis enim prae-
10 sentium bonorum specie captus et in his consequendis ac fruendis occupatus non praeuiderit ea quae post mortem secutura sunt seque a deo auerterit, is uero ad inferos deiectus in aeternam damnabitur poenam. uia uero illa caelestis difficilis et cliuosa proposita est uel spinis horrentibus aspera uel saxis
15 extantibus impedita, ut cum summo labore ac pedum tritu cumque magna cadendi sollicitudine sit cuique gradiendum. in hac posuit iustitiam temperantiam patientiam fidem castitatem

4 *490*

5

6

7

Epit.: 6, 4, 5] 54, 3 aeternis . . . iniusti

Test.: **7–9** praeciditur . . . cadat] Lucif. moriend. 14 l. 62–63 D.

1 posuit deus] posita sunt B¹ P, posuit *rest., deus om.* B³*; corrigas Heck, 1972, 191 n. 112*   **2** terram P¹, *corr.* P³   dico *om.* R
3 sed cum] secum H M¹   pariter] p. et H M   **3–4** iniusticiam . . . superbiam *in mg. inf.* P²   **3** credulitatem M   **4** superbiam *ex* -ia B²
5 mendacium *in mg.* H²   huius *s.l.* P²   **6** uitae Hᵃʳ M
unde *om.* P   **7** pulcritudinem, lcri *in ras. m.2*, m *eras.,* B
praeciduntur Bᵃᶜ   **8** ante quis] -tiquis H   **9** in . . . profundam] in altitudine in profunda, in a *in ras. m.3, alt.* in *in ras. m.2,* a *final. ex* um *m.3,* B*;* in a. profundum V¹   quisquis] quia B¹, *corr.* B³
praesentiam B¹, *corr.* B²   **10** in *om.* P   iis R   **11** non uiderit S
ea *om.* P*;* eam Sᵃʳ   **12** sedque Bᵃʳ   abeo *ex* adeo B²
uerterit R   is *ex* in B³*;* iis R   uere *ex* -ro D   deiectos Hᵃᶜ
aeternam] -na B*; alt.* a *in ras.* H²   **13** poena B   uero] ergo D V
14 sexis Dᵃᶜ Vᵃᶜ   **15** tritum Pᵃᶜ*;* -ta D *(V inc.)*   **16** sollicitudinem Bᵃʳ
17 hac] c *in ras. m.2* B

abstinentiam concordiam scientiam ueritatem sapientiam ce-
terasque uirtutes, sed simul cum his paupertatem ignominiam
laborem dolorem amaritudines omnes. quisquis enim spem
suam porrexerit longius et meliora maluerit, carebit his terrae
bonis, ut expeditus ac leuis difficultatem uiae superet. nec enim
potest qui se apparatu regio circumdederit aut diuitiis onerauerit,
angustias illas uel ingredi uel tenere. unde intellegitur idcirco
malis et iniustis facilius prouenire quae cupiant, quia prona et
decliuis est eorum uia, bonis autem quae optent difficile pro-
cedere, quia difficili et arduo itinere gradiuntur. iustus ergo
quoniam durum asperumque iter ingressus est, contemptui deri-
sui odio sit necesse est. omnes enim, quos cupiditas aut uoluptas
praecipites trahit, inuident ei, qui uirtutem capere potuit, et
inique ferunt id habere aliquem, quod ipsi non habent. erit
itaque pauper humilis ignobilis subiectus iniuriae et tamen omnia quae amara sunt perferens, et si patientiam iugem ad summum illum gradum finemque perduxerit, dabitur ei corona uirtutis et a deo pro laboribus quos in uita propter iustitiam pertulit

Epit.: 6, 4, 11] *cf.* 54, 3 immortales ... fiunt

Test.: **11–12** durum ... necesse est] *cf.* Lucif. moriend. 15 l. 2–3
Diercks   **14–16** erit ... perferens] ibid. l. 4–6

Codd.: 4 *ab* his *incipit* G *p. 103 paene tota lecta; hinc extant* B G D V
P H M S R

1 ceteraque P[1], *corr.* P[2]   **2** uirtutes] ueritates D[ac] V   sed] seu H M
iis R   **4** sua R   porrexit M; prouexerit R   carebis D[ac] V[ac]
terrestribus bonis H M   **5** aut B[ar]   **6** religio P[1], *corr.* P[3]
honorauerit B G M; honerauerit *ex* -rint P[1], *corr.* P[2], onor- S[ac] R
7 tenere *ex* -ri B[2]   **8** facius B[1], *corr.* B[2]   **9** declibis G, -lius P[ac];
procliuis B   obtent R; obtinent D V   **10** difficili] -le R
et] uel H M   **11** durumque iter P   **12** sint B[ar]   aut] ac B G
uoluntas G   **14** id *ex* in B[2]   aliquid R[1], -quiem *sic* R[2]
15 iniuriae et] -ia esset R   **16** superferens B G   et] set *Br, Win;*
trad. def. Ingr   patientiam] sapient- D V   iungens *ex* ingens S[2]
17 fineque V   perduxerit *s.l.* B[3]   **18** labore P   pertulit *om.* P

immortalitate donabitur.   hae sunt uiae quas deus humanae   12
uitae adsignauit, in quibus singulis et bona
ostendit   *posuit*
et mala, sed ordine praepostero atque conuerso. in sua enim
monstrauit   *constituit*
temporalia prius mala cum aeternis bonis, qui est ordo melior, in
altera temporaria prius bona cum aeternis malis, qui est ordo
deterior, ut quicumque praesentia mala cum iustitia delegerit,
maiora et certiora consequatur bona quam fuerunt illa quae
spreuit, quisquis autem praesentia bona praeposuerit iustitiae, in   *492*
maiora et longiora incidat mala quam fuerunt illa quae fugit.
haec enim uita corporalis quia breuis est, idcirco et mala eius et   13
bona breuia sint necesse est, illa uero spiritalis quae huic ter-
renae contraria est quoniam sempiterna est, idcirco et bona eius
et mala sempiterna sunt.   ita fit, ut et bonis breuibus mala   14
aeterna et malis breuibus bona aeterna succedant. itaque cum
semel proposita sint homini bona et mala, considerare unum

Test.: **1** §§ 12–14] *cf.* Lucif. moriend. 15 l. 22–23. 30–40 Diercks

Codd.: **8** *in* ut *desinit* G *p. 103; seq. p. 104 usque ad fin. § 13 fere lecta*
13 *a* bona *redit* K *(p. 153; u. 6, 3, 7); extant* B (G) D V P HM K S R

1 immortalitatem B[ar] H[ar]   donantur B[1], *corr.* B[3] (G *inc.*)
sunt] s. enim HM   **3** ostendit] posuit R *ex retractatione; u. Heck,
1972, 191*   **4** sua] una *ex* s. D[2] P[2]; -am HM[1]; *sup.* sua *m.2* s. uia R
5 monstrauit] constituit R *ex retractatione; u. ibid.*   **6** temporalia
BGHMR *Ingr;* -raria DVP *Br;* -ra S   odor D[ac]   **7** alia R
temporalia G *(1 inc.)* HM; -rara S[1], -ra S[2]   odor terior D[ac]
8 ut *om.* HM   praesentiam P[ar]   iniustitia B[ar] G; iustia R
9 consequatur *ex* -antur P[3]; -quetur HM   quam] quae G
fuerint P   **10** spresprebit B[1], *corr.* B[2]   quisquis] quis, s *eras.,* P
proposuerit B   iustitia D[ac]   **11** incedet D[1] V; -cidet HM
12 corporalis] temp- HM   est *om.* HM   **15** sint KS
fiet *ex* fit B[3]   et *s.l.* B[3], *om.* G *ut uid.*   aeterna mala R
16 *ante* | malis *exp.* succedant | *(n s.l. m.2)* B[3]; et malis *ras. ex* succedant
m.1 V; et m. . . . aeterna *om.* PKS   **17** semel] simul P *Br; cf. 1, 3, 21*
homini] omni h. KS

quemque secum decet, quanto satius sit perpetuis bonis mala
breuia pensare quam pro breuibus et caducis bonis mala perpetua sustinere. nam sicut in hoc saeculo cum est propositum
cum hoste certamen, prius laborandum est, ut sis postmodum in
otio, esuriendum sitiendum, aestus frigora perferenda, humi qui-
escendum uigilandum periclitandum est, ut saluis pignoribus et
domo et re familiari et omnibus pacis ac uictoriae bonis perfrui
possis, sin autem praesens otium malueris quam laborem, malum tibi maximum facias necesse est – praeoccupabit enim
aduersarius non resistentem, uastabuntur agri, diripietur domus,
in praedam uxor ac liberi uenient, ipse interficiere aut capiere;
quae omnia ne accidant, praesens commodum differendum est,
ut maius longiusque pariatur –, sic in omni hac uita, quia nobis
aduersarium deus
reseruauit, *statuit,*
ut possemus capere uirtutem, omittenda est praesens uoluptas,
ne hostis opprimat, uigilandum, stationes agendae, militares
expeditiones obeundae, fundendus ad ultimum cruor, omnia

Epit.: 6, 4, 17] *cf.* 61, 5 . . . 6 pensemus

Codd.: 11 *a* ueniunt *incipit* G *p. 85 usque ad § 17* militares *fere lecta;
ceterum extant* B DV P HM KS R

1 secum *om.* DV   sit] est R   **2** bonis *om.* KS   **4** prius] potius R
est *s.l.* P² ut sit *(sic)* postmodum *s.l.* B³   in otio] initio B¹ *(corr.*
B³), intio P   **6** pigneribus PHM   et *ante* dono] ac R
7 dono KS¹   *post* et re *exp.* et D   et omnis B¹, et *eras. rest.* B³,
omnibus B²   **8** qua HM¹   **8–9** malum ... maximum] tu max- mal-
tibi HM   **9** praeoccupauit B¹ *(corr.* B²) HMR   **10** uastabitur H¹
diripientur B^ar P *(n s.l. m.2)*   domos B¹, *corr.* B³   **11** ac] aut HM
ueniunt B¹ *(corr.* B³) G   interficiere B^pc P² S², -cere B^ac GP¹ S¹ *cet.*
*(*D *deest)*   capiere B³ *(ex* pere*)* DVPR, capere GKS; -piare HM
12 ne] ut ne R   est *om.* BG   **13** hac *ex* a B²   quae S¹
14 deum B¹ *(corr.* B²) G *(ut uid.)*   **15** reseruabit VP^ac *(D deest);*
statuit R *ex retractatione; u. Heck l. c.*   **16** uoluntas *ex* -upt- B³
18 expetitiones B¹, *corr.* B²   obeundae] ae *in ras. m.2* B
fundendus *ex* -um, fund *in ras.* B²

denique amara et grauia patienter ferenda, eo quidem promptius,
quod nobis imperator noster deus praemia pro laboribus aeterna
constituit. et cum in hac terrena militia tantum homines laboris
exhauriant, ut ea sibi pariant, quae possunt eodem modo perire
quo parta sunt, certe nobis nullus labor recusandus est, quibus id
adquiritur, quod nullo modo possit amitti. uoluit enim deus, qui
hominem ad hanc militiam genuit, expeditos in acie stare et
intentis acriter animis ad unius hostis insidias uel apertos impetus uigilare, qui nos, sicut periti et exercitati duces solent,
uariis artibus captat pro cuiusque natura et moribus saeuiens.
aliis enim cupiditatem insatiabilem immittit, ut opibus suis tamquam compedibus inligatos a uia ueritatis excutiat, alios inflammat irae stimulis, ut ad nocendum potius intentos a dei contemplatione detorqueat, alios immoderatis libidinibus immergit, ut
uoluptati et corpori seruientes ad uirtutem respicere non possint,
aliis uero inspirat inuidiam, ut suis ipsi tormentis occupati nihil
cogitent aliud nisi eorum quos oderint felicitatem. alios inflat
ambitionibus; hi sunt qui ad gerendos magistratus omnem uitae

Codd.: **15** *a* uoluptati *incipit* G *p. 86 praeter partes* §§ *21–22 et 6, 5, 1 fere lecta; ceterum extant* B DV P HM KS R

1 grauiora KS   promptus P^{ac}; praetiosius KS   **2** pro *om.* KS
3 et] ut R   milia P^1, *corr.* P^2 tanto HM^1 labores P^{ac}
4 exauriant B^1 *(corr.* B^2*)* D^{ac} VKS   eas KS   modo *ex* -dum P^2
5 parata B^2 *(ex* -rta?*)* R; pasta KS   id *s.l.* K   **6** enim] e. nos R
8 unius *del. et s.l.* inuisibilis *al. m. antiqua* P; uno K^1, unus S^1
9 sicut] s. ut, ut *del.*, D   excitati P   **10** capta HM^1
11 alis H   **12** conpendibus D^{ac} VP^1 *(corr.* P^3*)*   excutiat] *alt.* t *in ras. m.2* B; -cut- *ex* -cit- P^2 inflammat irae *ex* -matus? B^3; -matus i. KS^{ar} **13** intentus B^{ac} a] ad B^{ar}; a dei] ad in KS contemplationem S   **14** alios *ex* -ius B^2 inmoratis B^1 *(corr.* B^3*);* -tos V^{ac} ut *ex* tum B^3 **15** uolumptati B^{ar} et *om.* HM possint] *sup.* i *eras.* e B   **16** inspirant B^{ar} **17** cogitet M^{ac} oderit V^{ac} *(*D *deest);* -runt HM   alios *ex* -iis B^2 **18** hii G; ii *edd., Br*   r[e]gendos G   magistratus *ex* -tos B^3

suae operam curamque conuertunt, ut fastos signent et annis
nomen imponant. quorundam cupiditas tendit altius, non ut
prouincias temporali gladio regant, sed ut infinita et perpetua
potestate dominos se dici uelint uniuersi generis humani. quos
autem pios uiderit, uariis implicat religionibus, ut impios faciat.
iis uero qui sapientiam quaerunt, philosophiam in oculos impin-
git, ut specie lucis excaecet, ne quis comprehendat ac teneat
ueritatem. sic hominibus obstruxit aditus omnes et obsaepsit
uias publicis laetus erroribus. quos ut discutere possemus ip-
sumque auctorem malorum uincere, inluminauit nos deus et armauit uera caelestique uirtute. de qua nunc mihi disserendum
est.

5. Sed priusquam singulas uirtutes exponere incipio, deter-
minanda est ipsa uirtus, quam non recte philosophi definierunt,
quid esset aut in quibus rebus, quid operis quid habeat officii.
nomen itaque solum retinuerunt, uim uero et rationem et effectum perdiderunt. quaecumque autem in definitionem uirtutis
solent dicere, paucis uersibus colligit et enarrat Lucilius, quos
malo equidem ponere, ne dum multorum sententias refello, sim

Codd.: 17 *in* uir | *desinit* G *p. 86; hinc extant* B DV P HM KS R

1 factos M et *ex* ut B³; *hinc* G *non legitur* annuum *ex* -nis B³
2 quorumdam B¹, *corr.* B³; *cf. 3, 7, 8* **3** temporali B¹, *corr.* B²
regnant Pᵃᶜ infinita et] -tate HM **4** uniuerso (o *ex* i *m.3*) generi
(*ras. ex* -ris) humano B; *hinc legitur* G **5** uiderint P uanis HM
religionis P¹, *corr.* P² impiis Pᵃᶜ **6** iis P² R, his P¹ *cet.* (*et* G *ut uid.*) oculis HM infigit D, inpig- VP **7** uti P² (*ex* ut) KS
speciem B (G *inc.*) **8** obstrucsit B¹ (*corr.* B²), obtruxit P
omnis B¹ (*corr.* B²) GDᵃᶜ VPKSR **9** uiam B¹, *corr.* B² (G *inc.*)
laetas HM¹, -tis M² discere HM **10** actorem B¹, *corr.* B³
inluminabit B¹, *corr.* B² **11** uere B¹, *corr.* B² (G *inc.; hinc non legitur*) disserendum *ex* -ndu B³; deser- Dᵃᶜ **15** *post* operis *add.*
aut B³ haberet *ex* -bet B² *Br ft. recte; cf. Ingr ad l.* **16** orationem
Dᵃᶜ (*hinc* G *legitur*) **17** in *om.* R definitionem Bᵃʳ GKS *Br, Win;*
-ne Bᵖʳ *cet., Ingr* **18** uersibus] s *et* bu *in ras. m.2* B lucilius *ex*
-um B² **19** *sup.* malo *al. m.* magis uolo R ne] nec P; sed ne HM
mulltorum *in fine lin.* B³ refello sim] non r. sin HM

longior quam necesse est.

    'uirtus, Albine, est pretium persoluere uerum
    quis in uersamur, quis uiuimus rebus potesse;
    uirtus est homini scire id quod quaeque habeat res;
    uirtus, scire homini rectum utile quid sit, honestum,
    quae bona, quae mala item, quid inutile turpe inhonestum;
    uirtus, quaerendae finem rei scire modumque;
    uirtus, diuitiis pretium persoluere posse;
    uirtus, id dare quod re ipsa debetur honori,
    hostem esse atque inimicum hominum morumque malorum,
    contra defensorem hominum morumque bonorum,
    hos magni facere, his bene uelle, his uiuere amicum;
    commoda praeterea patriai prima putare,
    deinde parentum, tertia iam postremaque nostra.'
ab his definitionibus, quas poeta breuiter comprehendit, Marcus
Tullius traxit officia uiuendi Panaetium Stoicum secutus eaque

Auct.: **2–14** Lucil. 1326–1338 Marx   **15–16** Marcus ... secutus] *cf.* Cic. off. 2, 60. 3, 7

2 albanae B¹ *(corr.* B³*)*, -bane P³ *(ex* -bine*)* KS*;* albi *(*bi *inc.)* | non D   **3** quiis *ex* quis B²*;* quos DVP¹ *(corr.* P²*)*   *post* in *eras.* t*?* B quiis *ex* quis B²   potesse DVP¹ KSR, potese HM*;* potest esse BP³   **4** est] et HM   hominis BKS*;* -ni est H*;* animi est M quod quaeque] quodcumque *ex* -dque D²*;* quoque HM   **5** rectum] in r. KS   sit] ei s. B   honesto D^{ac} VP¹ *(corr.* P²*)*   **6** utile B¹ P¹, *corr.* B³ P²   inhoministum, *tert.* i *inc.*, B^{ac}   **7** modum quem R   **8** posset B^{ar}   **9** quod re *om.* R   debetur] uidetur B¹ *(corr.* B²*)* HM   **10** hominem R   **11** defensionem B   hominem*?* V^{ac} hominum morumque] hominumque R   **12** magni facere KS, magis f. R*;* magnificare *cet.*   his *ante* bene *ex* hos*?* B²   uiuere *ex* uere B³ **13** patriai *edd. metri causa;* patriae *codd. (ex* patri et B²*); cf. 6, 6, 19; alias* -ai *non ap. Lact.*   **14** deinde] *pr.* de *in ras. m.3* B tertia iam *ex* tertiam P²   postremaque *ex* -ma quae *(*quae *antea ex* qui*)* B²*;* -ma quę KS   **15** quos H   marcus] ·m̃· DVP, ·m· R **16** panetium BD *(*-eci-*)* VPHMKS*;* pane et uinum R   sthoicum HM

tribus uoluminibus inclusit. haec autem quam falsa sint, mox uidebimus, ut appareat, quantum in nos dignatio diuina contulerit, quae nobis aperuit ueritatem. 'uirtutem esse' dixit 'scire quid sit bonum et malum, quid turpe, quid honestum, quid utile, quid minus.' breuius facere potuit, si tantum bonum ac malum diceret, quia nihil potest esse utile uel honestum quod non idem bonum sit, nihil inutile ac turpe quod non idem malum. quod et philosophis uidetur et idem Cicero in tertio supra dicti operis ostendit. uerum scientia non potest esse uirtus, quia non est intus in nobis, sed ad nos extrinsecus uenit. quod autem transire ab altero ad alterum potest, uirtus non est, quia uirtus sua cuique est. scientia igitur alieni beneficii est, quia posita est in audiendo, uirtus tota nostra est, quia posita est in uoluntate faciendi boni. sicut ergo in itinere celebrando nihil prodest uiam nosse, nisi conatus ac uires suppetant ambulandi, ita uero scientia nihil prodest, si uirtus propria deficiat. nam fere etiam hi qui peccant, etsi non perfecte, tamen quid sit bonum et malum sentiunt, et quotiens aliquid improbe faciunt, peccare se sciunt et ideo celare nituntur. sed cum eos boni et mali natura non fallat,

1 mox] 6, 5, 5 – 6, 23

Auct.: **8–9** Cicero ... ostendit] *cf.* Cic. off. 3, 7. 11. *al.*

2 uidemus B[ac]*;* docebimus R, *uix ex retractatione (Heck, 1972, 192), sed ex 6, 2, 16. 3, 5*   in *s.l.* B   diuina dignatio HM   **3** uirtute B   scire *om.* R   **5** quid minus] quiminus P[ac]*;* quod, *del.* minus, P[3]   **7** malum *s.l.* B[2]   et *om.* DV, *s.l.* P   **8** filosofis *ex* -ofi B[2]   in tertio *om.* R   dicti] *alt.* i *s.l.* B[2]   **10** intus *om.* BHM   ad] et R   nos] annos B[ar]   transisse B[1]*, corr.* B[3]   **11** ab] ad B[ac]   ad alterum] ab a. P[1]*, corr.* P[3]*;* adulterium M   sua *ex* quae *(quod ex* qua*)* B[3]*;* sui D[ac] PHM   cuiusque *ex* cuique P[3]   **12** *sup.* scientia *m.2* uirtus est, *nunc eras.* B   est *ante* quia *om.* B[1]*, post* audiendo *s.l.* B[2]   posita *ex* possit B[2]   est] res B   **13** tota nostra est *om.* KSR*; cf.* Heck, 1972, 175   uoluntate] n *ex* mp*.* B[3]   **14** bene *ex* boni P[3]*;* bona HM   prodeest B *(u. 5, 1, 12);* potest D[ac]   **15** ac *s.l.* B[3]   **16** prodeest B   hi *codd.*, ii *edd.*, Br   **17** sentiunt *ex* -iant*?* B[2]   **19** boni natura et mali KS   fallit KS

cupiditate mala uincuntur, ut peccent, quia deest illis uirtus, id
est cupiditas recta et honesta faciendi. ex hoc igitur apparet
aliud esse scientiam boni malique, aliud uirtutem, quod potest
esse scientia sine uirtute, sicut in plurimis philosophorum fuit.
in quo, quoniam recte ad culpam pertinet non fecisse quae scie-
ris, recte uoluntas praua et uitiosus animus, quem ignoratio ex-
cusare non potest, punietur. ergo sicut uirtus non est bonum ac
malum scire, ita uirtus est bonum facere, malum non facere. et
tamen scientia sic cum uirtute coniuncta est, ut scientia prae-
cedat uirtutem, uirtus sequatur scientiam, quia nihil prodest cognitio, nisi et actio subsequatur   Horatius igitur paulo melius:

'uirtus est uitium fugere et sapientia prima',

sed inepte, quod eam contrario terminauit ut si diceret: 'bonum
est quod malum non est.' cum enim quid sit uirtus nescio, ne
uitium quidem quid sit scio. utrumque igitur indiget definitione,
quia natura rei talis est, ut utrumque aut intellegi aut non intellegi sit necesse. uerum nos faciamus quod ille debuit. 'uirtus
est' iram cohibere, cupiditatem compescere, libidinem refrenare;
id est enim 'uitium fugere'. nam fere omnia quae fiunt iniuste

Auct.: **12** Hor. epist. 1, 1, 41; *cf. Br et Ingr ad l.*

1 illi B¹ *(corr.* B²*)* M   **2** et honesta *om.* D   **3** scientiam *ex* -ia B²
quod] quia *ex* q. B²; quid HM   **4** scientiam B^ar   uirtutem B^ar
6 uoluptas *ex* -umpt- B³; -upt- KS   quem] quae *ex* que B²
8 *post* ita *exp.* ut P²   est *om.* KS¹   **9** sic ... ut scientia *om.* R
si cum B¹, *corr.* B²   scientiam B^ar   **10** scientiam *ex* -ia B³
prodeest B *(u. § 7)*   **10–11** cognitio nisi et *ex* -tioni sed B³
11 consequatur BHM; subse- scientiam P *(*scientiam *s.l. m.2)* KS
honoratius H^ar   **12** fugire B¹, *corr.* B²   prima *ex* promam B²
13 *ante* contrario *s.l.* e P²   **14–15** ne ... scio *om.* R   **15** sit] scit H
utrum DVP¹ *(corr.* P³*)*   igitur *om.* R   *ante* definitione *in ras. add.*
in *m.2, exp. m.3* B; diff- P   **16** ut *om.* B   aut utrumque HM
17 sit necesse] s. n. est B¹, est *exp.* B³   quod *ex* quid B²
debuit *om.* B¹, *s.l.* noluit B²   **18** conspicere B¹, *corr.* B³
19 enim *s.l.* V   uitium *bis* D *(spatio indice)* VP¹ *(alt. del.* P²*)*
fugire B¹ *(corr.* B³*)* P^ac

atque improbe, ab his oriuntur adfectibus. si enim commotionis huius quae ira dicitur impetus retundatur, omnes hominum contentiones malae sopientur, nemo insidiabitur, nemo prosiliet ad nocendum. item si cupiditas temperetur, nemo terra marique grassabitur, nemo exercitum ducet, ut rapiat et uastet aliena. item si ardor libidinum comprimatur, omnis aetas et sexus retinebit suam sanctitatem, nemo quidquam pudendum aut patietur aut faciet. ergo uniuersa scelera et flagitia his commotionibus uirtute sedatis ex hominum uita moribusque tollentur. quae sedatio commotionum et adfectuum hanc habet rationem, ut omnia recta faciamus. omne igitur uirtutis officium est non peccare. quo profecto fungi non potest qui deum nescit, quoniam ignoratio eius, a quo bona oriuntur, imprudentem impingat in uitia necesse est. itaque ut breuius et significantius utriusque rei summa officia determinem, scientia est deum nosse, uirtus colere; in illo sapientia, in hoc iustitia continetur.

6. Dixi, quod erat primum, scientiam boni non esse uirtutem, deinde, quid sit uirtus et in quo sit. sequitur ut id quoque ipsum, quid sit bonum et malum, nescisse philosophos breuiter ostendam, quia paene declaratum est in libro tertio, cum de sum-

20 in libro tertio] 3, 7, 6 – 12, 36

1 commonitionis M   **2** inpeditus B[ar]   omnis B; -nium HM   contentione D[1] V *(-nę)*   **3** male B[1] *(corr.* B[2]*)* D; malo KS   sopiuntur DR   **5** exercitum *ex* -tu B[3]   **6** si] sibi KS[ac]   **7** sua K   **8** uniuersa *ex* -se P[2]   commonitionibus V *(D inc.)*   **9** sedatas *ex* -tis B[3]   uitia B[ar]   moribus tolletur B[1]*, corr.* B[3]   **10** adfectum B[1] *(corr.* B[2]*)* DVP[1] *(corr.* P[2]*)*   **11** recte B *contra numerum*   omnem D[ac] VP[1] *(corr.* P[3]*)*; oms KS   uirtus M   **12** quod BHM   non potest fungi, *ord. lineolis rest. m.1?,* B   ungi D[1] VP[ac]   **13** inprudenter MK[1]   inpinguat V   **14** significatius HM   **15** deum *ex* -us B[2]   **16** sapientiam B[ar]   **17** dixit B[ar]   scientia B   **18** quid sit] quia est R   in *s.l. in ras.* B[3]   id *om.* R   **19** *ante* breuiter *eras.* et? B   **20** poene B[1] *(corr.* B[3]*),* pene HS, poenae M; paena R   declaratum *ex* -tu B[2]

mo bono disputarem. qui autem quid esset summum nescierunt, et in ceteris bonis malisue, quae summa non sunt, errauerint necesse est; quae non potest uero iudicio examinare, qui fontem ipsum non tenet unde illa descendunt. fons autem bonorum deus est, malorum uero ille scilicet diuini nominis semper inimicus, de quo saepe diximus; ab his duobus principiis bona malaque oriuntur. quae ueniunt a deo, hanc habent rationem, ut immortalitatem parent, quod est summum bonum; quae autem ab illo altero, id habent officium, ut a caelestibus auocatum terrenisque demersum ad poenam interficiant sempiternam, quod est summum malum. num igitur dubium est, quin illi omnes quid esset bonum et malum ignorauerint, qui nec deum nec aduersarium dei scierunt? itaque finem bonorum ad corpus et ad hanc uitam breuem rettulerunt, quam scilicet solui et occidere necesse est, non sunt progressi ulterius, sed omnia eorum praecepta et omnia quae inducunt bona, terrae inhaerent et humi iacent, quoniam simul cum corpore, quod est terra, mo-

6 saepe] *2, 8, 3–7. 3, 29, 13–20. al.; cf. epit. 24, 10*

1 quid] qui R   **2** malisue *ex* -squae? B³, -suae D^{ac} M   sunt] tenent, te *in ras.*, ne *s.l.* B², *corr.* B³   errauerit B^{ac} D^{pc} *(ex* -rint); -rint *ex* -runt P² M   **3** qua, a *in ras.* 2 *litt. m.3* B; quia R   uero *s.l.* B³   **4** non *s.l.* D   unde] n *in ras. m.2* B   **5** ille *s.l.* V   scilicet ille K S   nomini R   **6** ab *om.* H M   hiis B   principibus H M; *om.* R, *ex retractatione; u. Heck, 1972, 192; aliter Win ad l.*   **10** auocatos R   terrenis B   demersos R   ad *eras.* B   poenam] m *eras.* B   interficiat B   sempiternam] m *eras.* B   **12** omines *sic* H   quid . . . malum] quod et malum sit bonum H M   esse B¹, *corr.* B²   **13** aduersarium] aemulum H M   dei] humani generis B; dei *om.* R *ft. ex retractatione; u. Heck l.c.*   scierint D V P K S   ita qui D   **14** et *ex* sed B²   ad *s.l.* P², *om.* S   retulerint D^{ac} V P   quam] quod D V P   **15** sed *ex* et B²   **16** eorum] illorum R   inhaerent] inerent B¹, h *s.l.* B², a *s.l.* B³   **17** et *om.* D V   humi *ex* humani B²   quoniam *ex* quod P²   *post* cum *eras.* in B   terre D^{ac}   moriuntur] m *eras.?* B

7 riuntur. pertinent enim non ad uitam homini comparandam, sed
ad quaerendas uel augendas opes honores gloriam potentiam,
quae sunt uniuersa mortalia, tam scilicet quam ille, qui ut ea sibi
contingerent laborauit. hinc est illud:
'uirtus. quaerendae finem rei scire modumque.'
8 praecipiunt enim quibus modis et quibus artibus res familiaris
quaerenda sit, quia uident male quaeri solere. sed huiusmodi
uirtus non est proposita sapienti. nec enim uirtus est opes quaerere, quarum neque inuentio neque possessio in nostra potestate
est; itaque et quaesitu et obtentu faciliores sunt malis quam bo-
9 nis. non potest ergo uirtus esse in iis rebus quaerendis, in
quarum contemptu uis ac ratio uirtutis apparet, nec ad ea ipsa
transfugiet, quae magno et excelso animo calcare ac proterere
gestit, neque fas est animam caelestibus intentam bonis, ut haec
fragilia sibi comparet, ab immortalibus suis operibus auocari,
sed potissimum in iis rebus comparandis uirtutis ratio consistit,
10 quas nobis nec homo ullus nec mors ipsa possit auferre. cum
haec ita se habeant, illud quod sequitur uerum est:

Auct.: **5** Lucil. 1331 Marx = *6, 5, 3 uers. 6*

1 hominis B^ar   comparandum B¹, *corr.* B³   **2** uel] et R
gloria K S   **3** quae *ex* prae? *m.2?* B   tam *s.l.* B³   ea *ex* eas P³
4 hic B¹, *corr.* B³   illa *ex* -lud B³   **5** uirtutis H M   finem *om.* B¹,
post rei *s.l.* B³   modum B K S; -dum quae R   **6** *ante* praecipiunt
eras. ad B   enim] etiam H M   familiares B V^ac   **7** sit *ex* et V
malae V; -la H M   huius mundi H M   **8** sapientiae *ex* -ti B³
8–11 est opes ... uirtus *om.* R   **10** quaesitu *Hm (prob. Buen), Br;*
-stus H M; -stu *cet. (D inc.), uix recte def. Ingr; ap. Lact. part. perf.
semper* quaesit- (quaest- *semper subst.*), ergo et supin. quaesitu
obtentus H M   **11** iis R, his *cet.*   **12** contemtu B² *(ex* -entu*)* R
appa|ret, *alt.* a *in ras. 2 litt.* B²   **13** protegere B   **14** animum P
intentum *ex* -tam P³   bonam H *(m eras.)* M   **15** immortalitatibus
H M   operibus *codd., def. Ingr;* opibus *Buen, Br (prob. Win cl. § 11)*
16 iis R, his *cet.*   conparendis D^ac V P¹ *(corr.* P²*)*   **17** posset B;
potest H M   **18** est] sed H M

'uirtus, diuitiis pretium persoluere posse.'
qui uersus idem fere significat quod primi duo. sed neque ipse
neque quisquam philosophorum scire potuit pretium ipsum uel
quale uel quod sit. id enim poeta et illi omnes quos secutus est
5 putauerunt recte opibus uti, hoc est frugi esse, non instruere
conuiuia sumptuose, non largiri temere, non effundere in res
superuacuas aut turpes rem familiarem. dicet aliquis fortasse: 11
quid tu? negasne hanc esse uirtutem? – non equidem nego; contraria enim uidear probare, si negem, sed ueram nego, quia non
10 sit illa caelestis, sed tota terrena, quandoquidem nihil efficit nisi
quod remaneat in terra. quid sit autem recte opibus uti et qui sit
ex diuitiis fructus petendus, declarabo apertius, cum de pietatis
officio loqui coepero. iam cetera quae sequuntur nullo modo 12
uera sunt. nam 'improbis inimicitias' indicere, aut 'bonorum
15 defensionem' suscipere potest cum malis esse commune. qui- 13
dam enim probitate ficta uiam sibi ad potentiam muniunt faci-

12 declarabo apertius] 6, 11, 1 – 13, 14

Auct.: **1** Lucil. 1332 Marx = *6, 5, 3 uers. 7*   **14–15** *cf. ibid. uers. 9–10*

Codd.: **15** *a* | sionem *incipit* G *p. 29, usque ad § 15* putemus *pauca lecta (nihil fere ubi* B *discrepat); ceterum extant* B D V P HM KS R

1 diuitiis] ac uit- R   praemium, *pr.* m *ex* t?, B³   possit HM
2 fere *om.* B   primo D^ac V P¹ *(corr.* P³)   **3** ipsum uel *om.* R
4 id] id est H, idem M; hic R   enim] nim *in ras. m.2* B
olli P^ac   **6** conuiuio M   sumptuose *ex* -si B²; -tiose D^ac V P¹ *(corr.*
P²)   temere *ex* tim- P²   effudere P¹, *corr.* P³   **7** dicet *ex* -cit B³
8 quid *om.* R   nonne quidem M; ne qu- KS; non qu- R
9 uideor *ex* uidera? B²   necem H¹   sed] si M   uerum B
10 ulla H¹ M   terrene R   efficiat HM   **11** terram R
quid] quod HM   qui] quid B^ar D^ac; quis D^pc   **12** diuitis D^ac
declarabit, b *ex* u, R   **13** iam] nam *ex* iamne *ut uid.* B³
14 incidere M   bonorum *ex* hon- B³   **15** malis *ex* alis B³ *(G inc.)*
communem K S^ar   **16** enim *om.* R   fictam B^ar   **16–p. 552, 1**
faciuntque ... quae] f. multaque K S; faciunt quae R

untque multa quae boni solent, eo quidem promptius, quod fallendi gratia faciunt. utinamque tam facile esset praestare quam facile est simulare bonitatem! sed hi cum esse coeperint propositi ac uoti sui compotes et summum potentiae gradum ceperint, tum uero simulatione deposita mores suos detegunt, rapiunt omnia et uiolant et uexant eosque ipsos bonos quorum causam susceperant insequuntur et gradus per quos ascenderunt amputant, ne quis illos contra ipsos possit imitari. uerum tamen putemus hoc officium non nisi boni esse, ut bonos defendat. at id suscipere facile est, implere difficile, quia cum te certamini congressionique commiseris, in arbitrio dei, non tuo posita uictoria est, et plerumque improbi et numero et conspiratione sunt potentiores quam boni, ut ad eos superandos non tam uirtus sit quam felicitas necessaria. an aliquis ignorat, quotiens melior iustiorque pars uicta sit? hinc semper dominationes acerbae in ciues extiterunt. plena est exemplis omnis historia, sed nos contenti erimus uno. Gnaeus Pompeius 'bonorum' uoluit esse 'defensor', siquidem pro re publica, pro senatu, pro libertate

Codd.: 3 *ab* esse *usque ad 7, 5, 6* uultus *deest pars antiqua* S *(u. p. XXII)* 17 *a* uoluit esse *ad 7, 3, 19* animantes *(non ad* curae; corrigas *p. XXI)* transsilit K; *hinc extant* B (G) D V P H M R

1 bonis H^{ar} M proteruius *pro del.* propter tuis D 2 esset] est B^1, sit B^3; esset et D^1 VP^1 *(corr.* P^3*)* 3 hii R coeperunt B^{ac} D^{ac} VP^1 *(corr.* P^2*)* 4 conpotens B^{ar}; computes D^{ac} VP^1 *(corr.* P^3*)* *post* potentiae *s.l.* suae P^2 ceperint B^{pr} VM, caep- DK; coep- B^{ar} PHR 5 tunc BG simulatione *ex* -nem P^3 6 et uiolant *om.* R 7 causam *ex* -sa B^3 ascenderant B *numero meliore* 8 possit *ex* -set B^2 9 boni] -nis HM at] ad B D^{ac} VP^{ac} 11 non] n. in R tua B^{ac} D 12 et] sed B plerum B^1, *corr.* B^2 13 potiores P^1, *corr.* P^2 quam boni *om.* R non tam *ex* nota B^3 14 *post* ignorat *s.l.* quod P^2 15 iustiorque] -r quam HM^1 dominatione DV arcerue B^1, *corr.* B^2, -be D 16 ciues] cu|ius D; ciuis V; ciuibus P^3 *(ex* ciuus?*)* R sed] et HMK 17 gneus B, GN· DP, GÑ VK, cñ HM, C·N· R 18 libertatem B

arma suscepit. idem tamen uictus cum ipsa libertate occidit et a
spadonibus Aegyptiis detruncatus insepultus abiectus est. non
est igitur uirtus aut 'hostem malorum esse' aut 'defensorem bonorum', quia uirtus incertis casibus non potest esse subiecta.
   'commoda praeterea patriai prima putare'
sublata hominum discordia nihil est omnino. quae sunt enim
'patriae commoda' nisi alterius ciuitatis aut gentis incommoda,
id est fines propagare aliis uiolenter ereptos, augere imperium,
uectigalia facere maiora? quae omnia non utique uirtutes, sed
uirtutum sunt euersiones. in primis enim tollitur humanae societatis coniunctio, tollitur innocentia, tollitur alieni abstinentia,
tollitur denique ipsa iustitia, quae discidium generis humani ferre non potest et, ubicumque arma fulserint, hinc eam fugari et
exterminari necesse est. uerum est enim Ciceronis illud: 'qui
autem ciuium rationem dicunt habendam, externorum negant,
dirimunt hi communem humani generis societatem, qua sublata
beneficentia liberalitas bonitas iustitia funditus tollitur.' nam
quomodo potest iustus esse qui nocet, qui odit, qui spoliat, qui

Auct.: **5** Lucil. 1337 Marx = *6, 5, 3 uers. 12*   §§ 19 et 23] *olim* Cic. rep. 3, 22; *cf. Win ad l. et Powell ad* rep. 3, 12   **14–17** Cic. off. 3, 28

Codd.: **1** *ab* occidit *incipit* G *p. 30 tota lecta; extant* B G D V P H M R

1 occiditur R   ab B[3] *(ex* a*)* H M   **2** spardonibus B[ar]
desepultus B[1], *corr.* B[3]   est abiectus G; *ante* a. *3 litt. (non* est*) eras.,*
est *post finem lin.* B   **4** potes B   **5** patriai *edd.;* -riae *codd. (*patrie, e
exp. P*); u. 6, 5, 3*   **6** concordia *ex* disc- P[2]   **7** patria R
aut gentis] augentes B[1], augentis B[2], *corr.* B[3]; au|gentes *ut uid.* G
8 uolenter B[ac] P[1] *(corr.* P[2])   ereptis *ex* -tos D   **9** uictig[alia] G
maiora *codd. (*G *inc.)*   non *s.l.* P[2]   utuque B[ac]   uirtutes sed] -tute
esse B[1], -tutes esse B[2], -tutis sed B[3] *(*G *inc.)*   **10** uirtutium V *(alt.* i
s.l.) P[ac]   sunt *in fine lin.* B[3]   euersiones *ex* -nis B[2]
11 tollitur *ante* alieni *om.* B G   **13** fulserint *ex* -rit B[3]   fugare D[ac]
16 ii dirimunt *Cic.*   generis humani B G   quas D[ac]
17 beneficentia G R, -ficientia B D V H M; -ficia P; *u. ind. form.*
18 qui odit qui spoliat *in mg.* H

occidit? quae omnia faciunt qui patriae prodesse nituntur. id
enim ipsum prodesse quid sit, ignorant qui nihil putant utile,
nihil commodum, nisi quod teneri manu potest; quod solum
teneri non potest, quia eripi potest. haec itaque ut ipsi appellant
bona quisquis patriae adquisiuerit, hoc est qui euersis ciuitatibus
gentibusque deletis aerarium pecunia referserit, agros ceperit,
ciues suos locupletiores fecerit, hic laudibus fertur in caelum, in
hoc putatur summa et perfecta esse uirtus. qui error non modo
populi et imperitorum, sed etiam philosophorum est, qui praecepta quoque dant ad iniustitiam, ne stultitiae ac malitiae disciplina et auctoritas desit. itaque cum de officiis ad rem mili-
tarem pertinentibus disputant, neque ad iustitiam neque ad ueram uirtutem accommodatur illa omnis oratio, sed ad hanc uitam
moremque ciuilem, quem non esse iustitiam et res indicat et ipse
Cicero testatus est. 'sed nos' inquit 'ueri iuris germanaeque
iustitiae solidam et expressam effigiem nullam tenemus, umbra
et imaginibus utimur, easque ipsas utinam sequeremur! feruntur
enim ab optimis naturae et ueritatis exemplis.' – 'umbra' est
igitur et 'imago' iustitiae quam illi iustitiam putauerunt. quid?

Auct.: **15–18** Cic. off. 3, 69

Codd.: *3 in* manu *desinit* G *p. 30, seq. p. 147 fere tota lecta; extant*
BG DV P HM R

1 quae] qui B¹ *(corr.* B²*)* G   prodeesse B*; u. 6, 5, 7*   **1–2** nituntur
... prodesse *om.* R   **2** prodeesse B   utilem B^ar   **5** patriae *ex* -ia B²
adquisiuerit D V P H M R*;* quaesierit G*;* quaesiuerit *ex* quesier- B²
6 gentibus H M   refertserit B^ar *(alia s.l. eras.)*   ceperit *ex* goep- B²*;*
coep- H M   **7** suo D¹   locupleta|tiores B¹*, corr.* B³*;* -pletioris R
9 imperatorum B¹ *(corr.* B³*)* P³ *(ex* -rit-*)*   **10** iustitiam B *(ras. ex*
iniu-*)* H M*;* stultitiam G   nec B^ar P¹*, corr.* P³   stultitiae] iniustitiae
H M   disciplina et] -nae D V P   **11** officiosis B   **12** disputarent
B^ar G   **13** ratio R   **14** mortemque H M   **15** iugis *ex* iuris B³
germaneque *ex* permanet qui B³   **16** iustitiam B*;* iustitia R
umbrae B   **17** eas *Cic.*   ipsas] iras R   **18** ab] ex *Cic.*
19 et *s.l.* B³   iustitiae] -tia R   quam *ex* qua B³

sapientiam nonne idem confitetur in philosophis esse nullam? 'aut cum Fabricius' inquit 'aut Aristides iustus nominatur, aut ab illis fortitudinis aut ab hoc iustitiae tamquam a sapiente petitur exemplum. nemo enim horum sic sapiens, ut sapientem uolumus intellegi, nec hi qui sapientes habiti et nominati, Marcus Cato et Gaius Laelius, sapientes fuerunt, ne illi quidem septem, sed ex mediorum officiorum frequentia similitudinem quandam gerebant speciemque sapientium.' si ergo et philosophis ipsorum confessione adempta sapientia est et iis qui iusti habiti sunt adempta iustitia est, omnes igitur illae uirtutis descriptiones falsae sint necesse est, quia quae sit uera uirtus scire non potest nisi iustus ac sapiens. iustus autem ac sapiens nemo est nisi quem deus praeceptis caelestibus erudiuit.

7. Nam illi omnes qui per aliorum confessam stultitiam sapientes existimantur, specie uirtutis inducti 'umbras et imagines' apprehendunt, nihil uerum. quod ea fit ratione, quoniam

Auct.: **2–8** Cic. off. 3, 16; cf. Br ad l. et Ingr, Ed. 392–394 **15–16** cf. 6, 6, 25

Codd.: **4** in exemplum desinit G p. 147, seq. p. 148 usque ad § 27 nec lecta; ceterum extant B DV P HM R

1 confitentur B   **2** inquit om. B   aut post inquit om. R
3 illis] -lo R   hoc] his Cic.   iustitia D[ac] V P[1] (corr. P[3])
4 exemplum ex -lo B[3]   sapiens] s. est BG   sapiens ut om. HM
5 hi codd. (hii R), ii Cic., edd., Br   habentur B   **5–6** nominati marcus HM, -nati ·m· R, -natim D (m eras.) VP; nominantur marcus B
6 et gaius laelius B, et ·c̄· lael- DVP, et claelius HM (c eras.), etc· lael- R   nec P[3] (ex ne) M   illi ex -le B[2]   **7** ex] et HM
frequentia ex -am B[3]   **8** generabant B[1], corr. B[3]   sapientiae HM
9 confessionem B[ar]   sapientiae B[ar]   **9–10** et ... est om. DVP[1] (in mg. inf. P[2])   **9** iis R, his BHM   **10** uirtutis ex -tes B[2]
12 non om. P   iustus post nisi] -tis D[ac] V P[ac]   post pr. sapiens in fine lin. quod B[2]   iustus autem ac sapiens om. BR   nemo] nullus R
13 erudibit B[1], corr. B[2]   **14** confessam ex -sa B[2]   **15** uirtutis ex -tes B[2]

uia illa mendax, quae fert ad occasum, multos tramites habet
propter studiorum et disciplinarum uarietatem, quae sunt in uita
hominum dissimiles atque diuersae. nam sicut uia illa sapientiae habet aliquid simile stultitiae, quod libro praecedente
monstrauimus, ita haec cum sit tota stultitiae, habet aliquid simile sapientiae, quod adripiant ii, qui stultitiam publicam intellegunt; et ut habet uitia manifesta, sic habet aliquid quod simile
uideatur esse uirtuti, ut habet apertum scelus, sic imaginem
quandam speciemque iustitiae. quomodo enim praecursor eius
uiae, cuius uis et potestas omnis in fallendo est, uniuersos in
fraudem posset inducere, nisi ueri similia hominibus ostentaret?
deus enim, ut immortale illud arcanum eius in operto esset, posuit in uia sua quae homines pro malis et turpibus aspernarentur,
ut auersi a sapientia et ueritate, quam sine ullo duce requirebant,
in id ipsum inciderent quod uitare ac fugere cupiebant. itaque
illam perditionis ac mortis uiam multiplicem
ostendit,   *constituit,*
uel quod multa sunt genera uitae uel quod dii multi qui coluntur.

4 libro praecedente] 5, 14, 1 – 18, 11

Codd.: **8** *hinc fere coepisse uid.* G *p. 25, in qua nihil legi potest*

1 habent B^{ar} **2** et disciplinarum *om.* R   disciplinae *ex* -nam B^2
in uita *om.* R   **3** uia] in uia DVP *(in exp. m.2)*   sapientia? B
4 simile aliquid B   praecedente *ex* praeteriti*?, m.2* ced*; m.3* nte, B
5 stultitiae] e *eras.* B   simile *ex* -lis? B^2 **6** ii R, hi *cet.*
stultitiam] iustit- HM   **7** *ante* ut *1 litt. eras.* B   **9** speciemque *ex*
-qui B^2 enim *s.l.* P^2, *om.* M   **11** ostenderet B   **12** immortale
illud] immortalitatem ita *(s.l. m.2)* B   aperto B^3 *(ex* op-*)* HM
esse B   potuit B^1, uoluit B^2 **12–13** in uia sua posuit R
13 aspernarentur *ex* -ner- B^2 **14** ueritatem B^{ar} quae HM
requaerebant *ex* -quirib- B^3 **15** fugere *ex* -gare B^3 itaque *ex*
idque B^3 **16** illam *ex* -lum B^3 perditionis *ex* -nes B^2
mortis *ex* -tes B^2 uiam *ex* ueniam V   **17** ostendit] constituit R *ex
retractatione; u. Heck, 1972, 192; cf.* 6, 4, 12   **18** generis B
uitae] e *eras.* B   dii] hi DV

huius dux praeuaricator ac subdolus, ut uideatur esse discrimen
aliquod falsi et ueri, mali et boni, alia ducit luxuriosos alia eos
qui frugi appellantur, alia imperitos alia doctos, alia inertes alia
strenuos, alia stultos alia philosophos, et eos quidem non uno
tramite. illos enim qui aut uoluptates aut diuitias non refugiunt,
ab hac publica et celebri uia modice segregat, eos autem qui aut
uirtutem sequi uolunt aut contemptum rerum profitentur, per
confragosa quaedam praecipitia trahit. sed tamen illa omnia
itinera quae speciem bonorum ostentant non sunt aliae uiae, sed
deuerticula et semitae, quae uidentur quidem ab illa communi
dextrouersum separari, ad eandem tamen et ad unum omnes
exitum sub ipso fine referuntur. ibi enim dux ille coniungit
omnes ubi opus fuerat bonos a malis, fortes ab inertibus, sapientes a stultis separari, in deorum scilicet cultu, in quo ille uniuersos, quia sine ullo discrimine stulti fuerunt, uno mucrone
iugulat et praecipitat in mortem. haec autem uia, quae est
ueritatis et sapientiae et uirtutis et iustitiae, quorum omnium
fons unus est, una uis, una sedes, et simplex est, quo paribus

Codd.: **12** *a* fine *incipit* G *p. 26 praeter § 8* omnes ... ullo *fere tota
lecta; hinc extant* B G D V P HM R

1 praeuaricatur R   **2** *ante* mali *eras.* et B   luxoriosos V¹ HM;
-xuriosus B¹ *(corr.* B²) Pᵃᶜ   **3** appellentur R   **3–4** inperitus alia
doctus alia inertis alia strenus alia stultus B¹, *corr.* B²   **5** qui *s.l.* D
6 celebri uia] -bria HM   aut] ut R   **7** uirtute HM¹
confitentur D V P   per] pro R   **8** fragosa B D V P¹ *(corr.* P³);
confrugosa R   *ante* quaedam *eras.* ad B   omnia illa B
9 ostentant *ex* -ntat B²; -ndant D V P¹ *(corr.* P³)   aliae uiae] cliuosa
ex cliuiae? B²   **10** deuerticula *ex* -lae V; diu- P³ *(ex* deu-*)* HM
illo HM   **11** eundem HMR   **12** referunt R   **13** fortis Vᵃᶜ R;
fontes P   **14** ab HM¹   in ... scilicet] scilicet in *(eras. rest. m.2)* d.
s. B *(eadem in* G *indicant spatium et uestigia);* id eorum s. HM
cultu] multi HM   uniuersus D V P¹ *(corr.* P³)   **15** qui R
16 in mortem *om.* R   **17–18** fons omnium HM   **18** *post* fons *eras.*
est P   unus ... sedes] est una ui sua|sedis B¹, est unus sua|uis *et s.l.*
una uis una sedes B³; unus ... uis et *(in ras.)* una s. R   quo B G P³;
quod P¹ *cet.*   patribus P¹, *corr.* P³

animis summaque concordia unum sequamur et colamus deum, et angusta, quoniam paucioribus uirtus data est, et ardua, quoniam ad bonum quod est summum atque sublime nisi cum summa difficultate ac labore non potest peruenire.

1   8. Haec est uia quam philosophi quaerunt, sed ideo non inueniunt, quia in terra potius ubi apparere non potest quaerunt.
2 errant ergo uelut in mari magno nec quo ferantur intellegunt,
3 quia nec uiam cernunt nec ducem sequuntur ullum. eadem namque ratione hanc uitae uiam quaeri oportet qua in alto iter nauibus quaeritur; quae nisi aliquod caeli lumen obseruent, in-
4 certis cursibus uagantur. quisquis autem rectum iter uitae tenere nititur, non terram debet aspicere, sed caelum et, ut apertius loquar, non hominem sequi debet, sed deum, non his terrestribus simulacris, sed deo seruire caelesti, non ad corpus referre omnia, sed ad mentem, non huic uitae dare operam, sed aeter-
5 nae. itaque si oculos in caelum semper intendas et solem qua oritur obserues eumque habeas uitae quasi nauigii ducem, sua sponte in uiam pedes dirigentur et illud caeleste lumen, quod sanis mentibus multo clarior sol est quam hic quem carne mor-

Codd.: **14** *in* cor | *desinit* G *p. 26, seq. p. 62 paene tota lecta*

1 concordiam B^{ar} **3** quod *ex* cum B^2 est *om.* D V P^1 *(post* sublime *s.l.* P^3)   sublimem B^1, *corr.* B^3; *deinde s.l. m.2* quo, *sed eras.* B   **4** difficultatem ac laborem B^{ar} **5** quem B *(G inc.)*   quaesierunt B   **6** inuenerunt B^1, *corr.* B^3 terra *ex* -ram B^3 **7** uelut in] -uti B   **8** uiam *ex* -ia P^3 ullum *om.* B G; ill- M   eadem] dem *eras.* M; eod- R   **8–9** eadem namque *om.* B   **9** rationem B^2 *(ex* -ne*)* P^1 *(corr. m.2?)* H^{ar} M^{ar} R   uiamque, que *s.l. m.2*, B   quia B^3 *(ex* qua*)* D^1 V P^1 *(corr.* P^3) M^{ar} R *(G inc.)*   **10** quae] que B^1, qui B^3 H M; quia *ex* quae D^2 **11** uacantur H M   uiae M   **12** *post* terram *eras.* tueri *ut uid.* B   **13** debet *om.* B G   **14** seruire *ex* -ri B^2 non] sed n. B^1, et n. B^2 **15** opera H M   **16** oculus D^{ac}; -lis R   in *om.* R   semper in caelum B G   qua] cum B G; quia M   **17** oritur] hauritur B G; oriatur H M   **18** uia B H M *(et G?)*   dirigentur *ex* der- B^2 **19** sole *ex* sol B^2 carni mortales B^1, *corr.* B^2

tali uidemus, sic reget, sic gubernabit, ut ad summum sapientiae uirtutisque portum sine ullo errore perducat. suscipienda igitur dei lex est, quae nos ad hoc iter dirigat, illa sancta, illa caelestis, quam Marcus Tullius in libro de re publica tertio paene diuina uoce depinxit; cuius ego, ne plura dicerem, uerba subieci: 'est quidem uera lex recta ratio, naturae congruens, diffusa in omnis, constans, sempiterna, quae uocet ad officium iubendo, uetando a fraude deterreat, quae tamen neque probos frustra iubet aut uetat nec improbos iubendo aut uetando mouet. huic legi nec obrogari fas est neque derogari aliquid ex hac licet neque tota abrogari potest, nec uero aut per senatum aut per populum solui hac lege possumus, neque est quaerendus explanator aut interpres Sextus Aelius, nec erit alia lex Romae alia Athenis, alia nunc alia posthac, sed et omnes gentes et omni tempore una lex

Epit.: 6, 8, 6 . . . caelestis] 55, 1 legemque . . . sumeremus

Auct.: 5–p. 560, 5 Cic. rep. 3, 33 = 3, 27 Powell; *cf. Ingr, Ed. 394 sq.*

1 regit R gubernauit B[1], *corr.* B[2] **3** quae *ex* qui B[3] ad hoc *ex* adhuc P[3] illa *post* sancta *spatio indice om.* G **4** marcus BG, m̃ DVP[3], ·m̃· HM, ·m· R; men P[1] paene *ex* poene B[3] *(G inc.);* pene *ex* pede P[2] **5** depincsit B[1], *corr.* B[3] cuius *s.l.* B[3] dicere B[1] *(corr.* B[2]; G *inc.)* MR **6** quidam D[ac] recta] a *in ras.* B[3] omnis D[1] VPR, -nes BGD[2] HM; *cf.* § 9 **7** constans *ex* -ant B[3] semper B[1], *corr.* B[3] uoce R **8** probos *ex* -buus B[2] frustra *ex* -ta P[3] **9** inprobos *ex* -bus B[2] legio D[ar] VP[1] *(corr.* P[2]*)* obrogari HMR; abro- BP[2], abrogare G; praero- D, proro- V, progari P[1] **10** derogare HM derogare . . . neque *om.* R **11** per *ante* populum *om.* BG **12** possimus B[1] *(corr.* B[2]*)* G neque *ex* sed quid B[3] *(G inc.)* quaerendum B[1] (quer-, *corr.* B[2]*)* G aut *ex* ut B[2]; nec R **13** Sextus Aelius *Br*; extusaelius HM, laelius R *(ex pristino* s. aelius *ortum?);* aelius B[2] GD[ar] VP[ac]; alius B[1] D[pr] P[pc]; eius alius *edd.* lex] res *ex* rex P[2] roma HM **14** posthaec VHM *(ex* possethec*)* et *post* sed] ut HM, *om.* R omnes B[1] GD[pc] P[2] HMR; -nis D[ac] VP[1] *(ft. recte quia acc. ut § 7);* omni B[2] genti *ex* -tes B[2]

et sempiterna et immutabilis continebit unusque erit communis
quasi magister et imperator omnium deus, ille legis huius in-
uentor disceptator sator; cui qui non parebit, ipse se fugiet ac
naturam hominis aspernatus hoc ipso luet maximas poenas, etiamsi cetera supplicia quae putantur effugerit.' quis sacramentum dei sciens tam significanter enarrare legem dei posset quam
illam homo longe a ueritatis notitia remotus expressit? ego uero
eos qui uera imprudentes loquuntur sic habendos puto, tamquam
diuinent spiritu aliquo instincti. quodsi ut legis sanctae uim
rationemque peruidit, ita illud quoque scisset aut explicasset, in
quibus praeceptis lex ipsa consisteret, non philosophi functus
fuisset officio, sed prophetae. quod quia facere ille non poterat,
nobis faciendum est, quibus ipsa lex tradita est ab illo uno magistro et imperatore omnium deo.

9. Huius legis caput primum est ipsum deum nosse, soli
obtemperare, solum colere. non potest enim rationem hominis
obtinere, qui parentem animae suae deum nescit; quod est

Epit.: 6, 8, 12 quibus ... deo] 55, 1 tradente ... domino   6, 9, 1 –
10, 2] 54, 4 – 55, 4 *(nonnulla aliunde)*   6, 9, 1] 54, 4.   6 qui ... potest

Codd.: 1 *in* unus | *desinit* G *p. 62, seq. p. 61, in qua nihil legi potest;
ceterum extant* B DV P HM R

1 et *post* lex] est B; ut G *(ut uid.)* HMR   *post* immutabilis *s.l.* quam
si B²   unusquisque B   **3** sator *codd.*; lator *edd.*, Br, Ingr, certe Cic.
uindicandum, sed Lact. sator *legisse uid.*   fuget Pᵃᶜ   **4** naturam *ex*
-ra B²   aspernatur D *(ex* -us*)* HM   ipse R   **5** quis *ex* quod B³; qui
P M   **6** sciens tam] scientiam B   significanter *ex* -tur P³
7 illam *ex* -la B³; -le *ex* -lam D²   expressit *ex* -is B²   **8** uera] -ro
D¹ VP¹ *(corr.* P³)   inprudentes *ex* -ter? B²   putem *ex* -tant B²
9 spiraliique B¹, *corr.* B²   instincti] *alt.* i *in ras.* D; instructi *ex*
-ric- B³   quodsi ut] sicut *ex* quod sint B³   legis sanctae] gi *in ras.*,
pr. s *et alt.* a *s.l. m.2* B   **10** perdidit P¹, *corr.* P³   ita] i. ut B H¹ *(ut*
exp. H²)   **10–11** scisset ... quibus] si scisset e. q. R   **11** lux M
philosophus, *pr.* h *s.l. m.2,* B   **12** esset R   quia *om.* R
15 cuius B   deum] prdm̃ *sic* HM   **17** parentum M
nesciat B   est *ex* et P³

summum nefas. quae ignoratio facit ut diis aliis seruiat, quo
nihil sceleratius committi potest. hinc iam procliuis est ad 2
malitiam gradus per ignorantiam ueri ac singularis boni, quia
deus, quem nosse refugit, fons est ipse bonitatis; uel si iustitiam
sequi uolet, diuini iuris ignarus gentis suae leges tamquam
uerum ius amplectitur, quas non utique iustitia, sed utilitas rep-
perit. cur enim per omnes populos diuersa et uaria iura sunt 3
condita, nisi quod una quaeque gens id sibi sanxit quod putauit
rebus suis utile? quantum autem ab iustitia recedat utilitas, 4
populus ipse Romanus docet, qui per fetiales bella indicendo et
legitime iniurias faciendo semperque aliena capiendo atque ra-
piendo possessionem sibi totius orbis comparauit. uerum hi 5
iustos se putant, si contra leges suas nihil faciant; quod etiam
timori adscribi potest, si praesentium poenarum metu sceleribus
abstineant. sed concedamus sane, ut id natura uel, ut ait phi- 6
losophus, 'sua sponte' faciant, quod legibus facere coguntur.
num idcirco iusti erunt, quia parent institutis hominum, qui ipsi

Epit.: 6, 9, 2–5] *cf.* 54, 8 . . . submouebat

Auct.: **4–12** uel . . . comparauit] *olim* Cic. rep. 3, 20; *cf. Win ad l. et Powell ad* rep. 3, 12   **16** Cic. rep. 1, 3

Codd.: **5** *a* tamquam *incipit* G *p. 60 usque ad § 3* populos *lecta*

1 ut *eras.?* B   seruire B   **2** procliuis *ex* -odiu- $D^2 P^2$
4 quem *ex* quam? B^2 bonitatis] b. ac ueritatis H   uel si] ne si, s
s.l. m.3 B   iustitia B   **5** uolet] u. dei BP (dei *s.l. m.2*)
diuini R *Heck, 1972, 185 n. 90, Win;* -nitate M; -ni tamen *cet., edd., Br, Ingr*   leges *ex* -gis B^2 **6** uerum *om.* DVP^1, *in mg.* P^2
amplectitur *codd., def. Ingr;* -tetur *Hm, Br*   **7** omnis $D^1 VP^1$
(corr. P^2*)*   **8** quaeque *ex* que B^2 sanxsit, *alt.* s *exp.?*, B
9 ab P^2 $HM^{ar} R$, a $B^{pr} DVP^1 M^{pr}$; ad B^{ar} **10** ipse populus R
per fetiales] frequenter p. f. HM; perfida B   dicendo M
11 cupiendo P^3 *(ex* cap-*)* HM   **12** hii BR   **14** metu *s.l.* P^2
17 num] non BP^1 *(corr.* P^3*)*   quia *ex* qui B^3 iustitutis P^1, *corr.* P^3;
statu- HM   qui] quia *ex* qua B^2

511 aut errare aut iniusti esse potuerunt, sicut illi duodecim tabularum conditores, aut certe publicae utilitati pro condicione temporum seruierunt? aliud est igitur ciuile ius, quod pro moribus ubique uariatur, aliud uera iustitia, quam uniformem ac simplicem proposuit omnibus deus; quem qui ignorat, et ipsam iustitiam ignoret necesse est. sed putemus fieri posse, ut aliquis naturali et ingenito bono ueras uirtutes capiat, qualem fuisse Cimonem Athenis accepimus, qui et egentibus stipem dedit et pauperes inuitauit et nudos induit et mortuos sepeliuit, tamen cum illud unum quod est maximum deest, agnitio dei, iam bona illa omnia superuacua sunt et inania, ut frustra in iis adsequendis laborauerit. omnis enim iustitia eius similis erit humano corpori caput non habenti, in quo tametsi membra omnia et locis suis constent et figura et habitudine, tamen quoniam deest id quod est omnium principale, et uita et omni sensu caret. itaque membra illa formam tantummodo membrorum habent, usum non habent, tam scilicet quam caput sine corpore. cui similis est qui cum deum non ignoret, uiuit iniuste; id enim solum habet quod est summum, sed frustra, quoniam uirtutibus tamquam membris eget. itaque ut sit uiuum ac sensibile corpus, et agni-

Codd.: **10** *ab* est maximum *incipit* G *p. 59 paene tota lecta; hinc extant* B G D V P HM R

1 errore R   esse *s.l.* V   **2** utilitatis B^{ar}   **4** utique HM   uera] est u. DVP   **5** ignorat et] -raret B   **7** et *s.l.* B³   ingenito] t *eras.* B   **8** Cimonem *Parrhasius (1509), edd.;* scimonem, c *eras.,* R; timonem *cet.*   accipimus DHMR   quia B^{ar}   et *om.* DV, *s.l.* P²   gentibus HM   **9** induit et mortuos sepeliuit (-pelli-; *u. 1, 9, 11*) R *Heck, 1972, 192, Win;* induit *tantum cet., edd., Br, Ingr*   **10** cum *ex* ut B³   illud *ex* -um B³   deest] d. in quo est G; in quo est B   *post* dei *s.l.* ignorauit B²   **11** omnia *om.* BG   ut *ex* et? B², et G; aut HM   iis R, his *cet.*   adsequentibus V^{ac}   **13** habenti *ex* -ndi P³   omnia membra HM   **14** constet B¹ *(corr.* B²) G   et *ante* figura *ex* nec B²   **15** et *ante* uita *om.* HM   **16–17** usum non habent *s.l.* B³   **19** sed *om.* R   **20** indiget HM   itque B¹, *corr.* B² (G *inc.*)   ac] et B *(G inc.)*

tio dei necessaria est quasi caput et uirtutes omnes quasi corpus. ita fiet homo perfectus ac uiuus, sed tamen summa omnis in capite est, quod quamuis constare non possit sine omnibus, sine quibusdam tamen potest. et erit quidem animal uitiosum ac 12
debile, sed tamen uiuet, sicut is qui et deum nouit et in aliqua re peccat; dat enim ueniam peccatis deus. itaque sine membris aliquibus uiui potest, sine capite nullo modo. haec res efficit, ut 13
philosophi etiamsi natura sint boni, tamen nihil sciant, nihil sapiant. omnis doctrina et uirtus eorum sine capite est, quia deum nesciunt, qui est uirtutis ac doctrinae caput. quem qui non agnoscit, licet uideat, caecus est, licet audiat, surdus, licet loquatur, elinguis est. cum uero conditorem rerum parentemque co- 14
gnouerit, tunc et uidebit et audiet et loquetur. habere enim caput coepit, in quo sunt sensus omnes collocati, hoc est oculi et aures et lingua. nam profecto is uidet qui ueritatem, in qua deus est, 15
uel deum, in quo ueritas est, oculis cordis aspexerit, is audit qui diuinas uoces ac praecepta uitalia pectori suo adfigit, is loquitur qui caelestia disserens uirtutem ac maiestatem dei singularis enarrat. quare non est dubium, quin impius sit, quisquis deum 16
non agnouerit, omnesque uirtutes eius, quas habere aut tenere se putat, in illa mortifera uia reperiuntur, quae est tota tenebrarum.

Codd.: **10** *in* non *desinit* G *p. 59, seq. p. 31 maximam partem lecta*
2 itaque B   pertectus R   uiuus *ex* uibus B² sed tamen] et B
3 sine *ante* omnibus *ex* in B³   **4** et] set, s *eras., s.l.* B³
5 debile] d. e· *(pro* est?*)* H   uiuet *s.l.* B³   his Bᵃʳ G
7 reficit M   **8–9** sciant ... omnis] scient quod n. sapient o. enim HM
8 sapieant B   **10** uirtus BP *(et* G *spatio indice)*   **11** surdus] s. est HMR   **12** *ante* rerum *exp.* suum V   **13** enim] e. uocem HM
14 omnis D¹ VP¹ *(corr.* P³*)*   hoc] id R   oculis R
15 nam] non Dᵃᶜ *(ut uid.)* R   his Bᵃʳ G *(ut uid.)*   **16** quo] qua R
aspecserit B¹, *corr.* B²   is *om.* VP *(D deest);* his G   **17** hac M; et R
uitalia *ex* ut alia P³   peccatori D¹ VP¹ *(corr.* P³*)*   adfligit VP¹
(corr. P³*;* D *deest)*   is *om.* B¹ *(in fine lin.* B²*)* G; his V *(D deest)*
18 ac maiestatem *in mg.* H²   **20** quas *ex* quis *m.2 et 3* B
21 putat in *ex* -tent B³   mortis fera R   repperiuntur *codd. (G inc.),*
u. 5, 16, 7

17 quapropter nihil est quod sibi aliquis gratuletur, si has inanes
uirtutes adeptus est, quia non tantum miser, qui bonis praesentibus careat, sed etiam stultus sit necesse est, qui labores in uita
18 sua maximos suscipiat in cassum. nam adempta spe immortalitatis quam deus pollicetur in sua religione uersantibus, cuius
adsequendae gratia uirtus appetenda est et quidquid malorum
acciderit perferendum, maxima erit profecto uanitas obsequi
uelle uirtutibus, quae frustra homini calamitates adferunt et la-
19 bores. nam si uirtus est egestatem exilium dolorem mortem,
quae timentur a ceteris, pati fortiter ac subire, quid tandem in se
boni habet, cur eam philosophi propter se ipsam dicant expetendam? nimirum superuacuis et inanibus poenis delectantur qui-
20 bus licet agere tranquille. si enim mortales sunt animae, si
uirtus dissoluto corpore nihil futura est, quid fugimus attributa
nobis bona quasi aut ingrati aut indigni qui diuinis muneribus
perfruamur? quae bona ut habeamus, scelerate impieque uiuendum est, quia uirtutem id est iustitiam paupertas sequitur.
21 sanus igitur non est qui nulla spe maiore proposita iis bonis
quibus ceteri utuntur in uita, labores et cruciatus et miserias
22 anteponat. si autem uirtus, ut ab iis rectissime dicitur, capes-
senda est, quia constet ad eam nasci hominem, subesse debet

Epit.: 6, 9, 21–23] *cf.* 29, 9 ita ... uiuere   22] 29, 7 uirtus ... est

Codd.: **10** *in* fortiter *desinit* G *p. 31, seq. p. 32 usque ad § 20* habeamus *ex parte lecta; ceterum extant* B D V P HM R

1 aliqui R   **2** praesentibus *ex* praeceptis B[3]   **4** abrepta *ex* aderepta B[3]
(G *hinc uix legitur);* dempta D V P   spe *ex* spem B[3]   **5** regione D[ac]
6 gratiae H   uirtus *s.l.* B[3]; -tutis D[ar]   **7** attigerit R   **8** uellet B[ar]
10 timetur B, time[tur] G *(ab* exilium *legitur)*   subire *ex* sibire P[2]
11 cum *ex* cur D   eam] enim M   pro D V P, proter M
ipsa *ras. ex* -sam D   dicunt H M   **12** mirum B[1], *corr.* B[2]
13 augere R   **15** aut *ante* indigni *ex* ut B[2]   **16** ut *post* bona] aut B[ar]
18 nullam spem maiorem B   proposita] p. ita R   iis R, his *cet.*
19 uia R   laboris B   **20** ut *om.* R   iis R, his *cet.*
ducitur H M[1]   capissenda H M   **21** constat V[ac] H M
eam *ex* eum D

spes aliqua maior, quae malorum et laborum, quos perferre uirtutis est, magnum adferat praeclarumque solacium. nec aliter uirtus cum per se dura sit, haberi pro bono potest, quam si acerbitatem suam maximo bono penset. aeque non aliter his bonis praesentibus abstinendum est, quam si sint alia maiora, propter quae tanti sit et uoluptates omittere et mala omnia sustinere. ea uero nulla sunt alia, ut in tertio docui, nisi perpetuae uitae. hanc autem praestare quis potest nisi deus, qui uirtutem ipsam proposuit? ergo in dei agnitione et cultu rerum summa uersatur, in hoc est spes omnis ac salus hominis, hic est sapientiae gradus primus, ut sciamus, qui sit nobis uerus pater, eumque solum pietate debita prosequamur, huic pareamus, huic deuotissime seruiamus, in eo promerendo actus omnis et cura et opera collocetur.

10. Dixi quid debeatur deo. dicam nunc quid homini tribuendum sit; quamquam id ipsum quod homini tribueris deo tribuitur, quia homo dei simulacrum est. sed tamen primum iustitiae officium est coniungi cum deo, secundum, cum homine. sed

Epit.: 6, 9, 24] 54, 4   10, 1] 55, 2   2 ... homine] 55, 1 legemque ... copulat

7 in tertio] 3, 12, 1–36

Codd.: **11** *hinc fere coepisse uid.* G *p. 129, in qua nihil legi potest*

1 quos] quae B   praeferre P¹, *corr.* P³   **2** praeclarum Dᵃᶜ V P
3 *post* bono *3–4 litt. eras.* B   **4** aceruitatem B¹ *(corr.* B²*)* H M
5 si] quia H M   **7** uera R   docui] d. libro H M   **8** qui H M
deos Bᵃᶜ   **9** posuit P¹, *corr.* P²   agnitio P¹, *corr.* P²
10 est *om.* H M   omnis *om.* R   ac] haec Bᵃʳ   **11** ut sciamus *in mg.* P²   pater uerus B   **12** paremus D¹   **12–13** huic deuotissime seruiamus *om.* R   **13** promendo B¹, *corr.* B³   **15** dixit Bᵃʳ
qui M   num, *s.l. m.2?* uel nunc D   **16** quaquam P¹, *corr.* P²; quam H M   homini] bonum D   tribueris deo] -ris *ex* -rit *m.3,* deo *ex* deus *m.2, deinde eras.* per B; -eris deo *ex* -endos? V   tribuatur *ex* -uitur B²
18 coniugi Vᵃᶜ

illud primum religio dicitur, hoc secundum misericordia uel humanitas nominatur. quae uirtus propria est iustorum et cultorum
3 dei, quod ea sola uitae communis continet rationem. deus enim quia ceteris animalibus sapientiam non dedit, naturalibus ea munimentis ab incursu et periculo tutiora generauit, hominem uero quia nudum fragilemque formauit, ut eum sapientia potius instrueret, dedit ei praeter cetera hunc pietatis adfectum, ut homo hominem tueatur diligat foueat contraque omnia pericula et
4 accipiat et praestet auxilium. summum igitur inter se hominum uinculum est humanitas; quod qui diruperit, nefarius et parricida existimandus est. nam si ab uno homine quem deus finxit omnes orimur, certe consanguinei sumus et ideo maximum scelus pu-
5 tandum est odisse hominem uel nocentem. propterea deus praecepit inimicitias per nos numquam faciendas, semper esse tollendas, scilicet ut eos qui sint nobis inimici necessitudinis
6 admonitos mitigemus. item si ab uno deo inspirati omnes et animati sumus, quid aliud quam fratres sumus, et quidem con-
7 iunctiores, quod animis, quam qui corporibus? itaque non errat

Epit.: 6, 10, 2–12] 33, 6–10. 60, 1–5   6, 10, 2 hoc ... 4 nocentem] 33, 6–8. 60, 2 ... 3 debemus   5] *cf.* 60, 3 et ideo ... semper

Codd.: **13** *ab* est *incipit* G *p. 130 paene tota lecta; hinc extant* B G D V P HM R

1 misericordia *ex* -am P³   **2** est *s.l.* P   et cultorum *in mg. inf. cum signis* hd *et* hs B³   **3** ratione Pᵃᶜ   **4** quia R *Heck, 1972, 185 n. 90, Win;* qui *cet., edd., Br, Ingr*   eam HM   **5** ob incursus et pericula HM   generabit B¹, *corr.* B³   **8** contra DVP¹ *(corr.* P²*)*
10 humanitatis Vᵃᶜ HM¹   deruperit Dᵃᶜ, dirru- R; inru- B
11 existimandus *ex* -um B²   ab] de B   deus *ex* deos B²
12 oriemur HM¹; oriuntur B   **14** praecipit DPMR   inimicitias] insidias BG   faciendas] esse f. BG   **14–15** semper ... tollendas] sed omnino a nobis semper *(om.* B) esse tolerandas *(*B¹, tollendas B³*)* BG; s. e. tolerandas HM   **15** sunt BG   **16** omnes *om.* R
17 quid ... sumus *in mg. inf.* H   et quidem] equ- B¹ *(corr.* B³*)* GR
18 quod] qui *ex* q. D; *eras.* M; tam G   qui *eras.* M   erat B¹ *(corr.* B²*)* GDᵃᶜ V¹

Lucretius, cum dicit:
> 'denique caelesti sumus omnes semine oriundi,
> omnibus ille idem pater est.'

ergo pro beluis immanibus sunt habendi qui homini nocent, qui contra ius humanitatis et fas omne spoliant cruciant occidunt exterminant. ob hanc necessitudinem germanitatis docet nos deus malum numquam facere, semper bonum. id autem ipsum bene facere quid sit, idem ipse praescribit: praestare auxilium depressis et laborantibus, impertiri uictum non habentibus. deus enim quoniam pius est, animal nos uoluit esse sociale; itaque in aliis hominibus nos ipsos cogitare debemus. non meremur in periculo liberari, si non succurrimus, non meremur auxilium, si negamus. ad hanc partem philosophorum nulla praecepta sunt, quippe qui falsae uirtutis specie capti misericordiam de homine sustulerunt et dum uolunt sanare, uitiauerunt. et cum idem plerumque fateantur societatis humanae communionem esse retinendam, ab ea plane se ipsos inhumanae uirtutis suae rigore dissociant. conuincendus ergo etiam hic error illorum est qui nihil cuiquam impertiendum putant. urbis condendae originem atque causam non unam intulerunt, sed alii eos homines qui sint ex terra primitus nati, cum per siluas et campos

Epit.: 6, 10, 8. 11–12] *cf.* 33, 6–8   9–10] 60, 4–5; *cf.* 29, 2

Auct.: 2–3 Lucr. 2, 991 sq.; *cf. opif. 19, 3 et 5, 6, 12*   **10** animal ... sociale] Sen. benef. 7, 1, 7   **20** alii (§§ 13–15)] *cf.* Lucr. 5, 805–1160 *passim*

Codd.: **15** *in* sustulerunt *desinit* G *p. 130, seq. p. 29 fere tota lecta*

2 simus? B[ac]   **3** idem ille B G   **4** hominem G   **5** omnes H M
7–8 bonum] b. amare B G; amare ... sit *repet.* G   **10** enim] autem B
pius est *om.* R   sochiale B   **11** nos] nosmet B G   **12** periculis H M
13 nulla] a n. R   **16** plerique B[1] *(corr.* B[3]*)* G   **17** esse *om.* B G
18 error *ex* ergo B[2]   **19** putant urbis] putandum bis R[1], -nt dum bis R[2]
20 ali eos B[1] G; alios B[3]; eos *del.* D   **21** hominis R   sunt H M
siluos D[1] V

erraticam degerent uitam, nec ullo inter se sermonis aut iuris
uinculo cohaererent, sed frondes et herbam pro cubilibus, spe-
luncas et antra pro domibus haberent, bestiis et fortioribus animalibus praedae fuisse commemorant. tum eos qui aut laniati
effugerant aut laniari proximos uiderant, admonitos periculi sui
ad alios homines decucurrisse, praesidium implorasse et primo
nutibus uoluntatem suam significasse, deinde sermonis initia
temptasse ac singulis quibusque rebus nomina imprimendo paulatim loquendi perfecisse rationem. cum autem multitudinem
ipsam uiderent contra bestias esse tutandam, oppida etiam coepisse munire, ut uel quietem noctis tutam sibi facerent uel ut
incursiones atque impetus bestiarum non pugnando, sed obiectis
aggeribus arcerent. o ingenia hominibus indigna, quae has
ineptias protulerunt, miseros atque miserabiles, qui stultitiam
suam litteris memoriaeque mandauerint! qui cum uiderent mutis quoque animalibus ingenitam esse rationem uel conueniendi
uel inuicem appetendi uel periculi fugiendi uel mali cauendi uel

Codd.: **14** *in* protulerunt *desinit* G *p. 27, seq. p. 28 usque ad § 17*
cubilia *maximam partem lecta; ceterum extant* B DV P HM R

1 erraticiam HM   sermonis *ex* -nes P² **2** herbas *ex* -am B³
cubilibus] ubil *in ras. m.3* B **3** et antra] uteren|tur (erē *in ras. m.2*)
antra *(s.l. m.3)* B   fortiores P¹, *corr.* P³ **4** commorant
D¹ V P¹ *(corr. P²)*   lanati B¹, *corr.* B² **5** effugerent DVP; fugerunt
Mᵃᶜ **6** decurrisse GR   premo P¹, *corr.* P³ **7** uoluntatem] m
exp. P **8** inprimendo *ex* -prem- B² **9** *post* autem *add.* nec P³ *recc.*,
edd. **10** tutandam *Br ex* tutandum B¹, tutan[???] G; tuta *ut uid.* B³;
tutam D V P² H² M R; tuam P¹, tuttam (ess&uttam) H¹   oppida *ex*
-dum B³ *(G non legitur)* **11** quietam R   ut *om.* BGHMR *ft. recte*
12 incursiones *ex* -nis B²   non pugnando] non *(s.l. m.3)* inp- P
13 has *s.l.* B³ **14** inertias B¹, *corr.* B³   protulerint Dᵃᶜ *(maluit et Br,
contra numerum)*   miseras B **14–15** miseros ... suam] aut qui
stultitiam HM **15** mandauerunt B¹ *contra numerum, corr.* B³ *(G inc.)*
uiderint HMᵃᶜ **16–17** uel conueniendi uel inuicem *om.* HM; uel
inuicem appetendi *om.* R **16** conuenniendi *ex* cum uen- P³
17 pericula B *(G inc.)*   uel mali cauendi *om.* HM

cubilia sibi et latibula parandi, homines autem ipsos existimauerint non nisi exemplis admoneri ac discere potuisse, quid metuere, quid cauere, quid facere deberent, aut numquam conuenturos inter se fuisse nec loquendi rationem reperturos, nisi eos bestiae comedissent. haec aliis delira uisa sunt, ut fuerunt, dixeruntque non ferarum laniatus causam fuisse coeundi, sed ipsam potius humanitatem; itaque inter se congregatos, quod natura hominum solitudinis fugiens et communionis ac societatis appetens esset. non magna inter eos disceptatio est, siquidem causae dispares sunt, res eadem est. potuit igitur utrumque, quia non repugnat, sed tamen utrumque nullo modo uerum est, quia non per omnem terram nati sunt homines e terra tamquam ex draconis alicuius dentibus proseminati, ut poetae ferunt, sed unus homo a deo fictus ab eoque uno terra omnis humano genere completa est, eadem scilicet ratione qua rursus post diluuium; quod certe negare non possunt. nulla igitur in principio facta est eiusmodi congregatio nec umquam fuisse homines in terra, qui praeter infantiam non loquerentur, intelleget cui ratio

Auct.: 5 aliis (§ 18)] *cf.* Cic. rep. 1, 39   13 poetae] Ou. met. 3, 101–110

Codd.: 17 *a* [congre]gatio *incipit* G *p. 72, in qua ex §§ 20–21. 25. 27 quaedam leguntur*

1 cubilia] ciuil- H M   et] uel R   autem *codd., def. Ingr;* tamen *Br; cf. Hofmann–Szantyr 490*   ipsos *om.* H M, istos R   existimauerunt B H M   2 admoueri P[ac]   discedere V[ac] R   4 fuisse *om.* B
5 aliis *om.* D V, *s.l.* P[2]   6–7 causa *ex* -sam, ipsa *ex* -sam, humanitate *ex* -tem B[pr]   8 hominis B[1], *corr.* B[3]   solitudines *sic s.l.* B[3] societas P[1], *corr.* P[3]   11 repugnatur *ex* -tus B[2]   sed] et B
12 omnem] orbem M   sint D V P   e] *ex?* B[ar]; et D[1] *(s.l. in* D[2]) V P *(s.l. eras. in?)*   terra *del.* P[3]   13 draconis *ex* -nes B[2] dentibus *s.l.* P[2]   perseminati D V P[1] *(per exp.* P[3])   fuerunt D[ar] P[1] *(corr.* P[3])   14 fictus] f. est D V P R *(fic- ex fec-);* factus H M
15 generi B   eadem scilicet] ea H M   *post* rursus *eras.* cum? B dilluuium? B[ar]   17 congregatio *ex* -ti P[3]   18 non loquerentur] conl- B[1] *(corr.* B[3]) G D V P[1] *(corr.* P[3])   intellegit G P[3] *(ex* -get)

21 non deest. fingamus tamen illa uera esse quae otiosi et inepti senes fabulantur, ut eos suis potissimum sensibus et suis rati-
22 onibus refellamus. si hac de causa sunt homines congregati, ut mutuis auxiliis imbecillitatem suam tuerentur, succurrendum est
23 igitur homini qui egeat auxilio. cum enim praesidii causa homines societatem cum hominibus inierint et sanxerint, foedus illud a principio sui ortus inter homines tutum aut uiolare aut
24 non conseruare summum nefas putandum est. nam qui se a praestando auxilio remouet, etiam ab accipiendo remoueat necesse est, quia nullius opera indigere se putat qui alteri suam
25 denegat. huic uero, qui se ipse dissociat ac secernit a corpore, non ritu hominis, sed ferarum more uiuendum est. quod si fieri non potest, retinendum igitur omni modo uinculum societatis humanae, quia homo sine homine nullo modo potest uiuere. retentio autem societatis est communitas, id est auxilium prae-
26 stare, ut possimus accipere. sin uero, ut illi alii disputant, humanitatis ipsius causa facta est hominum congregatio, homo
27 certe hominem debet agnoscere. quod si fecerunt illi rudes et adhuc feri homines et fecerunt nondum constituta loquendi ratione, quid putemus hominibus expolitis et sermonis rerumque

Epit.: 6, 10, 24–26] *cf.* 60, 4; *ad* 26 *cf.* 55, 1 ... nosceremus

Codd.: **20** *in* hominibus *desinit* G *p. 72, seq. p. 71 tota lecta*
1 fingamur R[ac]   **2** eis D V P[1] *(corr.* P[2]*)*   suis *om.* D V P
3 defellamus D V P[1] *(corr.* P[3]*)*   **4** succurrendus R   **5** praedii P[1], *corr.* P[2]   **6** inierunt B[1], *corr.* B[3]   sancserint B[1] *(corr.* B[2]*)*, -ncxe- D
7 a *om.* H M   inter *eras.* B   tutum B[ar] D V P; tum B[pr]; statum H M; ictum R   **9** praestandi B; -dum R   **10** opera *ex* -re B[3]   indigere *s.l.* B[3]   se indigere R   qui *ante* alteri] quia B[ar]
11 dissociat ac] -ciatae R   **12** ferum B[1], *corr.* B[2]   uiuendum *ex* -du B[3]   **13** igitur] est *(s.l. m.2)* i. P; i. est R   **14–15** humanae ... societatis est *in mg.* B[3]   **14** homine *ex* omne P[3]   **18** hominem debet] de *tantum* M   fecerunt *exp.* B[3]   **19** adhuc feri] adueteri B[1] *(corr.* B[3]*)* G, a. fieri D V P[ar] M[ar]   et] haec B *(G inc.)*   loquendi constituta H M   rationem B[ar]   **20** expolitis] et *(s.l.)* exp- P   **20–p. 571, 1** sermonis ... copulatis] sermonis latis *tantum* R

omnium commercio inter se copulatis esse faciendum, qui adsueti hominibus solitudinem ferre non possunt?

11. Conseruanda est igitur humanitas, si homines recte dici uelimus. id autem ipsum, conseruare humanitatem, quid aliud est quam diligere hominem, quia homo sit et idem quod nos sumus? discordia igitur ac dissensio non est secundum hominis rationem uerumque illud est Ciceronis, quod ait 'hominem naturae oboedientem homini nocere non posse'. ergo si nocere homini contra naturam est, prodesse igitur homini secundum naturam sit necesse est. quod qui non facit, hominis se appellatione despoliat, quia humanitatis officium est necessitati hominis ac periculo subuenire. quaero igitur ab his qui flecti et misereri non putant esse sapientis, si homo ab aliqua bestia comprehensus auxilium sibi armati hominis imploret, utrumne succurrendum putent an minime. non sunt tam impudentes, ut negent fieri oportere quod flagitat, quod exposcit humanitas. item, si aliquis circumueniatur igni, ruina opprimatur, mergatur mari, flumine rapiatur, num putent hominis esse non auxiliari. non sint ipsi homines, si putent – nemo enim potest eiusmodi periculis non esse subiectus –, immo uero et hominis et fortis

Epit.: 6, 11, 2 ergo ... necesse est] *cf.* 55, 4 primum ... prodesse

Auct.: 7–8 Cic. off. 3, 25

1 commertio *ex* -ia P² copulati G quid M adsuetis Bar **4** uelemus *sic* B¹, uellimus *sic* B³; uolumus R **5** et *om.* G **6** ac] atque R **7** uerum B¹, *corr.* B³ est *om.* B **8** oboedienti D¹ V P **9** natura B¹ *(corr.* B³*)* G prodeesse B Rar; *u. 6, 5, 7* secundam Dac **10** natura G **11** dispoliat B G H M **12** ac] a G; hac M subueniri D V P his *codd.*, iis *edd., Br* et] ac H M **13** putat Pac **14** utrumnec Par Mar **15** an] a D¹ R inprudentes *ex* inpud- B² **16** flagitat] f. et H M **16–17** quod exposcit ... aliquis *om.* R **17** igni ... mergatur *om.* R oprimatur G **18** num] non B¹ *(ut uid., corr.* B³; G inc.*)* P hominis] -nes B¹ *(corr.* B²*)* M **19** huiusmodi G *(ut uid.)* M **20** homines et fortes B¹ *(corr.* B²*)* G

6 uiri esse dicent seruare periturum. si ergo in eiusmodi casibus, quia periculum uitae homini adferunt, succurrere humanitatis esse concedunt, quid causae est cur, si homo esuriat sitiat algeat, succurrendum esse non putent? quae cum sint paria natura cum illis casibus fortuitis et unam eandemque humanitatem desiderent, tamen illa discernunt, quia non re ipsa uera, sed utilitate 7 praesenti omnia metiuntur. illos enim quos periculo subripiunt sperant sibi gratiam relaturos, egentes autem quia non sperant, perire arbitrantur quidquid eiusmodi hominibus impertiant. 8 hinc est illa Plauti detestanda sententia:

'male meretur qui mendico dat quod edat;
nam et illud quod dat perit et illi producit uitam
ad miseriam.'

9 at enim poeta fortasse pro persona locutus est. quid? Marcus Tullius in suis officialibus libris nonne hoc idem suadet, non esse omnino largiendum? sic enim dixit: 'largitioque quae fit ex re familiari, fontem ipsum benignitatis exhaurit. ita benignitate

Auct.: **11–13** Plaut. Trin. 339–340 *multis mutatis; u. infra adn. crit. et Leo, ed. Plaut. (1896) ad l.* **16–p. 573, 2** Cic. off. 1, 52

Codd.: **1** *in* dicunt *desinit* G *p. 171; extant* B DV P HM R

1 dicunt BG   casibus *s.l.* B³   **2** quia *om.* B¹, *s.l.* quae, *ex quo* qui B³; a *eras.* DP   hominum HM   succurre D^ac H   **3** concedent *ex* -dunt B³   **4** quacum R   sint *ex* sit B³   pari B   **7** metiuntur *ex* metuantur B³; mentiuntur V   **8** egentes B² P², -tis B¹ P¹ *cet.* **9** inpartiant R   **10** hinc *ex* hic B²   **11** male ... edat] de mendico male meretur qui ei dat quod edit aut bibat *Plaut.*   mala P^ac meretur] *post pr.* r *1–2 litt. eras.* P   edat] dedit R   **12** perit et] p. et (*s.l. m.3*) B; periet D¹ V (*ex* pariet) P¹ (*corr.* P²); perdit et *Plaut. post* illi *exp.* qui B³   producit *codd. ut Plauti recensio* P; prodit *Plauti cod. A*   uitam *ex* uiam B³   **13** misericordiam DVP¹ (*corr.* P²) **14** quid *ex* idquod? B³   marcus B, m̄ D, ·m̄· VPHM, ·m· R **15** eidem R   **16** largitioque] -oquae, *hoc* quae *exp. m.3*, B, -oque, que *del. m.3*, P; -o HM   **17** bonitatis V^ac   exauit MR **17–p. 573, 1** exhaurit ... benignitas *om.* DVP¹ (*in mg. inf.* e. i. bonitate ben- P²)

benignitas tollitur; qua quo in plures usus sis, eo minus in multos uti possis.' et idem paulo post: 'quid autem est stultius quam quod libenter facias, curare ut id diutius facere non possis?' uidelicet professor sapientiae refrenat homines ab huma-
5 nitate monetque, ut rem familiarem diligenter custodiant malintque arcam quam iustitiam conseruare. quod cum intellegeret inhumanum esse ac nefarium, mox alio capite quasi actus paenitentia sic ait: 'nonnumquam tamen est largiendum nec hoc benignitatis genus omnino repudiandum et saepe idoneis homi-
10 nibus egentibus de re familiari impertiendum.' quid est 'idoneis'? nempe iis qui restituere ac referre gratiam possint. si nunc Cicero uiueret, exclamarem profecto: hic, hic, Marce Tulli, aberrasti a uera iustitia eamque uno uerbo sustulisti, cum pietatis et humanitatis officia utilitate metitus es. non enim 'idoneis
15 hominibus' largiendum est, sed quantum potest non idoneis. id enim iuste, id pie, id humane fit, quod sine spe recipiendi feceris, haec est 'uera illa et germana iustitia, cuius solidam et expressam effigiem nullam tenere uos' dicis. ipse pluribus locis clamas 'mercennariam' non esse uirtutem faterisque in li-

Auct.: **2–4** Cic. off. 2, 54   **8–10** ibid. *antea*   **17–18** ibid. 3, 69; *cf.* 6, 6, 25   **18** pluribus locis] Cic. leg. 1, 48; *cf.* rep. 3, 40 *(supra 5, 18, 4)*. Mil. 96. *al.*

1 qua] quia B[ar]   quo *eras. et m.*2 cum P   pluris B[1], *corr.* B[2]   uisus R   ehominus D V P[ar]   multis B   **2** posses D V P[1] *(corr.* P[2])   et] sed R   quid] quam D V P[1] *(corr.* P[2])   stultus B[1] *(corr.* B[2]) D V P[1] *(corr.* P[2]) M   **3** diutius] *ante* t *1–2 litt. eras.* B; diuit-D[ac] P[ar]   **5** familiarem *om.* D V, *s.l.* P[2]   **8** ne R   **8–9** nec ... repudiandum *om.* D V P[1] *(in mg. inf.* P[2])   **9** repudiandum P[2] H M R; r. est *codd.* Cic.; refutandum est B   **10** indigentibus *codd.* Cic. quidem *ex* quid B[3]   **11** iis P[3] *(ex* is*)* R, his *cet.*   resistit uere P[ar] nunc *ex* non P[2]   **12** pro certo H M   hic hic *ex* nihil B[3] marce B, m̄ D, ·m̄· V P[2] *(ex* men*)* H M, ·m· R   **14** officia et utilitatem B   **15** potest] potis *ex* poetae B[3]; pote R   **16** id pie *ex* inpie B[2]   **17** uere D   **18** effigiem *ex* -giam? B[2]   tene D[ac]

bris Legum tuarum liberalitatem gratuitam esse his uerbis: 'nec
est dubium, quin is qui liberalis benignusque dicitur, officium,
non fructum sequatur.' cur ergo 'idoneis' potius largiris, nisi ut
15 postea mercedem recipias? te igitur auctore ac praeceptore
iustitiae quisquis 'idoneus' non erit, nuditate siti fame conficie-
tur nec homines copiosi et usque ad delicias abundantes subue-
16 nient ultimae necessitati. si uirtus mercedem non exigit, si
'propter se', ut dicitis, 'expetenda est', ergo iustitiam matrem
principemque uirtutum suo pretio, non tuo commodo aestima, ei
17 potissimum tribue a quo nihil speres. quid personas eligis?
quid membra inspicis? pro homine tibi habendus est quisquis
18 ideo precatur, quia te hominem putet. abice 'umbras illas ima-
ginesque iustitiae' atque ipsam ueram et 'expressam tene'. lar-
gire caecis debilibus claudis destitutis; quibus nisi largiare mo-
riendum est. inutiles sunt hominibus, sed utiles deo, qui eos
19 retinet in uita, qui spiritu donat, qui luce dignatur. foue quantum in te est et animas hominum ne extinguantur humanitate

Auct.: *1–3* Cic. leg. 1, 48   *8* dicitis] *cf.* Cic. ibid.   *12–13 cf.* Cic.
off. 3, 69 *et 6, 6, 25*

Codd.: *5 hinc fere coepisse uid, G p. 153 bis rescripta, in qua paucis-
sima legimus, plura Brandt, 1884, 323 (u. p. XV n. 44); ceterum extant*
B D V P H M R

1 tuarum] ista- B   **2** his B^ar, iis R   benignusue *codd. Cic.*
3 potius *om.* H M   **4** mercedem postea B   aucto P¹, *corr.* P²; aut- M
ac] aut B   **5** configitur B¹ *(corr.* B³); -fietur D V P¹ *(corr.* P²)
6 cupiosi H M   dilicias H M   subueniunt D V P¹ *(corr.* P²)
7 extingit B^ar   **8** dicitis *codd., def. Win, Ingr;* dicis *edd., Br*
iustitiam *ex* -a B²   **9** tuo] suo B¹ *(corr.* B³) H M R   aestimas H M R
ei] et ei H M   **10** tribuis H M; -bues R   a *om.* R   **12** deo
D V P¹ *(corr.* P²)   qui R   putent B^ar   **14** quibus] qui R
14–15 largiare moriendum] -iarem uiuendum B¹, -iare minus uiuendum
B²; -gire m. H M   **15** utiles] -le est B^ar; in u. D^ar   **15–16** eis *ex* eos
m.2, retinet *om.,* in *eras.,* uitam *ex* -ta *m.3* B   **16** spiritum B³ *(ex
-tu)* H M   fouere B   **17** in te] tibi B   et *ex* ex? B³; *om.* R
animam V^ac   **17–p. 575, 1** humanitatis ostenta B¹, *corr.* B³

sustenta. qui succurrere perituro potest, si non succurrit, occidit.
uerum isti quia neque naturam rei tenent neque praemium in eo 20
quod sit sciunt, dum perdere timent, perdunt et in id quod maxime cauent incidunt, ut quidquid largiuntur aut pereat omnino
aut ad tempus breuissimum prosit. nam qui exiguam stipem 21
miseris negant, qui conseruare humanitatem sine damno suo nolunt, patrimonia sua effundunt, ut aut peritura et fragilia sibi
comparent aut certe maximis suis damnis nihil consequantur.
quid enim dicendum est de iis qui populari leuitate ducti uel 22
magnis urbibus suffecturas opes exhibendis muneribus impendunt, nisi eos dementes atque furiosos, qui praestent id populo
quod et ipsi perdant et nemo eorum quibus praestatur accipiat?
itaque ut est omnis uoluptas caduca et breuis, oculorum maxime 23
et aurium, aut obliuiscuntur homines et alterius damna pro ingratis habent aut etiam offenduntur, si non est libidini uulgi
satisfactum, ut iam homines stultissimi malum sibi malo com-

Test.: **1** qui ... occidit] Ps. Sen. prouerb. 66 *(non in mon. uel mor.; u. Publil. ed. Wölfflin, 1869, 100; cf. Lausberg, 1970, 119 n. 60)*

Codd.: **9** in leui | desinere uid. *(cf. Brandt, 1884, 323)* G *p. 153, seq. p. 154 bis rescripta nusquam legibilis; ceterum extant* B DV P HM R

1 succurre R   succurrit BR *Win numeri causa;* -currerit *cet., Br, Ingr*
2 neque *om.* R   natura B   rei tenent B³ V *(ex* -net; D *deest)* P¹ HM *Ingr;* rei non t. R; retinent B¹ P² *recc., edd., Br*   **3** perdunt *s.l.* P²
4 incidunt] incurrunt HM   ut *in ras.* B³   quidquod Rᵃᶜ
aut *ante* pereat *ex* ut B³   **5** ad] a R   **6** negat B¹, *corr.* B³
qui *codd., def. Ingr;* quia *Br seruato* nolunt   humanitate R
sine] nisi HM   damano Bᵃʳ   uolunt *edd., Win; u. Br ad l.*
7 patrimo D¹ V P¹ *(corr.* P²)   fragilia *ex* -li B³   **8** consequatur B¹,
corr. B²; ads- R   **9** iis R, his *cet.*   **10** exibendis B¹ *(corr.* B²) M; in
e. R   **12** et *ante* nemo *s.l.* B²   **13** itaque] atque, at *in 3 litt. eras.,* P
ut] quid DVP   uoluntas R   caduca *s.l.* B³   ureuis Bᵃᶜ
15 offunduntur V   si non est *s.l.* P²   liuidi B¹, *corr.* B²; -dine HM
16 ut] aut DVPᵃʳ   iam B³ DPHMR *Ingr,* etiam B¹ V *recc., edd., Br*
conparauerunt Bᵃᶜ VM

parauerint, aut si adeo placuerunt nihil amplius quam inanem
fauorem paucorumque dierum fabulas adsequuntur; sic cottidie
leuissimorum hominum patrimonia in res superuacuas prodigun-
24 tur.   num ergo illi sapientius, qui utiliora et diuturniora ciuibus
suis exhibent munera, hi scilicet qui publicis operibus extructis
memoriam nomini suo quaerunt? ne isti quidem recte; bona sua
in terra sepeliunt, quia nec memoria quidquam mortuis confert
nec opera eorum sempiterna sunt, siquidem aut uno tremore
terrae dissipantur et corruunt aut fortuito consumuntur incendio
aut hostili aliquo impetu diruuntur aut certe uetustate ipsa dis-
25 soluta labuntur.   'nihil est enim', ut ait orator, 'opere et manu
factum, quod non conficiat et consumat uetustas. at haec iustitia
26 et lenitas florescet cottidie magis.'   illi ergo melius, qui tribulibus suis aut clientibus largiuntur – aliquid enim praestant hominibus et prosunt –, sed non est illa uera et iusta largitio. be-
27 neficentia enim nulla est ubicumque necessitas non est.   perit

Auct.: **11–13** Cic. Marcell. 11; *cf. Clark, ed. Cic. (1918) ad l.*

1 placuerunt D^pc *cet., Ingr*; -rint D^ac *edd.*; -rant *Br (ex errore?)*
quamquam HM   **2** adsequantur B *Br*   sic] si HMR
cottidie B *(pr.* t *eras.)* R, coti- *cet.; u. 5, 3, 5*   **4** et *om.* R
5 exibent B¹ *(corr.* B²) V^ac   hi *om.* BR; ii *edd., Br*   **6** memoria R
nominis aequent ne B¹, *corr.* B³   **7** sepelliunt B^ar; *u. 6, 9, 8*
quia *om.* R   immortuis R   conferet, *alt.* e *in ras. m.2*, B
8 operam B^ar   **9** et *ex* aut B³   currunt B¹, *corr.* B²
fortuitu P; *u. 5, 20, 14*   consummuntur VP   **10** diriuntur
DP¹ *(corr.* P²); dirruuntur R   certe *ex* -ta? B³; terrae D
uoluptate HM   *ante* ipsa *eras.* et? B   **11** operae B² *(ex* -re*)* D^ac V
12 non] n. aliquando *codd. Cic.*   consummet B   at] ad BPHR
haec *ex* hae B³   iustitia] tua i. *codd. Cic.*   **13** et . . . cottidie *om.* B¹,
florescat cotidie *tantum s.l.* B³   lenitas] l. animi *pars codd. Cic.*
cottidie R, coti- *cet.*   magis *ex* gis B³   **13–14** tribulibus suis]
indigentibus s. amicis B; suis *om.* R   **14** aut clientibus] aut digentibus
D¹, a. indigen- D²; audientibus V   **15** et *post* uera *om.* R
beneficentia R, -cientia BD² P² H; -ficia D¹ VP¹ M; *u. § 27 et 6, 6, 21*
16 est *post* nulla *om.* R

ergo quidquid gratiae causa tribuitur non indigentibus aut cum faenore redit, et beneficentia non erit. quod etsi gratum est iis quibus datur, iustum tamen non est, quia si non fiat, nihil mali sequitur. unum igitur certum et uerum liberalitatis officium est 28
egentes atque inutiles alere.

12. Haec est illa perfecta iustitia quae custodit humanam de 1 qua philosophi loquuntur societatem, hic diuitiarum maximus ac uerissimus fructus est, non uti opibus ad propriam unius uoluptatem, sed ad multorum salutem, non ad praesentem suum fructum, sed ad iustitiam, quae sola non interit. tenendum est igitur 2 omni modo, ut ab officio misericordiae spes recipiendi absit omnino; huius enim operis et officii merces a deo est expectanda solo. nam si ab homine expectes, iam non humanitas erit illa, sed beneficii faeneratio, nec potest uideri bene meruisse qui *525* quod facit non alteri, sed sibi praestat. et tamen res eodem redit, ut quod alteri quisque praestiterit nihil ab eo commodi sperans, uere sibi praestet, quia mercedem capiet a deo. idem deus 3 praecipit, ut si quando cenam parauerimus, eos in conuictum

Epit.: 6, 12, 3–41] 60, 6–9   6, 12, 3–4] *cf.* 60, 6 ... uestiamus

Auct.: 18 praecipit] *cf.* Luc. 14, 12

1 quicquam P^{ac} 2 fenore RP, foen- M; facinore B   reddit B beneficentia VR, -cientia BDP^2 HM; -fitia P^1 etsi *ex* si P iis R, his *cet. (ex* hi P^2)   4 libertatis B^1, *corr.* B^2 6 humanam] h. uitam B   8 uoluntatem *ex* -upta– B^3 10 iustiam MR tenenda B   11 ab *ex* ad B^2 recipienda M^{ac} 12 officii *ex* -ci B^2 expectanda est HM   expetenda DVP^1 *(corr.* P^2)   14 faeneratio B^3 HR, fen- B^1 DVP, foen- M   meruisse] meritus, *deinde eras.* sed B   qui] quid HM^{ar} 15 fecit HM   16 ab *ex* ad B commodo D^{ac} spectans DVP^1 *(corr.* P^2)   17 capiat PHM idem BDVPR *Win;* item HM *edd., Br, Ingr*   18 praecepit BHM parauerimus B^2 P^2 *edd., Br, Ingr, dubitanter recepimus;* pararimus B^1 HM^{ar} *(ri eras.)* R; proparauimus D^{ac} *(prep-* D^{pc}*)* VP^1; parauimus *uix recte Win;* ft. praeparauerimus?   eos] eos magis R, *prob. Heck, 1972, 185 n. 90*   **18–p. 578, 1** inconueniathibeamus B^1, *corr.* B^3 (-ctu ad-)   **18** uictum DVP^1 *(corr.* P^2)*;* conuinctum HM

adhibeamus qui reuocare non possint et uicem reddere, ut omnis
actus uitae nostrae non careat misericordiae munere. nec tamen
quisquam interdictum sibi putet aut communione cum amicis
aut caritate cum proximis, sed notum nobis deus fecit, quod sit
uerum et iustum opus: ita nos oportet cum proximis uiuere,
dummodo sciamus illud ad hominem, hoc ad deum pertinere.
praecipua igitur uirtus hospitalitas, quod philosophi quoque
aiunt, sed eam detorquent a uera iustitia et ad commodum rapiunt. 'recte' inquit Cicero 'a Theophrasto est laudata hospitalitas. est enim, ut mihi quidem uidetur, ualde decorum patere
domus hominum inlustrium hospitibus inlustribus.' eodem
modo rursus errauit quo tum, cum 'idoneis esse' diceret 'largiendum'. non enim iusti et sapientis uiri domus 'inlustribus' debet patere, sed humilibus et abiectis; nam 'inlustres' illi ac potentes nulla re possunt indigere, quos opulentia sua et munit et
honorat. nihil autem a iusto uiro faciendum est nisi quod sit
beneficium. beneficium autem si refertur, interit atque finitur;
nec enim possumus id habere integrum, cuius pretium nobis

Epit.: 6, 12, 6] 60, 6 pateat . . . tecto

Auct.: **9–11** Cic. off. 2, 64   **12–13** off. 2, 54; *cf. 6, 11, 11–15*

1 quit B[ar]   reuocare *ex* re B[3]   possunt B   et] et ut D V; *post* et *eras.* ut in? P   **2** misericordiae *ex* -ia B[2]   **2–3** misericordiae . . . quisquam *om.* R   **2** munere *ex* -ra B[3]   **3** aut *om.* R   communionem D H M R   **4** caritatem D H M R   sit] s. et H M   **5** iustum *ex* -tus P[2]   oportere D   **7** hospitalitatis V[ac]   quid M   **8** ea R   a] ad D[ar]   **8–9** rapiunturecte B[ar]   **9** a] etiam a *Cic.*   theofrasto D V P H M R; deo factum (m *s.l. m.3)* B   **10** ualde *ex* laude B[3]; ual D[ac]   dequorum R   **11** domus B H M *ut plurimi codd. Cic.*; -mos D V (s *exp. m.2)* P R *ut 2 codd. Cic., ft. recte*   inlustrum D V; -trius H M   **13** sapientis *ex* -tes B[2] P[3]   **14** sed] s. et R   **15** res P[ac]   **16** autem *om.* D V P   a] ad H[ar] M[ar]   uiro iusto D V P   est *om.* B   **17** beneficium *bis* B[2] *cet., edd., Ingr, semel* B[1]; -cum. ben- Br *codd. praeter* B *falso lectis*

persolutum est. in iis itaque beneficiis iustitiae ratio uersatur, 8
quae salua et incorrupta permanserint; permanent autem non
aliter quam si praestentur iis hominibus, qui prodesse nullo modo possunt. at ille in recipiendis 'inlustribus' nihil spectauit 9
aliud nisi utilitatem nec dissimulauit homo ingeniosus, quid ex
eo commodi speraret. ait enim, 'qui id faciat, potentem apud
exteros futurum per gratiam principum, quos sibi hospitii et
amicitiae iure constrinxerit'. o quam multis argumentis Cice- 10
ronis inconstantia, si id agerem, coargui posset! nec tam nostris
quam suis uerbis refelleretur. idem quippe ait, 'ut quisque maxime ad suum commodum referat quaecumque agit, ita minime
esse uirum bonum'. idem etiam negat 'simplicis et aperti ho- 11
minis' esse ambire, simulare aliquid et praetendere, aliud agere
uideri, cum aliud agat, praestare se alteri fingere quod sibi praestet, sed malitiosi potius et astuti et fallacis et subdoli. quo- 12
modo ergo defenderet, quominus ambitiosa illa hospitalitas malitia esset? tu mihi per omnes portas circumcurses, ut adue-

527

Epit.: 6, 12, 11] *cf.* 59, 2 neque abnegabit ... possit

Auct.: **6–8** *cf.* Cic. off. 2, 64   **10–12** Cic. leg. 1, 49   **12–13** *cf.* Cic. rep. 3, 26 = 3, 12 Powell. off. 1, 109 *et Win ad l.*

1 iis R, his *cet.*   uersetur? B¹, *corr.* B²   **2** salua | et, alua *in ras. 2 litt. m.2, ante* e *eras.* u? B   permanserit permanet B   **3** alter H M praestentur] ur *m.3?* B   iis Pᵖᶜ R; his Pᵃᶜ *cet.*   prodeesse B R; *u.* 6, 11, 2   **4** possunt *ex* sunt B³   at] ad Bᵃᶜ M   in *s.l.* D   spectabit *ex* -uit B²; expectauit H M   **5** nec] et non H M   dissimulauit B¹, *corr.* B²   **6** qui id B³ *ut codd. Cic.*, quid B¹ *cet.* faciat potentem *ex* facientem B³   **7** quod P M R   sibi *ex* ubi? B²   **8** constrin | xerit, in *et* x *m.3*, B; -rint R   **9** agerem *ex* -re B² tamen H M   **10** uerbis *om.* V   refelletur B¹ *(corr.* B²) H M quippe ait] qui dixit, dix *ex* dp *et 2 litt. inc. m.2,* B   **11** suum *ex* sum B²   agit] ait D¹ V, agii R   minime *ex* -mum B² **12** periti *ex* aperti B²; -rtae D; auerti Rᵃᶜ   **13–14** agere ... aliud *s.l.* B³ **14** uidere P   **16** militia M   **17** omnis R   circumcorses Bᵃᶜ; -sus Rᵃᶜ   ut] et B H M R *ft. recte*

nientes populorum atque urbium principes domum tuam inuites,
ut per eos apud ciues eorum potentiam consequare, uelisque te
iustum et humanum et hospitalem uideri, cum studeas utilitati
13 tuae? uerum hoc ille non potius incaute – quid enim minus in
Ciceronem conuenit? –, sed ignorantia 'ueri iuris' prudens ac
14 sciens in hos se laqueos induit. quod ut ei possit ignosci,
testificatus est 'non ad ueram iustitiam, quam non teneat, praecepta se dare, sed ad umbram imaginemque iustitiae'. ignoscen-
dum est igitur umbratico et imaginario praeceptori nec ab eo
15 ueritas exigenda est qui se nescire fateatur. – captiuorum red-
emptio magnum atque praeclarum iustitiae munus est, quod
idem ipse Tullius approbauit. 'atque haec benignitas' inquit
'etiam rei publicae est utilis, redimi e seruitute captos, locu-
pletari tenuiores. hanc ego consuetudinem benignitatis largitioni
munerum longe antepono, haec est grauium hominum atque
16 magnorum.' proprium igitur iustorum opus est alere pauperes
ac redimere captiuos, cum apud iniustos, si qui haec faciant,
'graues et magni' appellentur; iis enim maxime laudis est bene

Epit.: 6, 12, 16] 60, 7 . . . opus est

Auct.: **5–8** *cf.* Cic. off. 3, 69 *et supra 6, 6, 25* **12–16** ibid. 2, 63, *om.*
quod . . . uidemus

Test.: **17** redimere captiuos] *cf.* Zeno 2, 1, 12

1 populos R   domu *ras. ex* -um, *sup.* d *eras.* in*?* B   tua *ex* tum B²
2 eorum *in ras.* B³   potentia R   consequare] are *in ras. m.2* B;
-quere M   uellisquae Bᵃʳ   te *in ras.* P²; et D V   **3** utiliti D¹; utili
P¹, *corr.* P²   **4** *sup.* incaute *m.2* scilicet dixit D   **5** cicerone B
prodens Bᵃᶜ   ac *ex* a P²   **6** hos *ex* his B³   laqueos *ex* adque hos B³
induxit *ex* -uit D²; inuit H M   posset H M R   **7** non *ante* ad *om.* M
8 umbra *ex* -am V   **11** minus M   **12** haec *s.l.* B³, *om.* R
inquid B³ *(ex* idquidem*)* R   **13** utilis *ex* -le B³; ut illis Dᵃʳ V Pᵃʳ
e *om. uel eras.* B; de R   serui|tute *in ras. ca. 10 litt. (post* i *eras.* e*)*
m.3 B   captiuos B   locupletare D V P   **14** ergo P *ut pars codd.*
Cic.   **17** iustos H M   **18** graues *ex* -uis B²   graue sed H M
et] &|& R   iis R, his *cet.*   laudi H M R

facere, quos nemo sperauit esse facturos. nam qui bonum facit 17
uel consanguineo uel proximo uel amico, aut nullam aut certe
non magnam laudem meretur, quia facere debet sitque impius ac
detestabilis, nisi fecerit id quod ab eo et natura ipsa et necessi-
tudo exigit, et si facit, non tam gloriae adsequendae quam re-
prehensionis uitandae gratia facit. qui autem facit alieno et 18
ignoto, is uero dignus est laude, quoniam ut faceret sola ductus
est humanitate. ibi ergo iustitia est ubi ad bene faciendum necessitatis uinculum nullum est. hoc igitur officium benignitatis 19
ne anteponere quidem largitioni munerum debuit; quod est com-
parantis et e duobus bonis id quod sit melius eligentis. illa 20
enim largitio hominum patrimonia sua in mare abicientium inanis et leuis et ab omni iustitia remotissima est. itaque ne dici
quidem munera oportet, in quibus nemo accipit nisi qui accipere
non meretur. non minus magnum iustitiae opus est pupillos et 21
uiduas destitutos et auxilio indigentes tueri atque defendere.
quod adeo uniuersis diuina lex illa praescribit, quandoquidem
boni quique iudices ad officium suum iudicant pertinere, ut iis

528

Epit.: 6, 12, 21–23] 60, 6 pupillis . . desit

Codd.: **11** *hinc fere coepisse uid.* G *pp. 167 / 168 bis rescriptae nusquam legibiles (u. Brandt, 1884, 324); ceterum extant* B D V P H M R

1 quos *codd., def. Ingr;* quibus *Br (sec.* queis *quod coni. Davies, ed.
epit. 1718, ad 65 [= 60, 7] p. 240 n. 9)*   sperabit B[ac]   nam *ex*
num P[2]   **2** aut *ante* certe *om.* R   **3** laude H M   **4** testabilis B[1],
corr. B[2]   ab eo] habeo B[ar] V[ar]   **5** exit B[1], *corr.* B[2]
6 gratiaqfaciet *et* u *sup.* q B[ar]   qui . . . facit *s.l.* B[3]   **7** his B[ar]
uera *ex* -ro D   laudem B[ac]   **8** faciendum] facere R
necessitudinis V[ac]   **9** est nullum H M   igitur hoc, *ord. lineolis rest.
m.1 uel 2,* B   **10** munera D *(ut uid.)* V[ac]   **12** mare *codd., def. Win,
Ingr;* munera *Buen, Br*   abicientium *ex* auic- B[2]   **13** ab *om.* D V,
s.l. P[2]   **14** accipiat D V P[1] *(corr.* P[2])   accepere P[1], *corr.* P[3]
15 pusillos D V P   **16** indigentis D[1] V[1] P[1] *(corr.* P[2]); -genus R
tueri *ex* ueri B[2]   **17** praescribsit B   **17–18** praescribit . . . iudicant]
praeiudicant M   **17** quandoque B   **18** suum *ex* sui P[2]
iis P[ac] R, his P[pc] *cet.*

22 naturali humanitate faueant ac prodesse nitantur. uerum haec opera proprie nostra sunt, qui legem, qui uerba ipsius dei praecipientis accepimus. nam illi sentiunt quidem natura esse iustum
23 tueri eos qui tutela carent, sed cur ita sit non perspiciunt. deus enim, cuius perpetua clementia est, idcirco uiduas pupillosque defendi ac foueri iubet, ne quis respectu ac miseratione pignorum suorum retardetur, quominus mortem pro iustitia fideque suscipiat, sed incunctanter ac fortiter subeat, cum sciat se caros suos deo relinquere nec iis umquam praesidium defuturum.
24 aegros quoque, quibus defuerit qui adsistat, curandos fouendosque suscipere summae humanitatis et magnae operationis est. quod qui fecerit, hic uiuam hostiam deo adquiret et quod alteri
25 dederit ad tempus, ipse a deo accipiet in aeternum. ultimum illud et maximum pietatis officium est peregrinorum et pauperum sepultura. quod illi uirtutis iustitiaeque doctores prorsus non attigerunt. nec enim poterant id uidere, qui utilitate omnia
26 officia metiebantur. in ceteris enim quae supra dicta sunt quamuis uerum limitem non tenuerint, tamen quoniam commodi

Epit.: 6, 12, 24–25] 60, 7 aegros ... 8 placatur

Test.: **13** §§ 25–27] *cf.* Zeno 2, 1, 12

1 faueant ac] *sup. pr.* a *eras.* o, ac *exp.*, *s.l. m.2* et isdem P; f. et R prodeesse B; *u. § 8*   nituntur B[1], *corr.* B[2]   **2** uerba ipsius] uera ipsa H M   **3** accipimus H M R   naturiae esse iustae R   **4** tueri *ex* ueri B[2] tutelam B[ar]   deus *ex* dominus B[3]   **6** pignerum H M   **7** quominus] minus *in ras. m.3* B; quamuis P   mortem *ex* -te B[2] fidemque D V P H M   **9** deo relinquere] derel- R   nec iis P[3] R, nec his B[2] D[2] H M; ni his B[1]; necis D[1] V P[1]   **10** aegros] de R defuerint *ex* -rit P[2]   adsistant *ex* -tat P[2]   **10–11** curando fouendoque M   **12** uiuam *ex* -ua B[3]; uiam M   deo ostiam B adquirit B[1] *(corr.* B[3]*)* R   **13** tempus *ex* tem B[2]   accipit H M **14** et] ac R   **15** ille D[1] V P[1] *(corr.* P[2]*)*   iniustitiaeque, in *exp.*, B; iustiaequae V[ac]   prorsum B, prossus M   **16** attigerit R qui] qui de *ex* quid B[2]   utilitatem B[ac]   **17** in] de *ex* id B[2] **18** tenuerit D[ac]

aliquid in iis deprehenderunt, quasi odore quodam ueritatis retenti propius oberrarunt, hoc autem, quia nihil uidere in eo commodi poterant, reliquerunt. quin etiam non defuerunt qui superuacaneam facerent sepulturam nihilque esse dicerent mali iacere inhumatum et abiectum. quorum impiam sapientiam cum omne humanum genus respuit, tum diuinae uoces, quae id fieri iubent. uerum illi non audent dicere id non esse faciendum, sed si forte non fiat, nihil esse incommodi. itaque in ea re non tam praecipientium quam consolantium funguntur officio, ut si forte id sapienti euenerit, ne se ob hoc miserum putet. nos autem non quid sapienti ferendum sit dicimus, sed quid facere ipse debeat. itaque non quaerimus nunc, utrumne tota sepeliendi ratio sit utilis necne, sed haec etiamsi sit inanis, ut illi existimant, tamen faciendum est uel ob hoc solum, quod apud homines bene et humane fieri uidetur; animus enim quaeritur et propositum ponderatur. non ergo patiemur figuram et figmentum dei feris ac uolucribus in praedam iacere, sed reddamus id terrae, unde ortum est, et quamuis in homine ignoto necessariorum munus implebimus, in quorum locum, quia desunt, succedet humanitas,

1 iis R; his P¹ *cet.*; hisque P² reprehenderunt R odere R
2 proprius B; propitius M oberrarunt B D V P R *edd., Ingr;* ab- H M *edd., Br* nihil *ex* hil B³ uidere *ex* -ri B³ commodi *ex* -do? B³
3 relinquerunt B defuerint R qui *om.* R superuacuaneam *ex* -uacan- B³, suprauacuan- D V P **5** inhumatum] -ta cum R cum] tum *ex* c. D² **8** fiat] faciat B tam *in mg.* D², *om.* V, *s.l.* P²; tantam H M; tandem R **10** sapientia euenerit B^ar D^ar V P^ar H R ob] ab B miserum *ex* -ram? B³ **11** faciendum *ex* ferendum B³
12 nunc *ex* nec V; *om.* H M sepeliendi *ex* saeuiendi *ut uid.* B³; -pelli- H M; *u. 6, 9, 8* **13** utilis necne sit H M necne] necse V sed haec *om.* H M haec *s.l.* V *(D inc.)* **14** facienda H M
16 ponderatur] *ult.* r *in ras. m.3* B feris ac D V P R *(ex* fieris ac*);* f. et B² M^pc, feri sed H^pr; fieri sed B¹ *(ut uid.)* H^ar M^ac **17** reddamus B³ D¹ V P^ac H M R *Win, Ingr;* -dem- B¹ D² P^pc *Br* **18** necessariorum] or *eras.* B; *sup.* n. *m.2* uel amicorum D; n. sepulturam *(*m *eras., ante* s. *in ras. 4–5 litt.* in M*)* nulli negandam *(*-da M*)* H M **19** inpleuimus B loco H M *sup.* desunt *m.2 scilicet necessarii* D

et ubicumque homo desiderabitur, ibi exigi officium nostrum
putabimus. in quo autem magis iustitiae ratio consistit quam in
eo, ut quod praestamus nostris per adfectum, praestemus alienis
per humanitatem? quae est multo certior iustiorque, cum iam
non homini praestatur, qui nihil sentit, sed deo soli, cui caris-
simum sacrificium est opus iustum. dicet aliquis fortasse: si
haec omnia fecero, nihil habebo. quid enim? si magnus hominum numerus egebit algebit capietur morietur, ut haec facientem
uel uno die patrimonio exui sit necesse, perdamne rem familiarem meo aut maiorum labore quaesitam, ut iam ipsi mihi aliena
misericordia uiuendum sit? – quid? tu tam pusillo animo paupertatem times, quam etiam uestri philosophi laudant nihilque
hac tutius, nihil tranquillius esse testantur? hoc quod times sollicitudinum portus est. an ignoras, quot periculis, quot casibus
cum his malis opibus subiaceas? quae tecum bene agent, si sine
tuo cruore transierint. tu uero praeda onustus incedis et spolia
geris, quae inritent animos etiam tuorum. quid ergo dubitas
bene collocare id, quod tibi forsan eripiet aut unum latrocinium
aut existens repente proscriptio aut hostilis aliqua direptio? quid
uerere fluxum et fragile bonum facere sempiternum aut thesau-

Epit.: 6, 12, 33–35] 57, 2. 60, 9

Auct.: **20–p. 585, 2** *cf.* Matth. 6, 19–20. Luc. 12, 33

1 exici R **2** putauimus B¹, *corr.* B³ magis *om.* B iustitiae] -tia
et B consistet B **3** praestamus *ex* interpraemus B³ nostris . . .
praestemus *s.l.* B³ **4** iustiorquae *ex* quae B³ *post* cum *s.l.* fit B²
5 nil R **6** iustuum R^ar **7** omnia] om R magus P^ac
8 egebit] et e. B^ar; egeat *ex* egebat M **9** patrimonia V^ac
exuit B^ar; ex suo HM^ac; exurit R sit necesse] n. est R
re familiare B¹, *corr.* B² **10** alieni R **13** hanc B^ar; ac D¹; *om.* HM
nihilque DVP sollicitudinum *ex* -nem *m.1?* B; solic- P^ac
14 quod periculis quod BHM; quot p. quod D^ac **16** transierunt V^ac
post uero *eras.* in B **18** forsam BP^ac **19** quid *ex* quiui B³
20 uerere] *alt.* re *in ras.* B³; uere VP¹ *(corr.* P²); *sup.* u. *m.2* uereris D
fluxum] x *ex* cx, *alt.* u *in ras. m.3* B fragilem B^ar; flragile P^ar
thensauros B; *u. ind. form.*

ros tuos custodi deo credere, ubi non furem praedonemque timeas, non robiginem, non tyrannum? qui apud deum diues est, pauper esse numquam potest. si iustitiam tanti putas, sequere 36 abiectis oneribus quae te premunt, libera te ipse compedibus et catenis, ut expeditus ad deum curras. magni et excelsi animi est despicere et calcare mortalia. sed si hanc uirtutem non capis, ut 37 diuitias tuas in aram dei conferas, ut fragilibus tibi compares firmiora, liberabo te metu. omnia ista praecepta non tibi soli dantur, sed omni populo, qui mente coniunctus est et cohaeret sicut homo unus. si solus magnis operibus non sufficis, pro 38 uirili parte operare iustitiam, sic tamen ut quantum diuitiis inter ceteros, tantum opere praecellas. neque nunc suaderi tibi putes, 39 ut rem familiarem tuam minuas uel exhaurias, sed quae in superuacua fueras impensurus, ad meliora conuertas. unde bestias emis, hinc captos redime, unde feras pascis, hinc pauperes ale, unde homines ad gladium comparas, hinc innocentes mortuos sepeli. quid prodest perditae nequitiae bestiarios facere 40

Epit.: 6, 12, 39–41] *cf.* 60, 8

Auct.: 5–6 magni ... mortalia] *cf.* Cic. off. 3, 24

Test.: 5–6 magni ... mortalia] Ps. Sen. mor. 44

Codd.: 16 *ab* aliunde *incipit* G *p. 82 maximam partem lecta; hinc extant* BG DV P HM R

1 tuos *ex* suos B³   **2** robiginem R, rub- *cet.; cf. epit. et 1, 20, 17*
4 libera te *ex* libertate, *sup. ult.* e *m.2* ˜, *sed eras.*, B   ipsum B
5 ut *om.* HM   a deum R   animo HM¹   **6** despicere ... mortalia
s.l. B³   **7** fragilius B¹, *corr.* B²   **8** sta R   **9** omni] domini Bᵃʳ
populi H   cohaeri D¹ VP¹ *(corr.* P²)   **10** sis Bᵃʳ   solus *s.l.* B³
11 operare *ex* rare B²   uti Bᵃʳ   **12** operae *ex* -re *m.2, sed* a *eras.*, B
neque *ex* denique P²   suadere P   **13** exaurias PM   in *exp.* P²,
om. R   **15** emes R   captiuos BHM   pascis *ex* -ces? B³
16 aliunde B¹ *(*alii u. B², ale u. B³*)* G   **17** sepelli B¹ *(ut uid.,* -pile B²,
-pili B³*)* G; u. § 29   prodeest BG; *u. § 8*   proditae Vᵃᶜ
neque uitiae R

locupletes et instruere ad flagitia? transfer ad magnum sacrificium male peritura, ut pro his ueris muneribus habeas a deo
41 munus aeternum. magna est misericordiae merces, cui deus pollicetur peccata se omnia remissurum. 'si audieris' inquit 'preces supplicis tui, et ego audiam tuas; si misertus laborantium fueris, et ego in tuo labore miserebor. si autem non respexeris nec adiuueris et ego animum tuum contra te geram tuisque te legibus iudicabo.'

1   13. Quotiens igitur rogaris, temptari te a deo crede an sis dignus audiri. circumspice conscientiam tuam et quantum potes, medere uulneribus. nec tamen quia peccata largitione tolluntur, dari tibi licentiam peccandi putes; abolentur enim, si ideo lar-
2 giare, quia peccaueris. nam si fiducia largiendi pecces, non abolentur. deus enim purgari hominem a peccatis maxime cupit ideoque agi paenitentiam iubet; agere autem paenitentiam nihil aliud est quam profiteri et adfirmare se ulterius non peccaturum.
3 ignoscitur itaque iis qui ad peccatum imprudenter incauteque labuntur, ueniam non habet qui sciens peccat. nec tamen si ali-

Epit.: 6, 13, 2 ... 5 potest] *cf.* 62, 1–2

Auct.: **4–8** *ignota, ft. ex pluribus locis conflata; u. Win et Ingr ad l.*

1 transferre D^{ac}; -fert P^{ar} **2** malae B^{ar} perditura P^1, *corr.* P^2 deo] domino BG   **3** deus] dominus BG   **4** auderis D^{ac} V inquid BM *(G inc.)*   **5** tuas *ex* tuis P^2 miseritus R   **7** adiuueris B^3 GDVP^{pc} *(sed alt. u eras.)* R; audieris B^1 *(ut uid.)* HM; adimis *ut uid.* P^{ac} tuum *del.* D^2 *(et s.l. meum)* P^2 **9** temtari GR; t. *del., s.l. m.2?* audiri D   deo] domino BG   **10** circumspi D^{ac}; circuminspice R   **11** mere B^1, *corr.* B^2; m. *bis* D *(pr. del.)* V   **12** putes] p. ab eo R   aboletur DVP^1 *(corr.* P^2)   **12–13** abolentur ... nam si *om.* R   **12** ideo] deo DVP^1 *(corr.* P^2)   **13** peccaueras HM   fiduciam G   **14** aboletur V^{ac} dominus B^1 *(corr.* B^3) G   purgare, hominem *om.* R   **15** agi ... iubet] i. a. p. HM   agere autem paenitentiam] p. agere HM   **16** peccatum M   **17** ignoscetur V^{ac} iis P^3 R, his P^1 *cet.* (G *inc.*)   incaute P^1, *corr.* P^2

quis purificatus fuerit ab omni labe peccati, temperandum sibi
ab opere largitionis existimet, quia non habeat peccata quae deleat. immo uero tum magis iustitiam debet operari, cum factus
est iustus, ut quod ante in medellam uulnerum fecerat, postmodum faciat in laudem gloriamque uirtutis. eo accedit quod
nemo esse sine delicto potest, quamdiu indumento carnis oneratus est. cuius infirmitas triplici modo subiacet dominio peccati,
factis dictis cogitatione. per hos gradus ad summum columen
iustitia procedit. primus est uirtutis gradus malis operibus abstinere, secundus etiam malis uerbis, tertius etiam cogitatione
rerum malarum. qui primum gradum ascenderit, satis iustus
est, qui secundum, iam perfectae uirtutis, siquidem neque factis
neque sermone delinquat, qui tertium, is uero similitudinem dei
adsecutus uidetur. est enim paene supra humanum modum ne
in cogitationem quidem admittere quod sit uel factu malum uel
improbum dictu. itaque etiam iusti homines, qui frenare se
possunt ab omni opere iniusto, nonnumquam tamen ipsa fragilitate uincuntur, ut uel in ira malum dicant uel in aspectu rerum
delectabilium cogitatione tacita concupiscant. quodsi mortalis

Codd.: *2 in* largi | *desinit* G *p. 82, seq. p. 81, in qua usque ad § 8 ne
pauca leguntur; ceterum extant* B D V P HM R

1 labore B^{ar} **2** ab *ex* ad *m.2?* B   debeat, *s.l. m.2* redimere B
3 tum uero B^1 *(ord. lineolis rest.* B^2*)* G   magis *om.* B G
4 mede|lam P; -della, *pr.* 1 *eras.,* H; -delle M; *u. ind. form.*
6 quamindiu P^{ar} **7** triplicique R^{ar} modo] quoquo m. R
domino D *(s.l. m.2* uel diabolo*)* V P^1 *(corr.* P^3*)* M   peccantis *ex* -anti
B^2, *corr.* B^3 **8** cogitationibus V   culmen B^2 *(ex* colum-*)* HM
9 praecedit B^1, *corr.* B^2 est *om.* HM   abstinetur, &ur *eras.,* R
11 qui ... gradum] p. g. q. HM   gradus D^{ac} ascendit D V *(antea
eras.* g*)* P; escenderit, e *eras.* R; *u. 1, 10, 9*   **12** perfectae iam R
13 sermonibus V   qui *om.* R   tertius D^{ac} M   his B^{ar}
14 humanu B^1, *corr.* B^3; hominum D V P^1 *(corr.* P^3*)*   **15** cogitatione
B M   factu B^3 R; -tum B^1 HM; -to D V P   **16** dictum HM
refrenare M   **17** ab] ut ab HM^{ar} iniuste R   **18** ira *ex* -am B^3
19 concupiscunt P^1, *corr.* P^3 quodsi] s *in ras. m.3* B

condicio non patitur esse hominem ab omni macula purum, debent ergo largitione perpetua peccata carnis aboleri. unum est enim sapientis et iusti et uitalis uiri opus diuitias suas in sola iustitia collocare. qua profecto qui eget licet ille Croesum aut Crassum diuitiis superet, hic pauper, hic nudus, hic mendicus putandus est. danda igitur opera, ut indumento iustitiae pietatisque uelemur, quo nos exuat nemo, quod nobis sempiternum praebet ornatum. nam si deorum cultores simulacra insensibilia excolunt et quidquid pretiosi habent in ea conferunt, quibus nec uti possunt nec gratias agere, quod acceperint, quanto iustius est et uerius uiuentia dei simulacra excolere, ut promereare uiuentem? quae sicut usui habent quidquid acceperint et gratias agunt, ita deus, in cuius conspectu bonum feceris, et probabit et mercedem pietatis exsoluet.

14. Si ergo in homine praeclarum et excellens est bonum misericordia idque diuinis testimoniis et bonorum malorumque consensu optimum iudicatur, apparet philosophos longe afuisse ab humano bono, qui neque praeceperunt eiusmodi quidquam neque fecerunt, sed uirtutem quae in homine propemodum singularis est pro uitio semper habuerunt. libet hic interponere

Epit.: 6, 14, 2 – 17, 14] 55, 5 – 56, 7 *(ordine mutato, pauca aliunde)*

1 macula *ex* mala P[2]   parum R   **2** aboleri *ex* -re P[2] unus D[ac]   **3** sapientis ... uiri] s. uiri et i. et uit- B   **4** qua] quia HM; *s.l. m.2?* scilicet iustitia D   eget] haec non perfecerit HM   ille licet B   croessum B, cres- *ex* coes- V   **5** grassum R   *post* pauper *exp. &* P   medicus P[1], *corr.* P[3]   **6** est *om.* R   pietatisque] *post* pie 2 *litt. eras.* B   **8** praebet B[1] VPR (D *deest*), Win, Ingr; -beat B[3] HM *edd.*, Br   **9** colunt HM   eo R   conferent B   **10** iustus B[1] *(corr.* B[2]*)* D[ac]   **11** excoluere B[ar]   **11–12** uiuentem promereare R   promerear DVP[1] (-are uiuere *seruato* uiuentem P[2])   **12** quam HM   sic R   usui *ex* usu B[2]   **13** dominus B   conspectum B   probauit B[1], *corr.* B[2]   **16** diuinus *ut uid.* B[ar]   **17** consensum D[ac] VP[1] *(corr.* P[2]*);* -nfessu M   apparet] adpeteret, *ult.* t *eras.,* B   **18** quia *ex* qui P[2]   **19** fecerint D[ac]   propemodum *om.* R   **20** licet P[1], *corr.* P[2]

unum de philosophia locum, ut illorum plenius coarguamus errores, qui misericordiam cupiditatem metum morbos animi appellant.   conantur illi quidem uirtutes a uitiis distinguere, quod est sane facillimum. quis enim non possit liberalem a prodigo separare, ut illi faciunt, aut parcum a sordido aut quietum ab inerti aut cautum a timido, quod haec quae sunt bona fines suos habent? quos si excesserint, in uitia labuntur ita, ut constantia nisi pro ueritate suscepta sit, fit impudentia.   item fortitudo si nulla necessitate cogente aut non pro causa honesta certum periculum subierit, in temeritatem conuertitur. libertas quoque si alios insectetur potius quam insectantibus resistat, contumacia est. seueritas etiam nisi se intra congruentes nocentium poenas coerceat, fit saeua crudelitas.   itaque dicunt eos qui mali uideantur non sua sponte peccare nec mala potius eligere, sed bonorum specie lapsos incidere in mala, dum bonorum ac malorum discrimen ignorant.   haec quidem falsa non sunt, sed ad corpus cuncta referuntur. nam parcum esse aut constantem aut cautum aut quietum aut fortem aut seuerum uirtutes sunt quidem, sed huius temporariae uitae. nos autem, qui hanc uitam contemnimus, alias nobis uirtutes propositas habemus, de quibus philosophi ne suspicari quidem ulla ratione potuerunt.   itaque et uirtutes quasdam pro uitiis et uitia quaedam pro uir-

Epit.: 6, 14, 2 qui . . . appellant] *cf.* 33, 9 qui . . . insectatur   3–4] *cf.* 56, 4 . . . dicentur

1 philosophiam H^{ar} M^{ar} *ante* ut *s.l. et* P^2 **2** errorem R   metus HM   **3** illi *om.* M   **4** sane] face DV *(et* P^1? *corr.* P^2)   posset B   liberalem *ex* -le P^2 prodigio V   **6** inertia B^{ar} **7** quod R   uita B^1, *corr.* B^3 labantur P^1, *corr.* P^2 ita ut] itaque si R   **8** fit *s.l.* B^3 **10** procertum, pro *exp. m.3* B   **15** bonum B^1, *corr.* B^3 malis B   **15–16** malorum ac bonorum B*; b. et m.* HM   **16** falsa] fragilia *ex* facilia B^2 **17** ad] et ad HM   **20** contemnimus . . . habemus] contemni *tantum* R   **21** *post* quibus *eras.* ait *ut uid.* B   nec P*; cf. 1, 6, 7*   **22** et *ante* uirtutes *om.* R   uitiis] -tis R

tutibus habuerunt. nam Stoici adfectus omnes quorum impulsu
animus commouetur ex homine tollunt, cupiditatem laetitiam
metum maestitiam, quorum duo priora ex bonis sint aut futuris
aut praesentibus, posteriora ex malis. eodem modo haec quattuor morbos, ut dixi, uocant non tam natura insitos quam praua
opinione susceptos et idcirco eos censent extirpari posse radicitus, si bonorum malorumque opinio falsa tollatur. si enim
nihil censeat sapiens bonum, nihil malum, nec cupiditate ardescet nec laetitia gestiet nec metu terrebitur nec aegritudine contrahetur. mox uidebimus, an efficiant quod uelint aut quid
efficiant – interim propositum adrogans ac paene furiosum –,
qui se putent mederi et eniti posse contra uim rationemque
naturae.

15. Haec enim naturalia esse, non uoluntaria, omnium uiuentium ratio demonstrat, quae isdem omnibus quatitur adfectibus. Peripatetici ergo rectius, qui haec omnia detrahi negant
posse, quia nobiscum simul nata sint, et conantur ostendere,
quam prouidenter et quam necessario deus siue natura – sic

Epit.: 6, 14, 7 Stoici ... 15, 17 redeunt] 56, 2 hos ... amputandos

5 ut dixi] § 2   **10** mox] 6, 15, 10–17

Auct.: **1–6** nam Stoici ... susceptos] *cf.* Cic. Tusc. 3, 23 sq. 4, 11
16 § 2] *cf.* ibid. 4, 43–46

1 istoici B; *u. supra ad* 5, 4, 6   adfectum D^{ac} V^{ac} P^1 *(corr.* P^3*)*
impulsus B *(*inp-*)* H   **3** sunt *ex* sint DP^2 **5** morbor D V
non tam] iam D^1 V^1 P^1 *(corr.* P^2*)*; tam D^2; a *(*i *et* m *exp.)* V^2; notam H
natura *ex* -am P^2 **7** falsa] s *in ras. m.2* B   **8** censeant B^{ar}
9 laetitiae R^{ar} gesti B^1, *corr.* B^3 terretur B   **10** uideuimus B^1,
corr. B^3 *post* an *exp. ante* B^3 **10–12** quid ... qui *sic distinximus*
11 adrogans] s *ex* t? *m.3* B; agitans R   furiosum *codd., Win, Ingr;*
-sorum *Schöll, Br contra numerum*   **12** putet B   mederi] d *in ras.
m.3, alt.* e *ex* i *m.2, s.l. eras.* e *quod add. m.2,* B   **15** demonstrat ...
omnibus] demons quaeisdaemoni | bus R   quem H M   hisdem B *(*h
s.l. m.2) D V P *(*h *s.l.)*   **16** qui *om.* H M   **17** simul nata *s.l.* H^2
nati D V^{ac} R   sunt B   **18** deus *ex* dominus B^3

enim dicunt – his nos armarit adfectibus; quos tamen, quia ui-
tiosi plerumque fiunt, si nimii sint, posse ab homine adhibito
modo salubriter temperari, ut tantum homini quantum naturae
satis est relinquatur. non insipiens disputatio, si, ut dixi, non ad
hanc uitam omnia referrentur. Stoici ergo furiosi, qui ea non
temperant, sed abscidunt rebusque natura insitis castrare hominem quodammodo uolunt. quod tale est, quale si uelint aut metum detrahere ceruis aut uenenum anguibus aut iram feris aut
placiditatem pecudibus. nam quae singula mutis animalibus data
sunt, ea uero uniuersa homini simul. quodsi, ut medici adfir-
mant, laetitiae adfectus in splene est, irae in felle, libidinis in
iecore, timoris in corde, facilius est interficere animal ipsum
quam ex corpore aliquid euellere, quod est animantis naturam
uelle mutare. sed homines prudentes non intellegunt, cum uitia
ex homine tollunt, etiam uirtutem se tollere, cui soli locum faciunt. nam si uirtus est in medio irae impetu se ipsum cohibere
ac reprimere, quod negare non possunt, caret ergo uirtute quisque ira caret. si uirtus est libidinem corporis continere, uirtute
careat necesse est qui libidinem quam temperet non habet. si

4 ut dixi] 6, 14, 6

1 armari B R *(ex* -ria*)*   adfectisuis D^{ac} **2** nimii *ex* -mis B^3
sunt B^{ac} V   **3** natura B; creaturae R   **4** relinquantur H M^{ar}
ut] t *ex* c? B^3 **5** referrentur V P^{pc} *(D deest);* -feren- B^1 P^{ac} H M R;
-feran- B^3 qui] i *s.l. m.3* B   eam *ex* ea P^2 **6** temperent R
abscindunt B^1, *corr.* B^3 rebusque natura] -busquatura R; r. a n.
B^{ar} *(ut uid.)* V P *(D deest)*   **7** quodadmodo B^1 *(corr.* B^3) R
tales R   **8** *ante* ceruis *s.l. m.3* a, *postea eras.* B   angibus
D^1 V P^1 *(corr.* P^2); sanguinibus B^{ar} **9** multis D^{ac} V P^1 *(corr.* P^2)
10 quodsi ut] quod sicut, c *s.l. m.2,* B; ut *om.* R   **11** irae] et i. P
liuidinis B^1, *corr.* B^2 **12** timore V   animal *ex* -ma B^2
13 est *om.* R   *ante* naturam *s.l.* et P^2 **14** uitia ex] prudentia R
15 uirtutem *ex* -te B^3 se tollere *ex* se tonorẽ *(˜ m.2)* B^3; extollere P
16 inpetum B^{ar} impetu se] -tus R   se ip|sum *ex* sen|su B^3
18 libidinem *bis, alt. del. m.2* P   **19** temtemperet B^{ar}; -rat D V P

uirtus est cupiditatem ab alieni appetitione frenare, nullam certe
uirtutem potest habere qui caret eo, ad quod cohibendum uirtutis
usus adhibetur. ubi ergo uitia non sunt, ne uirtuti quidem locus
est, sicut ne uictoriae quidem, ubi aduersarius nullus est. ita fit
ut bonum sine malo esse in hac uita non possit. adfectus igitur
quasi ubertas est naturalis animorum. nam sicut in sentes ager
qui est natura fecundus exuberat, sic animus incultus uitiis sua
sponte inualescentibus uelut spinis obducitur. sed cum uerus
cultor accesserit, statim cedentibus uitiis fruges uirtutis oriuntur.
deus itaque cum hominem primum fingeret, mirabili prouidentia
ingenerauit ei prius istas animi commotiones, ut posset capere
uirtutem sicut terra culturam, posuitque materiam uitiorum in
adfectibus, uirtutis in uitiis. quae profecto aut nulla erit aut in
usu esse non poterit, si desint ea per quae uis eius aut apparet
aut constat. uideamus nunc, idem illi qui uitia penitus excidunt
quid effecerint. quattuor illos adfectus, quos ex opinione bonorum malorumque nasci putant, quibus euulsis sanandum esse
animum sapientis existimant, quoniam intellegunt et natura insitos esse et sine iis nihil moueri, nihil agi posse, alia quaedam

Epit.: 6, 15, 7] 24, 3   8] 55, 8; *cf.* 56, 2 ... possint   9] 24, 11 ...
posuit. 56, 2 quia ... rationem. 3 deus ... inseuit

Auct.: **15** § **10**] *cf.* Cic. Tusc. 4, 12–14

1 petitione M   **2** habere potest H M   uirtutis usus] uirtus B[1], *in fine lin. corr.* B[3]   **3** nec B[ar] P[2] (*ex* ne); *cf.* 6, 14, 6   *post* uirtuti *1 litt. eras.* B   **4** nec *ex* ne P[2]   fiet H M   **5** in hac uita *om.* R; *cf. Heck, 1972, 192 sq. et n. 117*   igitur *om.* P   **6** in *in ras.* P[3]
8 ueluti R   **9** uirtutis *ex* -tes? B[3]   orientur H M R *Win*
10 deus *ex* dominus B[3]   itaque] qu *in ras. m.3* B   mirabili *ex* mur-? B[3]   **11** animi *om.* V, *s.l.* H[2]   possit B   **12** culturam *ex* turturam B[3]   **13** adfectu *ex* -ti D[2]   uitiis] iis *in ras. m.3* B
aut *ante* nulla *om.* B   **14** usus D V P; susu M   desunt B[ac], -serint D[1]
quae per D[1] V P[1], *ord. signis rest.* D[2] P[2]   aut *post* eius] t *s.l. m.2* B
15 abscindunt B   **16** illis M   **17** malorumque] ac malorum B
18 sapientis *ex* -tes B[3]   **19** iis R, his *cet.*   mereri R
alii B

in eorum locum uicemque supponunt. pro cupiditate substituunt uoluntatem, quasi uero non multo sit praestabilius bonum cupere quam malum uelle; item pro laetitia gaudium, pro metu cautionem. at in illo quarto immutandi nominis eos ratio deficit. itaque aegritudinem penitus id est maestitiam doloremque animi sustulerunt; quod fieri nequaquam potest. quis enim possit non dolere, si patriam aut pestilentia exhauserit aut hostis euerterit aut tyrannus oppresserit? potest aliquis non dolere, si sublatam uiderit libertatem, si proximos, si amicos, si bonos uiros aut exterminatos aut crudelissime trucidatos? nisi cuius mens ita obstipuerit, ut sit ei sensus omnis ereptus. quare aut omnia tollere debuerunt aut implenda fuerat curta haec ac debilis disputatio, id est etiam pro aegritudine aliquid reponendum, quoniam superioribus ita ordinatis hoc consequens erat. ut enim praesentibus laetamur bonis, sic malis angimur ac dolemus. si ergo laetitiae, quoniam uitiosam putabant, nomen aliud indiderunt, sic aegritudini, quoniam et ipsam uitiosam putant, aliud uocabulum tribui congruebat. unde apparet non illis rem defuisse, sed uerbum; cuius indigentia eum totum adfectum, qui est uel maximus, contra quam natura pateretur auferre uoluerunt. nam illas nominum commutationes poteram coarguere pluribus et

---

1 pro] ut pro B   substituant *ex* -uat B² **2** quasi] a *in ras. m.2* B non] in R   **3** malum *codd., def. Ingr, sed dubitanter recepimus; del. Betuleius (1563), alii, Br, Win ft. recte*   **4** in *s.l.* P²   eis *ex* eos P³ deficit B¹ P³ HMR; -fecit B³ DVP¹   **5** dolorem B¹, *corr.* B² **6** nequamquam DV; omnino non R   **7** dolore D¹ P¹ *(corr.* P²*)* pestilentiam Bar   hostis *ex* -tes B²   euerterit] *post* i *1–2 litt. eras.* B **8** aliqui B   dolore B¹ *(corr.* B³*)*   **9** bonos uiros] uicinos *ex* binos B²   **11** et *ex* ei B²   **12** inpleta B   fuerit B¹ *(*t *inc.;* tueri B³*)* R   curata Bar; cur ita DV   ac BDVP *(*c *s.l.);* aut HMR **13** id est] idem *plene* DVP   **13–16** aliquid ... laetitiae *om.* R **14** ordinatus Vac   **15** angimur *ex* tan- B³   dolemur D¹ VP sicut *ex* si D²   **16** quoniam *ex* quam P; q. et ipsam R   uitiosum P **17** putabant P³ *(ex* -tant*)* HM   **18** congruebant HM   **19** indigenti Pac; -gent R   eum *ex* cum P³   totum] motum HM

ostendere aut sermonis ornandi augendaeque copiae gratia multa nomina isdem rebus imposita aut certe non multum inter se illa distare. nam et cupiditas a uoluntate incipit et cautio a metu oritur et laetitia nihil aliud est quam professum gaudium. sed putemus, ut ipsi uolunt, esse diuersa. nempe igitur cupiditatem esse dicent perseuerantem ac perpetuam uoluntatem, laetitiam uero insolenter se efferens gaudium, metum autem nimiam et excedentem modum cautionem. ita fit, ut ea quae tollenda esse censent non tollant, sed temperent, siquidem nomina tantummodo immutant, res ipsae manent. eo igitur imprudentes reuoluuntur quo Peripatetici ratione perueniunt, ut uitia quoniam tolli non possunt, medie temperanda sint. errant ergo, quia non efficiunt quod uolunt, et longo asperoque circuitu in eandem uiam redeunt.

16. At ego ne Peripateticos quidem accessisse ad ueritatem puto, qui uitia esse concedant, sed ea mediocriter temperant. carendum est enim uitiis etiam mediocribus. quin potius efficiendum fuit primum, ne uitia essent; nec enim quidquam

Epit.: 6, 16, 1–11] 56, 2 Peripatetici ... putant   1 carendum ... 2 bene] 56, 2 neque ... abutendum est

Codd.: 4 *hinc fere coepisse uid.* G *p. 159 bis rescripta nusquam legibilis; de pp. 159–162 u. Brandt, 1884, 325, qui ex paucis litteris pp. 160/161 (u. infra 6, 16, 9–11) a se uisis collegit haec duo folia textum cohaerentem exhibuisse; ceterum extant* B D V P HM R

1 orandi B[1], *corr.* B[3]   **2** hisdem B *(h s.l. m.2)* D V P   aut] edicere aut B   **6** dicunt H M   perpetuam *ex* -a B[2]   **7** nimiam *ex* animam *ut uid.* B[3]   et *in ras.* B[3]   **8** cautiorem, r *in ras. m.2,* B   esse censent] essent R   **9** sed *s.l.* B[2]   **10** maneant B   ego D[ar] V   reuolbuntur *ut uid.* B[1], *corr.* B[3]   **11** quod HM   peripatetici *ex* -ca? B[3]   perueniunt] *alt.* u *in ras. m.3* B   **12** medie B[3] *(ex* mediae? a *exp. et alt.* e *in ras.)* D P M; -diae V H; medietate, ta *s.l.,* R   *post* temperanda *1 litt. eras.* B   sit B[1] *(corr.* B[2])* D[ac]   efficiunt] ef *in ras. m.2* B   **13** eadem *ex* eod- B[1], *corr.* B[3]   **16** quia? B[ar]   eam B[ar]; ex D V P[1] *(corr.* P[2])*   **17** etiam uitiis B   quin *ex* qui B[2]   **18** ne] n *in ras. 2 litt. m.3* B   neque R

uitiosum nasci potest, sed uitia fieri, si male utamur adfectibus,
uirtutes, si bene. deinde monstrandum non ipsos adfectus, sed 3
eorum causas esse moderandas. – non est, inquiunt, nimia laetitia gestiendum, sed modice ac temperate. – hoc uero tale est,
quale si dicerent non esse currendum concitate, sed gradiendum
quiete. at potest et qui graditur errare et qui currit rectam uiam
tenere. quid? si ostendo esse aliquid, ubi non tantum modicum, 4
sed uel punctum gaudere uitiosum sit, et aliud contra, in quo uel
exultare laetitia minime criminosum, quid tandem nobis ista
mediocritas proderit? quaero, utrumne sapienti laetandum pu- 5
tent, si quid inimico suo mali uideat accidere, aut utrumne laetitiam frenare debeat, si uictis hostibus aut oppresso tyranno
libertas et salus ciuibus parta sit. nemo dubitat, quin et in illo 6
exiguum laetari et in hoc parum laetari sit maximum crimen.
eadem de ceteris adfectibus licet dicere. sed, ut dixi, non in his 7
moderandis sapientiae ratio uersatur, sed in causis eorum, quoniam extrinsecus commouentur, nec ipsis potissimum frenos

Epit.: 6, 16, 7–8] *cf.* 56, 3 non enim . . . fiunt mala

15 ut dixi] § 3

Codd.: **9** *hinc fere coepisse uid.* G *p. 160 uix legibilis; u.* 6, 15, 16

2 uirtutibus *ex* -tes P² inde B *post* monstrandum *s.l.* ∻ *i. e.* est*; cf.*
5, 5, 1 affectus *ex* adfectos B² **3** laetitia nimia D V P
4 modicum B temperate *ex* -rare B³, *ex* -rante P² **6** at] quia *ex*
qui*?* B³ et *post* potest *ex* ei B³ **7** esse *om.* B aliquid esse H M
8 punctu B; ad *(s.l. m.2)* p. D **9** laetitiam|in me B¹, *corr.* B²
quid *ex* qui B² **10** prodeerit B; *cf.* 6, 12, 8 utrumne *in ras. m.3* B
sapientiae Bᵃʳ H M putet *ex* -ent B³ **11** qui M accidere *s.l.* B³
aut *om.* H M **12** refrenare Bᵃᶜ H M sic Bᵃʳ aut *ex* ac*?* B³
oppressio V **13** cibus D¹ V P¹ *(corr.* P³*)* parata B H M
debitat Dᵃᶜ V P¹ *(corr.* P³*)* in *ante* illo *s.l.* B³ **14** exiguum *ex*
-uam B³ et hoc . . . laetari *in mg.* H² in *om.* H² M parum *ex*
-rem B² sit *s.l.* B³ *post* crimen *s.l. eras.* est *ut uid., quod add.*
m.2, B **15** iis R

imponi oportuit, quoniam et exigui possunt esse in maximo crimine et maximi possunt esse sine crimine, sed adsignandi fuerunt certis temporibus et rebus et locis, ne uitia sint quibus uti recte licet. sicut enim recte ambulare bonum est, errare autem malum, sic moueri adfectibus in rectum bonum est, in prauum malum. nam libido si extra legitimum torum non euagetur, licet sit uehemens, tamen culpa caret, sin uero appetit alienum, licet sit mediocris, uitium tamen maximum est. non est itaque morbus irasci nec cupere nec libidine commoueri, sed iracundum esse morbus est, cupidum, libidinosum. qui enim iracundus est, etiam cui non debet aut cum non oportet irascitur, qui cupidus, etiam quod non opus est concupiscit, qui libidinosus, etiam quod legibus uetatur adfectat. omnis igitur ratio in eo uersari debuit, ut quoniam earum rerum impetus inhiberi nec potest nec debet, quia necessario est insitus ad tuenda officia uitae, dirigeretur potius in uiam rectam, ubi etiam cursus offensione ac periculo careat.

17. Sed euectus sum coarguendi studio longius, cum sit mihi propositum ostendere ea quae uitia philosophi putauerunt non

Epit.: 6, 16, 9–11] 56, 7

Test.: 6 libido ... euagetur] *cf.* Zeno 1, 1, 13. Salu. gub. 7, 100

Codd.: 7–14 *ab* | petit *ad* impetus *in* G *pp. 160/161 pauca uidit Brandt, 1884, 325; ergo ab § 10* quod legibus *coepisse uid. p. 161; ceterum extant* B D V P H M R

1 et *ante* exigui *om.* B D V P   **1–2** possunt in ... maximi *in mg.* V[2] esse *ante* in *om.* D V[2] P   **2** sed *ex* se B[2]   **4** abulare B[ac]; -laretur *ut uid.* R[ar]   bonum *ex* -nu B[3]   **5** mori B   bonum *ex* -nu B[3] est *om.* H M   prabum *ut uid.* B[ac]   **6** nam ... si] n. l. *tantum* B; n. si l. si D V P[1] *(alt.* si *del.* P[3])   **7** sit *ex* sic B[2]   alienam *ex* -num *ut uid.* H   **8** mediocre *ex* -ris D[2]   tamen *om.* M   **13** etiam *post* libidinosus *om.* M   oratio R   **14** ut] et *s.l.* B   **16** dirigeretur D V P, der- R; derigetur, r *et* g *in ras. m.2*, B; dirigetur H M   **17** ac *om.* R   **19** propositum *ex* -tu B[2]

tantum uitia non esse, uerum etiam magnas esse uirtutes. ex his
docendi gratia sumam quae pertinere ad rem maxime puto.
metum seu timorem in maximo uitio ponunt summamque imbecillitatem esse animi putant, cui sit contraria fortitudo; quae si
sit in homine, locum timori esse nullum. creditne ergo aliquis
fieri posse, ut idem metus summa sit fortitudo? minime. neque
enim uidetur capere natura, ut aliquid in contrarium reccidat.
atquin ego non arguta aliqua conclusione, ut apud Platonem
Socrates facit, qui eos quos contra disputat cogit ea quae ne-
gauerant confiteri, sed simpliciter ostendam summum metum
summam esse uirtutem. nemo dubitat, quin timidi et imbecilli
sit animi aut dolorem metuere aut egestatem aut exilium aut
carcerem aut mortem; quae omnia quisquis non exhorruerit,
fortissimus iudicatur. qui autem deum metuit, illa uniuersa non
metuit. ad quod probandum argumentis opus non est. spectatae

Epit.: 6, 17, 5–9] *cf.* 61, 3–4

Test.: **11–12** timidi ... egestatem] *cf.* Ps. Sen. mor. 99

Codd.: **13** *hinc fere coepisse uid.* G *p. 162 nusquam legibilis; u.
6, 15, 16*

1 iis R; aliis D V P   **2** gratiam H[ar] M   summamque, *alt.* m *s.l.
m.3*, B   pertinet R   **2–3** puto ... maximo *om.* R   **3** metu V;
mecum P[1], *corr.* P[3]   seu] sed H M   inbecillita R[1]
4 cum M   **5** hominem B   timoris H M   nullum esse B
credit. ne D[1] V P[ac]; -it. neget H M; credunt, *deinde* ne ... posse *del. et
s.l.* ergone fieri potest D[2]   **6** posse] *sup. e litt. inc. eras.* B
sit] t *in ras. m.2* B   neque enim *bis, alt. eras.* R   **7** reccidat
B V H[ar] R[ac], reci- D H[pr] M R[pc], r&ci- P; *cf. 7, 15, 16*   **8** quin D V P
ergo D[ac]   aguta, *sed del., s.l.* facio *(io inc.)* D   **9** contra quos H, c.
quod M   **10** summaum metum B[ar]   **11** qui D V P   inbeccilli, *pr.* c
eras., ult. i *in ras. m.3* B; -cillis, s *s.l.*, R   **13** carcerem *ex* -re B[3];
cerc- R[ac]   exhorruerit] h *s.l. m.2* B   **14–15** illa ... metuit *om.* M
14 non] num H   **15** argumentis *ex* -tum B[3]   spectatae D[2] H M R[1];
-ti B[1]; exsp- B[3] R[2]; peccatae D[1] V P[1]; paratae P[3]

sunt enim semper spectanturque adhuc per orbem poenae cultorum dei, in quibus excruciandis noua et inusitata tormenta
7 excogitata sunt. nam de mortis generibus horret animus recor-
dari, cum immanium bestiarum ultra ipsam mortem carnificina
saeuierit. has tamen exsecrabiles corporum lacerationes felix
8 atque inuicta patientia sine ullo gemitu pertulit. haec uirtus
omnibus populis atque prouinciis et ipsis tortoribus miraculum
9 maximum praebuit, cum patientia crudelitas uinceretur. atquin
hanc uirtutem nihil aliud quam metus dei fecit. itaque, ut dicebam, non euellendus, ut Stoici, neque temperandus timor, ut
Peripatetici uolunt, sed in ueram uiam dirigendus est auferen-
dique sunt metus, sed ita ut hic solus relinquatur; qui quoniam
legitimus ac uerus est, solus efficit, ut possint cetera omnia non
10 timeri. cupiditas quoque inter uitia numeratur, sed si haec quae
terrena sunt concupiscat, uitium est, uirtus autem, si caelestia.
qui enim iustitiam, qui deum, qui uitam perpetuam, qui lucem
sempiternam eaque omnia quae deus homini pollicetur consequi
cupit, opes istas et honores et potentatus et regna ipsa contemnet.
11 dicet fortasse Stoicus uoluntate opus esse ad haec consequenda,
non cupiditate. immo uero parum est uelle. multi enim uolunt,

Epit.: 6, 17, 9 itaque ... est] *cf.* 56, 2 hos ... recte. 3 ... dicimus. 7
6, 17, 10 opes ... contemnit] *cf.* 29, 8 opes ... caduci

9 ut dicebam] *cf.* 6, 15, 2–3. 16, 1

Auct.: **20** parum est uelle] Ou. Pont. 3, 1, 35 u. p. e.

1 semperque, que *s.l. m.2* B   spectanturque D V P[pr] H[pr]; -r quae
P[ar] H[ar] M; exp- B (-r quae) R   **2** noua et *ex* -uae B[2]   inuisitata B[ar];
inaudita H M   **3** excogitata *om.* H M   recordanti *ex* -ati P[3]; -are H[1]
6 patientia] sapi- B   **8** atquin D (n *exp.*) V P, adq- B; anq- H M; q- R
9 metus] me *in ras. m.3* B   **11** peripatici H M   autferendique R[ar]
12 metus sunt B   **13** legimus B[ac]   effecit H M   ut *s.l.* D[2] P[3],
om. V   **15** concupiscas R   **17** quam D[ac] V P   **18** contemnit H M
19 dicet *ex* -ens B[2]   istoicus B[ar]; *u. 6, 14, 7*   **20** non cupiditate]
concu- D[1] (cum c. D[2]) V P[1] (*corr.* P[3])   multi ... uolunt] multient
D (*del. m. post.*) V P (*in mg. m. rec.* uolunt)

sed cum dolor uisceribus accesserit, uoluntas cedit, cupiditas
perseuerat. quae si efficit, ut contemptui sint omnia quae a ceteris appetuntur, summa uirtus est, siquidem continentiae mater
est. ideoque illud potius efficere debemus, ut adfectus, quibus
praue uti uitium est, dirigamus in rectum. nam istae concita-
tiones animorum iuncto currui similes sunt, in quo recte mo-
derando summum rectoris officium est ut uiam nouerit. quam si
tenebit, quamlibet concitate ierit, non offendet, si autem aberrauerit, licet placide ac leniter eat, aut per confragosa uexabitur
aut per praecipitia labetur aut certe quo non est opus deferetur.
sic currus ille uitae, qui adfectibus uelut equis pernicibus ducitur, si uiam rectam teneat, fungetur officio. metus igitur et cupiditas si proiciantur in terram, uitia fient, uirtutes autem, si ad
diuina referantur. parsimoniam contra uirtutis loco habent.
quae si studium est habendi, non potest esse uirtus, quia in au-
gendis uel tuendis terrestribus bonis tota uersatur. nos autem
summum bonum non referimus ad corpus, sed omne officium
solius animae conseruatione metimur. quodsi, ut supra docui,
patrimonio minime parcendum est, ut humanitatem iustitiamque

18 supra] 6, 12, 1–41

1 set *ex* et B³   cecidit D   cupidas Dᵃᶜ V   **2** quam Dᵃᶜ VP¹
(corr. P³*)*   sint *ex* sit B³   a *s.l.* P, *om.* M   **3** siquidem] et s. HM
4 adiectus D¹ VP¹, abiectis P³   **5** derigamus B   cogitationes B
6 currus similius B¹, *corr.* B²   in *om.* B   recto B   moderando]
-dosum, os *eras. sic* B   **7** ut *in fine lin.* B²   quam] nam DVP
8 quamlibet] licet *(*c *ex* b*?), antea* quamsi *eras.* R   concito, *deinde 1
litt. eras.* B; -cite HM   offendet *ex* -dit B² Mᵖᶜ   **9** leniter eat *ex* -teat
m.2 uel 3 B   aut *post* eat *om.* R   uexauitur B¹, *corr.* B²
10 aut] ut R   labetur *ex* laue- B²   quod Bᵃʳ   defertur B¹, *corr.*
B³; deretur M   **11** si M   cursus BDVP   illae DV; istae *m.1,
ipsius m. post.* R   **12** rectam uiam HM   officia B   **13** proiciatur
Dᵃᶜ Vᵃᶜ P   fiet Vᵃᶜ   **14** parsimonia B¹ *(corr.* B²*)* M
15 est *s.l.* B³   **16** bonis tota] bona V   **18** conuersatione R
metimur] im *in ras. m.3* B   quod|si, d *m.3,* B   **19** parcendum *ex*
-du B³

teneamus, non est uirtus frugi esse; quod nomen specie uirtutis
17 fallit ac decipit. est enim frugalitas abstinentia quidem uoluptatum, sed eo uitium, quia ex habendi amore descendit, cum sit et uoluptatibus abstinendum et pecuniae minime temperandum. nam parcere id est mediocriter uti pecunia quasi quaedam pusillitas animi est aut praetimentis ne sibi desit aut desperantis posse se illa reparare aut contemptum terrestrium non capientis.
18 sed illi rursus eum qui rei familiari suae non parcat prodigum uocant. nam ita liberalem distinguunt a prodigo, quod is liberalis sit, qui et bene meritis et cum oportet et quantum satis est largiatur, prodigus uero, qui et non meritis et cum opus non est et
19 sine respectu rei familiaris effundat. quid ergo? prodigumne dicemus eum, qui misericordiae causa tribuat egentibus uictum? atquin multum refert, utrumne scortis propter libidinem largiare an miseris propter humanitatem, utrum pecuniam tuam perductores aleatores lenonesque diripiant an illam pietati ac deo praestes, utrumne illam uentri et gulae ingeras an in thesauro iusti-
20 tiae reponas. ut ergo uitium est effundere in malam partem, sic in bonam uirtus. si uirtus est non parcere opibus quae possunt

2 fallat H^{ac} M^{ac} fragilitas B   uoluptatium, i *s.l., alt.* u *in ras. m.3,* B   **3** ideo *ex* eo B^3 quia] quoniam H M   **3–4** sit ... pecuniae] *utrumque et om.* D V P   **5** parcere B V P R *Win, Ingr;* parce D H M *edd., Br*   ut M   pecunia *ex* -am B^3 **6** est animi H M   desperatis D^{ac} V P^1 *(corr.* P^3*);* sperantis B^1, *corr.* B^3 **7** posse *om.* D V P   se *om.* B   illa *codd. (etiam* P*), def. Ingr;* -lam *edd., Br*   reparare V P H M; super- *ex* separ- B^3; rapere D; re *in fine pag.* R   **8** prorsus H M *(-ossu-)*   prodigum uocant *post finem lin. in mg.* H; *hic om., post § 19* causa *ins.* M   **9** distingunt H M R   is *s.l.* V, his P^{ar} **10** et *post* oportet *om.* D V P   **11** prodigum H M   meriti · sed H M   **12** rei] dei R   effundit H M   prodigumne] -um non P^1 *(corr.* P^3*)* M   **14** atquin M R; ad quid B; atqui in D^1 *(*atque D^2*)* V P^{ar}; aut quin H   referet R   largiare *ex* -ar B^2 **15** perductore|s, s *eras.* R; *u. p. LXXV*   **16** deripiant D V *(*e *ex* i*)* P   ac] a P   **17** illa B   et] aut B   guilae R   tensauro B *(u. 6, 12, 35);* thesauros H M   **18** malum P^{ac} **19** est *s.l.* B^3

reparari, ut hominis uitam sustentes quae reparari non potest,
uitium igitur parsimonia est. quare nihil aliud dixerim quam
insanos qui hominem, mite ac sociale animal, orbant suo nomine, qui euulsis adfectibus, quibus omnis constat humanitas, 21
ad immobilem stuporem mentis perducere uolunt, dum student
animum perturbationibus liberare et, ut ipsi dicunt, quietum
tranquillumque reddere. quod fieri non tantum non potest, quia 22
uis et ratio eius in motu est, sed ne oportet quidem, quia sicut
aqua semper iacens et quieta insalubris et magis turbida est, sic
animus immotus ac torpens inutilis est etiam sibi, nec uitam
ipsam tueri poterit, quia nec faciet quidquam nec cogitabit, cum
cogitatio ipsa nihil aliud sit quam mentis agitatio. denique qui 23
hanc immobilitatem animi adserunt, priuare animum uita uolunt,
quia uita actuosa est, mors quieta. quaedam etiam recte pro 24
uirtutibus habent, sed earum modum non tenent. uirtus est constantia, non ut inferentibus iniuriam resistamus – his enim ce-
dendum est; quod cur fieri debeat mox docebo –, sed ut iuben-
tibus facere nos contra legem dei contraque iustitiam nullis minis aut suppliciis terreamur, quominus dei iussionem iussioni
hominis praeferamus. item uirtus est mortem contemnere, non 25

Epit.: 6, 17, 20 hominem ... animal] *cf.* 29, 2 cum ... commune
24–26] *cf.* 61, 3–4; *ad* 24 *cf.* 52, 9 ... seruetur

17 mox] 6, 18, 12–31

1 ut ... reparari *om.* D V P   homines B^ac   **2** uitium] utique, e *ex* i
m.3, deinde ras. 1–2 litt. B   quare] quae M   **3** mitem *ex* -te B²
4 ebulsis B¹, *corr.* B²   omnibus P   **6** et *om.* HM   quietum *om.*
HM   **7** non *post* fieri *om.* HM   **8** eius *om.* M   in motu BH,
immo- *cet.*   **9** magnis D^ac VP¹ *(corr.* P³)   **10** animo D¹ VP¹ *(corr.*
P³)   **11** potest R   cogitauit B¹, *corr.* B²   **13** immobilem B
animum uitam B¹, -mo uitam B², *corr.* B³   **14** ac | tuos B¹, *corr.* B²
recte *ex* -ta B³   **15** eorum HM   **16** inherentibus D^ac V, iner- P^ac
17 docebo mox B¹, *ord. lineolis rest.* B³   **18** nos] non *ex* n. B³
19 iussionem iussioni HMR; iussione B¹, *suppl.* B³; iussionem D V P

ut appetamus eamque nobis ultro inferamus, sicut philosophorum plurimi et maximi saepe fecerunt, quod est sceleratum ac nefarium, sed ut coacti deum relinquere ac fidem prodere mortem suscipere malimus libertatemque defendamus aduersus impotentium stultam uecordemque uiolentiam et omnes saeculi minas atque terrores fortitudine animi prouocemus. sic ea quae alii timent, excelsa et insuperabili mente dolorem mortemque calcabimus. haec est uirtus, haec uera constantia, in hoc tuenda et conseruanda solo, ut nullus nos terror, nulla uis a deo possit auertere. uera igitur Ciceronis illa sententia est: 'nemo' inquit 'iustus potest esse qui mortem, qui dolorem, qui exilium, qui egestatem timet'; item Senecae in libris moralis philosophiae dicentis: 'hic est ille homo honestus, non apice purpurue, non lictorum insignis ministerio, sed nulla re minor, qui cum mortem in uicinia uidit, non sic perturbatur tamquam rem nouam uiderit, qui siue toto corpore tormenta patienda sunt siue flamma ore rapienda est siue extendendae per patibulum manus, non quaerit quid patiatur, sed quam bene.' qui autem deum colit, haec patitur nec timet; ergo iustus est. his rebus efficitur, ut

Auct.: **10–12** Cic. off. 2, 38   **13–18** Sen. frg. 124 Haase; *cf. Lausberg, 1970, 182–186*

1 ut *s.l.* D   ultro nobis HM   adferamus B[1], *corr.* B[3]
3 ac *ante* fidem] et B   **4** malitis P[ac]   aduersum B   **5** stultum R[ac]
uaecordem DVP   omnis D[ac] VP   **6** fortitudinem HMR
7 alii *ex* ali B[2]   doloremque M   **8** calcauimus B[1], *corr.* B[3]; -camus
DVP   haec uera] h. est u. HM   constantia in *ex* -tiam P
9 nos *om.* M   noster|error B[1], *corr.* B[2]   possit a deo B
10 euertere R   uera] u. est HM   ciceronisi B   est *om.* HMR
nemo] n. enim *Cic.*   **11** potest iustus B   esse potest *Cic.*
ante mortem *eras.* in B   **12** seneca HM   moralibus *ex* -lis B[2]
13 homo ille B   homo *om.* R   **14** rem HM[ar]   **15** uicina HM (-iti-)
uidit B[1] HMR; -det B[2] DVP *Win*   perturbatur] -tus est HM
nouem B[ac]; nouum V[ac]   **16** siue] sibi HM   sunt *compendio in eras.*
se? P   **17** patibolum B[ac]   **18** quam sed *ante* ord. rest. P
19 ergo] e. qui HM   est *eras.* B, *om.* R   ut] nam HM

neque uirtutes neque uirtutum exactissimos limites nosse aut tenere possit omnino quisquis est a religione dei singularis alienus.

18. Sed omittamus philosophos, qui aut nihil omnino sciunt idque ipsum pro summa scientia praeferunt aut qui non perspiciunt etiam quae sciunt aut qui, quoniam se putant scire quae nesciunt, inepte adroganterque desipiunt. nos ergo, ut ad propositum reuertamur, quibus solis a deo ueritas reuelata et caelitus missa sapientia est, faciamus quae iubet inluminator noster deus. sustineamus inuicem et labores huius uitae mutuis adiumentis perferamus nec tamen, si quid boni operis fecerimus, gloriam captemus ex eo. monet enim deus operatorem iustitiae non oportere esse iactantem, ne non tam mandatis caelestibus obsequendi quam studio placendi humanitatis officio functus esse uideatur habeatque iam pretium gloriae, quod captauit, nec praemium caelestis illius ac diuinae mercedis accipiat. cetera quae obseruare cultor dei debet facilia sunt illis uirtutibus comprehensis. non mentiatur umquam decipiendi aut nocendi causa. est enim nefas eum qui ueritati studeat in aliqua re esse fallacem atque ab ipsa quam sequitur ueritate discedere. in hac iustitiae uirtutumque omnium uia nullus mendacio locus est. itaque uiator ille uerus ac iustus non dicet illud Lucilianum:

Epit.: 6, 18, 4–26] 57, 1. 59, 1–8   6, 18, 4 ... comprehensis] 59, 1 superatis ... sectator   4 non ... 6 discordet] 59, 7

1 neque *post* ut *ex* ne B² uirtutes neque *om.* HM   **3** alienus *ex* -nis B²; et a. HM   **4** qui aut] quia B   **5** perspiciunt HMR; percipiunt BDVP¹ (s *tantum sup.* c P³) *ft. recte*   **6** etiam ... sciunt *om.* R   **7** desipiunt] d *in ras.*, si *s.l.* P; -spici- HM   ut *om.* D prositum D¹ P   **8** a *s.l.* B³   **10** deus *om.* DVP   adiumentis *ex* aiu- B³   **12** *ante* captemus *exp.* et R   **13** oportere] debere HM   iactantem *ex* lact- *uel* laet- B   **15** pretium *om.* DVP   **16** illius *ex* alius P²   **17** cultores dei debent HM   illi R   **18** non] si n. HM   aut nocendi *om.* R   **19** est ... nefas] non est en- fas HM   ueritatem B   **20** decedere R   **22** uerus ac *om.* R   uetus *ex* uict-? P² illum lucianum B

'homini amico et familiari non est mentiri meum',
sed etiam inimico atque ignoto existimabit non esse mentiri
suum nec aliquando committet, ut lingua interpres animi a sensu
et cogitatione discordet. pecuniam si quam crediderit, non
accipiat usuram, ut et beneficium sit incolume, quod succurrit
necessitati, et abstineat se prorsus alieno. in hoc enim genere
officii debet suo esse contentus, quem oporteat alias ne proprio
quidem parcere, ut bonum faciat; plus autem accipere quam
dederis iniustum est. quod qui facit, insidiatur quodammodo, ut
ex alterius necessitate praedetur. at iustus numquam prae-
termittet, quominus aliquid misericorditer faciat, nec inquinabit
se huiusmodi quaestu, sed efficiet, ut sine ullo suo damno id
ipsum quod commodat inter bona opera numeretur. munus non
accipiat a paupere, ut si quid ipse praestiterit, eo bonum sit,
quod fuerit gratuitum. maledicenti benedicto respondeat, numquam ipse maledicat, ne uerbum malum procedat ex ore hominis
qui colit uerbum bonum. quin etiam caueat diligenter ne
quando inimicum sua culpa faciat, et si quis extiterit tam

Epit.: 6, 18, 7–9] 59, 2 non dabit ... mutuari   10 ... gratuitum] *cf.*
59, 4   10 maledicenti ... bonum] 59, 1 non ... benedictionem   11
... 12 uindicet] 55, 4. 60, 3 itaque ... innocentiam; *cf.* 29, 8

Auct.: **1** Lucil. 953 Marx   **3** lingua ... animi] Lucr. 6, 1149; *cf. opif.*
10, 13

1 amico] et a. M   **2** existimauit B H M^{ar} (ui *eras.*) R   **3** suum *ex*
suam B²   a] an B^{ar}   **4** et *om.* R   **5** ut *om.* D   et *om.* H R
incolume sit V *(D deest)*   incolumem *ex* -colum B²   quod] et q. B
6 necessitatis, *ult.* s *m.2, sed eras.*, B   **7** contemptus B¹ *(corr.* B²*)*,
-temt- P R^{ac}   **7–8** alias ... faciat *om.* R   **9** dederis B H M R *Ingr*; -rit
D V P *Br*   insidiabitur H M   quodadmodo B¹, *corr.* B³; quod-
modo R   **10** ad *ex* at? B; aut? H^{ar}   praetermittit B   **11** quiminus
D^{ac} V P   facit R^{ac}   inquinauit B¹, *corr.* B²   **12** quaestus B^{ar}
13 ipsum *ex* -sut B²   nominetur H M   **15** quod B H M, quo *cet.*
gratum B; -tutum D^{ac}   respondet H M   **16** maledicebat R^{ac}
ex] de B   hore D^{ac} P^{ar}   **17** diligenter *ex* -tem B²   **18** et *om.* B

proteruus, qui bono et iusto faciat iniuriam, clementer ac moderate ferat et ultionem suam non sibi adsumat, sed iudici deo reseruet. innocentiam semper et ubique custodiat. quod praeceptum non ad hoc tantum ualet, ut ipse iniuriam non inferat, sed ut inlatam sibi non uindicet. sedet enim maximus et aequissimus iudex, speculator ac testis omnium. hunc homini praeferat, hunc malit de causa sua pronuntiare, cuius sententiam nemo effugere potest nec defensione cuiusquam nec gratia. ita fit, ut homo iustus contemptui sit omnibus, et quia putabitur se ipsum non posse defendere, habebitur pro segni et inerte. qui autem fuerit ultus inimicum, hic fortis, hic strenuus iudicatur, hunc omnes uerentur, hunc colunt. bonus uero ille tametsi prodesse pluribus possit, illum tamen suspiciunt qui nocere quam qui prodesse possit. sed iustum prauitas hominum deprauare non poterit, quominus deo studeat obtemperare malitque contemni, dummodo semper boni fungatur officio, mali numquam. Cicero in isdem illis officialibus 'at uero si quis uoluerit' inquit

Auct.: **17–p. 606, 3** Cic. off. 3, 76

Codd.: **3** *a* semper *incipit* G *p. 73 usque ad § 13* defendere *et ex parte §§ 15–16* euoluere . . . adiungere *lecta; ceterum extant* B D V P H M R

1 proterbus B*;* propter uos V M   **2** suam *om.* B   iudici deo B P^{pr} R *Le, Win, Ingr;* -cio deo D^{ac} V P^{ar}*;* -cio dei D^{pc} H M *edd., Br*   **3** seruet B   semper et *ex* suam speret B^3 **4** non . . . tantum *om.* R   ualet] ua *in ras. m.3* B   ininiuriam B^{ar} **5** sedet] sed B G et *s.l.* B^3, *om.* G   **6** iudex *ex* ind- B^3 ac testis] actis H M   hominem B   praefert H M   **7** cusa D^{ac} V^{ac} P^1 *(corr.* P^3*);* casa V^{pc} **8** defensionem B^{ar} ita *s.l.* B^3 *(om.* G*?)*   **9** contemtu |, i*? mg. resecto (u. supra p. LXXV) periit,* s *s.l. m. post.* R   se] semet H M   **10** habetur B^1 R*;* -beatur B^2 inerte] e*? periit; s.l.* ti *m. post.* R   **11** fuerit *s.l.* B^3 **12** tamsi B   prodeesse B   **13** posset B *post* tamen *s.l. m.2?* magis D   suscipiunt B R   **14** prodeesse B   iustum] i | tum *(mg. resectus), s.l.* te *et* c *ex* t, *i. e.* te | cum *m. post* R   **15** adeo P^{ar} **16** numquam mali P   Cicero in] -oni D V   **17** isdem B^1, hisd- B^2 *cet.*   at uero *ex* adero B^3 qui *plurimi codd. Cic.*

'animi sui complicatam notionem euoluere, iam se ipse doceat eum uirum bonum esse qui prosit quibus possit, noceat nemini nisi lacessitus iniuria.' o quam simplicem ueramque sententiam duorum uerborum adiectione corrupit! quid enim opus fuerat adiungere 'nisi lacessitus iniuria', ut uitium bono uiro quasi caudam turpissimam apponeret patientiaeque, quae omnium uirtutum maxima est, faceret expertem? 'nociturum esse' dixit 'bonum uirum, si fuerit lacessitus'. iam ex hoc ipso boni uiri nomen amittat necesse est, si nocebit. non minus enim mali est referre iniuriam quam inferre. nam unde certamina inter homines, unde pugnae contentionesque nascuntur, nisi quod improbitati opposita impatientia magnas saepe concitat tempestates? quodsi patientiam, qua uirtute nihil uerius, nihil homine dignius inueniri potest, improbitati opposueris, extinguetur protinus, tamquam igni aquam superfuderis. sin autem prouocatrix illa improbitas impatientiam sibi comparem nacta est, tamquam perfusa oleo tantum excitabit incendium, ut id non flumen aliquod, sed effusio cruoris extinguat. magna itaque patientiae ratio est,

Epit.: 6, 18, 17 ... 18 tempestates] 57, 1 ... impendet. 60, 3 itaque ... innocentia

Codd.: 5 *a* quasi *incipit* G *p. 74 fere tota lecta; extant* BGDVPHMR

2 quibus possit *om.* B *(habet* G) **3** sententiam *ex* iustit- B[3] **4** affectione *ex* aiec- B[3] corrupuit B[ar] **5** ut] aut D[ac] V P[ar]; ut in B[ar] caudam] quodam B D[1] V P[1]; quoddam D[2] P[3] *(G inc.)* **6** turpissimum *ex* -mam B[2] D[2] P[3] patientiaeque quae GPH, -iae quaeque B *(que eras.);* -iae et quae R; sapientiaeque quae D V; quae que *tantum* M **7** est *om.* M ex parte M no|citurnum B[ar]; -citum R dixi M; *post* d. *s.l.* cicero V[2] **8** nomen *om.* M **9** amittant G noceuit B[1], *corr.* B[2] non] nos G **10** iniuriam *ex* -ia B[2] inferre *ex* ref- B[3] certamen BG **11** ni P **13** uerus M homine] in *(s.l.)* h. D, om- V; -ni HM; -nem R[ac] dignus G V[ac] **14** inueniri *ex* -re B[2] extinguitur B **15** si BG **16** comparem] t *sup. alt.* m R nacta B D[pc] V[pr] HMR; nancta G D[ac] V[ar] P; *cf. 6, 3, 7* **17** excitauit B[1] *(corr.* B[2]) GR incendio R quam sapiens homo ademit bono uiro. ut enim nihil malorum fiat, haec sola efficit; quae si detur omnibus, nullum scelus, nulla fraus in rebus humanis erit. quid igitur bono uiro potest esse tam calamitosum tamque contrarium quam irae frena permittere, quae illum non modo boni, sed etiam hominis appellatione despoliet, siquidem nocere alteri, ut ipse uerissime ait, non est secundum hominis naturam? nam et pecudes si lacessas, aut calce aut cornu repugnant, et serpentes ac ferae, nisi persequare ut occidas, negotium non exhibent, et ut ad hominum exempla redeamus, imperiti quoque et insipientes si quando accipiunt iniuriam, caeco et inrationabili furore ducuntur et iis, qui sibi nocent, uicem retribuere conantur. in quo igitur sapiens ac bonus uir a malis et insipientibus differt, nisi quod habet inuictam patientiam, qua stulti carent, nisi quod regere se ac mitigare iram suam nouit, quam illi quia uirtute indigent, frenare non possunt? sed uidelicet haec illum res fefellit, quod cum de uirtute loqueretur, in quacumque contentione uincere putauit es-

Auct.: 6 ipse] Cic. off. 3, 25; u. 6, 11, 2

Codd.: 7 *in* hominis na | *desinit* G *p. 74; hinc extant* B D V P H M R
2 hoc R   effecit R   3 quod P^{ac} igitur] enim B G   potens D^{ac} 4 tamquae M; -mquam V   4–5 permittere ... boni] permittere quae *(a s.l. m.2)* illum non modo bono uiro potest ... frena permittere quae illum n. m. boni, illum ... permittere *ex anteced. repet. exp. m.2, deinde* aeill *in ras. m.3* B   6 dispoliet B^3 *(ex des-)* H M   noceri M   7 natura M   nam ... si] n. si p. si D *(alt. si del.)* V *(alt. si eras.)* P^1 *(pr. si del.* P^3)   8 persequaris *ex* -re V^2 9 exibent B^1 *(corr.* B^2) M, *hinc noniam notatur*   11 iis R, his B D V P; in his H M   quis M   12 *post* quo *exp.* aut V   13 differet R   habent, n *eras. et m.3 del.* B   14 qua B^3 P^3 H M; quam B^1 R; quasi D^1 V P^1; qua sicut D^2 stultus caret *ex* -ti carent D^2 corrigere *ex* quod regere D^2 se *om.* H M   15 *ante* iram *eras.* in *ut uid.* B   quia] a *exp.* D   uirtute *ex* -tem B^3; *deinde eras.* non H   17 loqueretur] quaeretur D^1 V; quaereretur D^2; quaeritur P   intentione, ne *s.l. m.3,* B; continentiae M

se uirtutis nec uidere ullo modo potuit hominem dolori et irae
succumbentem et iis adfectibus indulgentem, quibus debet potius reluctari, et ruentem, quacumque improbitas prouocarit, uirtutis officium non tenere. qui enim referre iniuriam nititur, eum
ipsum a quo laesus est gestit imitari. ita qui malum imitatur,
bonus esse nullo pacto potest. duobus igitur uerbis duas uirtutes maximas bono et sapienti uiro, innocentiam patientiamque,
detraxit. sed quia ipse 'caninam' illam 'facundiam', sicut Sal-
lustius ab Appio dictum refert, exercuit, uoluit hominem canino
modo uiuere, ut remordeat lacessitus. quae retributio contumeliae quam perniciosa sit et quas edere soleat strages, unde
opportunius petetur exemplum quam ex ipsius praeceptoris tris-
tissimo casu, qui dum his philosophorum praeceptis obtemperare gestit, ipse se perdidit? quodsi lacessitus iniuria patientiam
tenuisset, si dissimulare, si ferre contumeliam boni uiri esse di-
dicisset nec illas nobiles orationes alieno titulo inscriptas impatientia et leuitas et insania profudisset, numquam capite suo
rostra, in quibus ante floruerat, cruentasset nec rem publicam
funditus proscriptio illa delesset. sapientis ergo ac boni uiri non
est uelle certare ac se periculo committere, quoniam et uincere

Epit.: 6, 18, 26 ... detraxit] *cf.* 57, 1 et duas ... teneamus   29–31]
57, 1 ... impendet

Auct.: 8 Sall. hist. frg. 4, 54 Maurenbrecher

1 uideri B; uidere *del. et s.l.* laudare D²   et irae *ex* metere? B³
2 iis R, his *cet.*   **3** quemcumque B¹ *(corr.* B³)*;* quamc- Hᵃʳ M
prouocauerit BD *(ue s.l. m.2)* HM   uirtutis *bis* DVP¹, *pr. del.* DP²
4 nititur iniuriam P   **6** pacto] modo P   **7** bono *ex* -ni? B²
uero M, uoro R¹   **8** facundia M   **9** oppio dictu B   **10** uiuere *ex*
-ide- B²   **14** perdidit *ex* petit B³   iniuriam Bᵃʳ   **15** si *post* tenuisset
om. M   si ferre] si forre Dᵃᶜ V, si *(exp. m.3)* forte P   contumelia
B¹ *(corr.* B²) HM   **16** scriptas R   in sapientia M   **17** capite *ex*
-ti B²   **18** publicam *plene* B, *compendio* R; pro *plene* DV, *compendio* P; publicam semper HM

non est in nostra potestate et est anceps omne certamen, sed est
sapientis atque optimi uiri non aduersarium uelle tollere, quod
fieri sine scelere ac periculo non potest, sed certamen ipsum,
quod fieri et utiliter et iuste potest. summa igitur uirtus habenda patientia est, quam ut caperet homo iustus, uoluit illum deus,
ut supra dictum est, pro inerte contemni. nisi enim contumeliis
fuerit adfectus, quantum habeat fortitudinis in se ipso cohibendo
ignorabitur. si autem lacessitus iniuria laedentem persequi coeperit, uictus est; si uero motum illum ratione compresserit, hic
plane imperat sibi, hic regere se potest. quae sustentatio sui
recte patientia nominatur, quae una uirtus omnibus est opposita
uitiis et adfectibus. haec perturbatum ac fluctuantem animum ad
tranquillitatem suam reuocat, haec mitigat, haec hominem sibi
reddit. ergo quoniam naturae repugnare impossibile est et inutile, ut non commoueamur omnino, prius tamen quam commotio illa prosiliat ad nocendum, quod fieri potest maturius,
sopiatur. praecipit deus 'non occidere solem super iram nostram', ne furoris nostri testis abscedat. denique Marcus Tullius
contra suum praeceptum, de quo paulo ante dixi, obliuionem

6 supra] § 13   **19** paulo ante] §§ 15–28

Auct.: **17–18** Eph. 4, 26

1 et *ante* est *s.l.* B²   est *post* sed *om.* B   **2** *post* uiri *s.l.* est B²
aduersari B   uelle *om.* HMR; uel B   **4** uirtus *om.* B
5 capere B; car ceret M   iniustus, in *s.l. m.2,* B   noluit *ex* uo- B²
6 contemsit *ex* -mnit? B²   **7** affectus *ex* ac defe- B³   se | ipse *(exp.)*
ipso R   **8** si autem *bis, pr. exp. m.2* B   iniuriam Bᵃʳ
9 uirtus, *deinde in fine lin. m.2* nulla B   si *codd., Le, Win, Ingr;* qui
Hm, Br; si uero quis *coni. Buen*   rationem HM   **10** imperet Vᵃᶜ;
-rauit HM   se *om.* B; si Vᵃᶜ   **12** uitiis et] iiset *in ras. m.3* B
fluctuantem *ex* -te B²   **13** haec *ante* mitigat *ex* hae DVP³
14 quoniam] quia *ex* qui B²   **15** ut *om.* B   commoueatur HM
commotior? Bᵃʳ   **16** prosiluat Vᵃᶜ, -leat HM   quoad *ex* quod P³
17 praecepit DVPHM   iram *ex* iracundiam H   **18** marcus BR,
m̃ D, ·m̃ P, m̃· M, ·m̃· VH

iniuriarum in magnis laudibus posuit. 'spero te,' inquit Caesari
35 'qui obliuisci nihil soles nisi iniurias.' quodsi hoc ille faciebat,
homo non a caelesti tantum, sed a publica quoque ciuilique
iustitia remotissimus, quanto magis id nos facere debemus qui
immortalitatis uelut candidati sumus?

1   19. Stoici cum adfectus ex homine tamquam morbos conantur euellere, Peripatetici se opponunt eosque non modo retinent, sed etiam defendunt nihilque in homine esse dicunt quod
non magna ratione ac prouidentia sit innatum. recte id quidem,
2 si singularum rerum ueros terminos scirent. itaque hanc ipsam
iram cotem dicunt esse uirtutis, tamquam nemo possit aduersus
3 hostem fortiter dimicare, nisi fuerit ira concitatus. quo plane
ostendunt nec quid sit uirtus scire se nec cur homini tribuerit
iram deus. quae si nobis ideo data est, ut ea utamur ad occiden-
dos homines, quid immanius homine, quid similius feris beluis
existimandum est quam id animal, quod ad communionem atque
4 innocentiam deus fecit? tres sunt igitur adfectus qui homines in

Epit.: 6, 19, 1–11] 56, 1–7   6, 19, 1] 56, 2 hos ... putant   4] 56, 1

Auct.: **1–2** Cic. Lig. 35   **6** §§ 1–2] *cf.* Cic. ac. 2, 135. Tusc. 4, 43
17 § 4] *cf.* Cic. Tusc. 3, 25

Test.: **17** § 4] *cf.* Isid. orig. 8, 11, 95

1 iniuriam B   magnis ... posuit] l. p. m., *ord. lineolis rest. m.1 uel*
2 B   te *om.* D V P; etiam te *Cic.*   caesar D V P   **2** haec B
3 ad caelesti V   ad *(d exp.)* publica D   **4** remotis|sumus D^{ac};
-mouimus M^{ac} **5** inmortalitate B^2 *(in s.l., e in ras. 1–2 litt.)* R (imm-)
uelut *om.* B   **6** Stoici cum] stoicum B^1 *(ut uid.)* P^{ac}; stoici *tantum* B^2
7 peripateticis R; -pateci H M   **8** defundunt P^{ac} nihilque ... dicunt
om. R   **9** prouidentia] *post* ia *1–2 litt. eras.* B; prud- H M
natum M   **10** si *s.l.* B^2 **11** cotem] *post* o *1–2 litt. eras.*, m *in ras.
2–3 litt. m.3* B; comitem D *(mi s.l. m.2)* R   **12** ira fuerit H M
quod D^{ac} V P^1 *(corr.* P^2); in quo H M   **13** ne quid B^1 *(corr.* B^2)
D^{ac} M   uirtutis B   nec *ex* ne B^2 **14** illam *ex* iram B^2
hoccidendos D^{ac}; occidos P^1, *corr.* P^3 **15** inmanibus B^{ar}, immaius
V^{ac}; -manus M   similius] *alt.* i *ex* e? *m.2* B; -lis D^{ac}

omnia facinora praecipites agunt, ira cupiditas libido. propterea poetae tres Furias esse dixerunt, quae mentes hominum exagitent: ira ultionem desiderat, cupiditas opes, libido uoluptates. sed his omnibus deus certos limites statuit; quos si transcenderint maioresque esse coeperint quam necesse est, naturam suam deprauant et in morbos ac uitia uertuntur. qui autem sint isti limites, non est magni laboris ostendere. cupiditas ad ea comparanda nobis data est quae sunt ad uitam necessaria, libido ad subolem propagandam, irae adfectus ad coercenda peccata eorum qui sunt in nostra potestate, id est ut artiore disciplina minor aetas ad probitatem iustitiamque formetur. quae nisi metu cohibeatur, licentia pariet audaciam, quae ad omne flagitium et facinus euadet. itaque ut ira uti aduersus minores et iustum est et necessarium, sic aduersus pares et perniciosum est et impium: impium, quod uiolatur humanitas, perniciosum, quod illis repugnantibus aut perdere necesse est aut perire. hanc autem quam dixi esse rationem, cur homini sit irae adfectus datus, ex ipsius dei praeceptis intellegi potest, qui iubet, ut inimicis et

Epit.: 6, 19, 5] *cf.* 56, 2 si mala ... 3 fiunt mala   6] 56, 5 ... tributa est. 6 ... est. 4 ira ... audaciam

Auct.: **18–p. 612, 3** ut ... irascamur] *cf.* Matth. 5, 44. Luc. 5, 27–28; manus ... corrigamus] *cf.* prou. 23, 13–14. Sir. 30, 8–12; *al. u. ap. Ingr*

1 facinora *s.l.* B³   agunt B³ HMR *Ingr;* agant B¹ DVP *Br ft. recte*
4 certes D^ac V   instituit, *alt.* i *ex* a *m.3,* B   quos B³ P³ HM; quod B¹ P¹ *cet.*   **5–6** coeperint ... uertuntur *dist. Ingr*   **5** quam HMR *Ingr; om. cet., edd., Br*   **6** deprauant B¹ *(-aba-* B³*)* D¹ VP¹ HMR *Ingr;* -uent D² P³ *edd., Br*   uertantur P³ *edd., Br*   sunt B
7 labores D¹   **8** datast B^ac; data *s.l.* D   **9** sobolem DVPHM; *u. 1, 8, 5*   peccata *ex* -te D² P³, *ult.* a *in ras.* V   **11** probitatem] b *ex* u B²   **12** licentiam B^ar *(~ m.2)*   periet B   audaciam quae] -amque B^ar *(m eras.)* DV; -am atque HM   **13** euadit B   ut ira] ira sicut R   ira uti aduersus *ex* iaduersus B³   **14–15** et inpium et impium V
15 uolatur V   inhumanitas B^ar   **17** irae *s.l.* B³   affectibus B^ar   datus *om.* R   **18** ut B D^pr HMR *Ingr,* uti D^ar VP *edd., Br*   inimicis BHMR *Win, Ingr;* maledicis DVP *recc., edd., Br dubitanter*

555 laedentibus non irascamur, manus autem nostras supra minores semper habeamus, hoc est ut peccantes eos adsiduis uerberibus corrigamus, ne amore inutili et indulgentia nimia educentur ad 9 malum et ad uitia nutriantur. sed rerum imperiti et rationis ignari eos adfectus, qui sunt homini ad usus bonos dati, exter- 10 minauerunt et latius quam ratio postulat euagantur. inde iniuste atque impie uiuitur. utuntur ira contra pares; hinc discidia, hinc expulsiones, hinc bella contra iustitiam nata sunt. utuntur cupiditate ad congerendas opes; hinc fraudes, hinc latrocinia, hinc omnia scelerum genera exorta sunt. utuntur libidine ad capiendas tantum uoluptates; hinc stupra, hinc adulteria, hinc corrup- 11 telae omnes extiterunt. quicumque igitur illos adfectus intra fines suos redegerit, quod ignorantes deum facere non possunt, hic patiens, hic fortis, hic iustus est.

1 20. Restat ut contra quinque sensuum uoluptates dicam breuiter; nam et ipsius libri mensura iam modum flagitat. quae omnes quoniam uitiosae ac mortiferae sunt, uirtute superari atque opprimi debent uel, quod paulo ante dicebam de adfectibus, 2 ad rationem suam reuocari. ceterae animantes praeter unam

Epit.: 6, 19, 10] 56, 4–6 *(sed u. ad § 6)*   11] *cf.* 56, 7   6, 20, 1 – 22, 5] 57, 4 – 58, 9. 59, 5 *(ordine mutato)*   6, 20, 1 ... debent] 57, 4 sed ... contemnere

18 paulo ante] 6, 16, 11. 17, 12

1 laetantibus R   irascuntur V   **2** habemus B^ac   hoc] id R peccantis D V P *(n s.l.)*   **3** indulgenti H M R   nimia] anima H M, animo R   **6** postolat H M   iuste H M   **7** uiuit uir H M *post* utuntur *s.l.* impie B³   discordia H M; -cirdia R   **8** cupiditates D^ar V^par   **9** congregandas H M   **10** omnia ... genera] o. g. s. H M; omnium generum scelera B   libidinem *sic s.l.* B³; -nes D^ar V P¹ *(corr. P³)*   **11** tantum *om.* H M   **13** redegit B^ac; -digerit D^ac V P¹ *(corr. P³)*   quos P   non *s.l. m.2?* D   **15** res stat B³ (res tam? *ex* rei tam? B²)   quinque sensuum] iniquos sensus *ex* in quo sensu B²   uoluptatis *ex* -tes B³   **16** et *om.* M   mensuram B^ar **17** superati V   **19** ad *om.* B¹, *s.l.* et ad B³   rationem suam] *utramque* m *exp.* B², *rest.* B³   cetera *m.1*, animantia *m.2 ex* -tes D

uoluptatem, quae ad generandum pertinet, nullam sentiunt. utuntur ergo sensibus ad naturae suae necessitatem: uident, ut appetant ea quibus opus est ad uitam tuendam; audiunt inuicem seque dinoscunt, ut possint congregari; quae utilia sunt ad uictum aut ex odore inueniunt aut ex sapore percipiunt, inutilia respuunt ac recusant; edendi ac bibendi officium uentris plenitudine metiuntur. homini uero sollertissimi artificis prouidentia dedit uoluptatem infinitam et in uitium cadentem, quia proposuit ei uirtutem, quae cum uoluptate semper tamquam cum domestico hoste pugnaret. Cicero in Catone maiore 'stupra uero' inquit 'et adulteria et omne flagitium nullis excitari aliis inlecebris nisi uoluptatis. cumque homini siue natura siue quis deus nihil mente praestabilius dedisset, huic diuino muneri ac dono nihil tam inimicum quam uoluptatem. nec enim libidine dominante temperantiae locum esse neque in uoluptatis regno uirtutem posse consistere.' sed e contrario deus idcirco uirtutem dedit, ut expugnaret ac uinceret uoluptatem eamque egredientem fines sibi datos intra praescriptum coerceret, ne hominem suauitatibus delenitum atque captum dicioni suae subiceret ac sem-

Epit.: 6, 20, 5 sed ... multaret] 57, 5 quibus ... deprimatur

Auct.: **10–16** Cic. Cato 40–41

1 nullum D^ac VP^1 *(corr. P^3)*   **2** adpetent D^1 V   **3** ea *ex* et *uel ex* B^3   **4** seque] sed quae R   ut] ita *(in ras. m.3)* ut B   congregare D^1 VPR   **6** ac *post* respuunt] aut M   ac *post* edendi] et DVP   bibendi] uiue- B   **7** metuuntur V   **11** inquit *om.* B   omnia B; omne tale *Cic.*   flagitia *ex* -tium B^2   nullus R   **12** uoluptatis *ex* -ti B^3   **13** dono *s.l.* B^3   **14** tam] tam esse *Cic.*   **15** locum *om.* M   in] omnino in *Cic.*   uoluptatis *ex* -tes P^3   **16** posse ... uirtutem *om.* M   e *s.l. m.2?* B, *m.3* P, *om.* V *(D inc.)*   **17** *post* uinceret *eras.* ut? B   eaque B   **18** finem, m *in ras. m.2,* B   datum B   cohereret B^1, cohiberet B^2   suauitatibus] *alt* t *in eras.* r? *m.3* B   **19** delenitum] *post* t *1 litt. eras.* B; delin- DVP   dicioni] *ult.* i *in ras.* B^2; -nis VH^ar M^ar; diti- *ex* dici- P^3   subiaceret R

6 piterna morte multaret. uoluptas oculorum uaria est et multiplex; quae capitur ex aspectu rerum, quae sunt in usu hominum uel natura uel opere delectabiles. hanc philosophi rectissime
7 sustulerunt. aiunt enim multo esse praeclarius et homine dignius caelum potius quam caelata intueri et hoc pulcherrimum opus intermicantibus astrorum luminibus tamquam floribus ad-
8 ornatum quam picta et ficta et gemmis distincta mirari. sed cum diserte ad contemptum terrestrium nos exhortati sunt et ad caeli spectaculum excitauerunt, tamen spectacula haec publica
9 non contemnunt. itaque iis et delectantur et libenter intersunt. quae quoniam maxima sunt inritamenta uitiorum et ad corrumpendos animos potentissime ualent, tollenda sunt nobis, quia non modo ad beatam uitam nihil conferunt, sed etiam nocent
10 plurimum. nam qui hominem quamuis ob merita damnatum in conspectu suo iugulari pro uoluptate computat, conscientiam suam polluit, tam scilicet quam si homicidii quod fit occulte
11 spectator et particeps fiat. hos tamen ludos uocant, in quibus humanus sanguis effunditur. adeo longe ab hominibus secessit humanitas, ut cum animas hominum interficiant, ludere se opi-

Epit.: 6, 20, 6 ... multiplex] 57, 8 ... est   8–9] 58, 1 ... cauenda sunt   10–14] 58, 3 quid ... 4 postulauit

1 uarias D^{ar} **2** capitur] c *in ras. m.2* B   **3** operae V recentissime B^{ar} **4** praeclarus V   dignus M   **5** caelata] *pr.* a *eras.* B, cel- HM (-tu)   pulcerrimum B   **8** deserte D^{ac}, disserte M; disserunt, se *et* u *in ras.*, nt *s.l. m.2* B   contentum B^1, -mtum B^2 VR   exortati DVPHM   **9** celum V   spectalum B; expectaculum V   exercitauerunt, er *del,* D   **10** iis R, his *cet.*   et *post* iis *om.* R   delectatur D^{ac} intersunt] *post* s *1 litt. eras.* B   **11** conripiendos *ut uid.* V^1 **12** uallent P^{ac} **13** ad *ex* a B^2 nihil *om.* P   **14** quamuis *ex* quamusa B^2 **15** iugulari] *alt.* u *et* a *in ras.*, ri *s.l. m.2* B   uolumptate B^{ar} computat *om.* HM   **16** quam si homicidii *post* occulte *s.l.* B^3 **17** spectatur B^{ac}; expectator HM; peccator R   tamen *ex* tam B^2 **18** humanum *ex* -nam? V   **19** animas *ex* -mos? B^3 interficiat D^{ac} ludere *ex* uid- B^3

nentur, nocentiores iis omnibus quorum sanguinem uoluptati
habent. quaere nunc, an possint pii et iusti homines esse, qui 12
constitutos sub ictu mortis ac misericordiam deprecantes non
tantum patiuntur occidi, sed et flagitant feruntque ad mortem
crudelia et inhumana suffragia nec uulneribus satiati nec cruore
contenti. quin etiam percussos iacentesque repeti iubent et ca-
dauera ictibus dissipari, ne quis illos simulata morte deludat.
irascuntur etiam pugnantibus, nisi celeriter e duobus alter occi- 13
sus est, et tamquam humanum sanguinem sitiant, oderunt moras.
alios illis compares dari poscunt recentiores, ut quam primum
oculos suos satient. hac consuetudine imbuti humanitatem perdiderunt. itaque non parcunt etiam innocentibus, sed exercent 14
in omnes quod in malorum trucidatione didicerunt. huius igitur 15
publici homicidii socios et participes esse non conuenit eos qui
iustitiae uiam tenere nituntur. non enim cum occidere deus
uetat, latrocinari nos tantum prohibet, quod ne per leges quidem
publicas licet, sed ea quoque ne fiant monet quae apud homines
pro licitis habentur. ita neque militare iusto licebit, cuius mi- 16

Epit.: 6, 20, 15 non enim ... 17 uoluit] 59, 5 ... inferre

1 iis R, his *cet.*   sanguinem *ex* -ne B³   **2** quaere D¹ V P R *Win, Ingr;*
quare B; quaerem H M *(*quer-*);* -ro D² *edd., Br*   possint *s.l.* B³
essent *ex* esse *m.2, sed* nt *eras.* B   **3** iectu B^ar   misericordia B
deprecantis D^ac V P R   **4** tantum] tam B   patiantur, *alt.* a *ex* u?, V
5 satiat V P¹ *(corr.* P³*)*   **6** percussos *ex* perconcussis? B³; -sus P^ac
iacentisque B¹, *corr.* B³   repenti B^ar   cadauera] *ult.* a *eras.* B
7 dispari H M   illas, s *eras.* B   simulatas B^ar   **9** hominum H M
sitiant *ex* sat- P³   oderant V^ac   moras] ras *sup.* 2 *eras. litt. m.3* B
10 possunt B^ac   rectiores B¹, *corr.* B³   **11** haec B^ar R; hae *ut
uid.* D^ac   **12** sed] seque R   exercent in *ex* -nti *m.3?* B
13 omnis D V P R   **14** et *om.* B   **15** uiam] m *in ras. m.2* B
16 latrocinari nos] non *ex* nos D²; -narios V   prohibeat B^ar   ne per
leges] neque leges, s *eras.* M   **17** publicas] s *eras.* M
monent B^ar   **18** liceuit B¹, *corr.* B²   cuius *ex* eius B³
malitia M

litia est ipsa iustitia, neque latronem interficere neque uero accusare quemquam crimine capitali, quia nihil distat utrumne ferro an uerbo potius occidas, quoniam occisio ipsa prohibetur.
17 itaque in hoc dei praecepto nullam prorsus exceptionem fieri oportet, quin occidere hominem sit semper nefas, quem deus
18 sacrosanctum animal esse uoluit. ergo ne illud quidem concedi aliquis existimet, ut recens natos liceat oblidere, quae uel maxima est impietas; ad uitam enim deus inspirat animas, non ad
19 mortem. uerum homines, ne quod sit facinus quo manus suas non polluant, rudibus adhuc et simplicibus animis abnegant lu-
20 cem non a se datam. expectet uero aliquis, ut alieno sanguini parcant qui non parcunt suo? sed hi sine ulla controuersia sce-
21 lerati et iniusti. quid illi quos falsa pietas cogit exponere? num possunt innocentes existimari qui uiscera sua in praedam canibus obiciunt et, quantum in ipsis est, crudelius necant quam si
22 strangulassent? quis dubitet, quin impius sit qui alienae misericordiae locum tribuit? qui, etiamsi contingat ei quod uoluit, ut alatur, addixit certe sanguinem suum uel ad seruitutem uel ad

Epit.: 6, 20, 18–25] 59, 5 nec infantem . . . exponere

1 neque latronem interficere R *Heck, 1972, 193, Win; om. cet., edd., Br, Ingr*   **2** crimene B¹, *corr.* B²   qua D^ac V P¹ *(corr.* P³*)* ditat D^ac   **3** prohibetur *ex* -bet B²; perh- *ex* proh- D²   **4** itaque] ut i. B in *om.* D V P   prorsus] or *et alt.* s *in ras. m.3* B   **5** semper] -mpiter V P¹ *(corr.* P³*);* -mperpiter, *sed del.* D   quem *ex* quod B³   **6** sacrosanctum *ex* -to? B²; sanctum D V P   **7** allidere *ex* obli- B² maxima *ex* -me B³   **9** uerum *om.* R   *post* ne *3 litt. eras.* B **10** non *in ras.* B³   polluant *ex* -antur? B²   animabus H M abnegant *ex* -gat B², *ex* adn- P³   **12** parcant] portant V parcunt] u *in ras. m.3* B   sua R¹, *corr. m. post.*   hii *ex* hi B² **13** quos] s *in ras. m.2* B   num] non B H M   **14** possint D V existimari] r *in ras. m.2* B   uisceras? B^ar   suam? B^ar **15** negant R¹   **16** stringuilassent *sic* B; stranguil- H M; -guilent, i *exp.*, R   qui *post* sit] quine *ex* quin B²   **17** qui] quin H M etiamsic? B^ar; -iamse V^ac   **18** addixit *ex* utuixit? P   suum *ex* sum B²   seruitium R

lupanar. quae autem possint uel soleant accidere in utroque 23
sexu per errorem, quis non intellegit, quis ignorat? quod uel
unius Oedipodis declarat exemplum duplici scelere confusum.
tam igitur nefarium est exponere quam necare. at enim parri- 24
cidae facultatum angustias conqueruntur nec se pluribus liberis
educandis sufficere posse praetendunt, quasi uero aut facultates
in potestate sint possidentium aut non cottidie deus et ex diui-
tibus pauperes et ex pauperibus diuites faciat. quare si quis 25
liberos ob pauperiem non poterit educare, satius est ut se ab
uxoris congressione contineat quam sceleratis manibus dei opera corrumpat. ergo si homicidium facere nullo modo licet, nec 26 *560*
interesse omnino conceditur, ne conscientiam perfundat ullus
cruor, siquidem populo sanguis ille praestatur. in scaenis quo- 27
que nescio an sit corruptela uitiosior. nam et comicae fabulae de
stupris uirginum loquuntur aut amoribus meretricum, et quo
magis sunt eloquentes qui flagitia illa finxerunt, eo magis sen-
tentiarum elegantia persuadent et facilius inhaerent audientium
memoriae uersus numerosi et ornati. item tragicae historiae 28

Epit.: 6, 20, 26] *cf.* 58, 4   27–31] 58, 5–7

2 errorem *ex* -re B²   uel quod B   **3** unus D^ac VP¹ *(corr.* P³*)*
| oedipodis, *inter* o *et* d *litt. inc.* (c?) *in ras.* 4–5 *litt.*, D; ydip- HM;
oedyppi, yppi *in ras.* 5–6 *litt. m.2*, B   scelere] scere DV (er *macula*
euan.)   **4** at *ex* ad B; ait HM   **5** facultatum] tatu *macula euan.* V
angustia M   conquiruntur V; conquaer-, a *eras.*, H; consequer- M;
conquaerunt R   plurimis B   libris V; -bers R   **6** aut *om.* B; ut V
7 potestatem HM   possidentum D, -ndum V   cottidie B *(pr.* t
eras.) R, codie V, cotid- *cet.; u. 6, 11, 23*   et *post* deus *om.* DVPHM
diuitiis B¹ *(corr.* B²*)* HM   **9** satis D^ac VP   ab *ex* ad V
10 uxoribus V   operam HM   **12** ne] nec HM   conscientiam]
conspiciam D¹ (-spicimus? D²) VP¹ *(corr.* P³*)*   **13** populo] de p. R
scaenis DP, scen- *cet.*   quoque *in* quaque *mutatum rest.* P
15 stupriis? B^ar; strupis D^ac   amatoribus BHM   meretritium D¹
16 *post* flagitia *3–4 litt. eras.* P   **17** persuadent et] -nte DVP; suadent
et HM   **18** tragycae, yca *in ras. m.2*, B, traic- H, trahic- M

subiciunt oculis parricidia et incesta regum malorum et coturnata scelera demonstrant. histrionum quoque impudicissimi motus quid aliud nisi libidines et docent et instigant? quorum eneruata corpora et in muliebrem incessum habitumque mollita impudicas feminas inhonestis gestibus mentiuntur. quid de mimis loquar corruptelarum praeferentibus disciplinam, qui docent adulteria, dum fingunt, et simulacris erudiunt ad uera? quid iuuenes aut uirgines faciant, cum haec et fieri sine pudore et spectari libenter ab omnibus cernunt? admonentur utique quid facere possint et inflammantur libidine, quae aspectu maxime concitatur, ac se quisque pro sexu in illis imaginibus praefigurat probantque illa, dum rident, et adhaerentibus uitiis corruptiores ad cubicula reuertuntur, nec pueri modo, quos praematuris uitiis imbui non oportet, sed etiam senes, quos peccare iam non decet. circensium quoque ludorum ratio quid aliud habet nisi leuitatem uanitatem insaniam? tanto namque impetu concitantur animi in furorem, quanto illic impetu curritur, ut iam plus spectaculi ex-

Epit.: 6, 20, 32] 58, 8

1 parricidia *ex* -da B², *ex* -rridia P³   incasta R *(cf. Thes. VII 1, 893, 58–59)*   rerum B   malarum *ex* -lor- B³   coiturnata B^ar, cortun- D^ac   **2** demonstrant *ex* -mos- B³   historionum? B^ar   **3** qui D¹ VP¹ *(corr.* P³)   *ante* nisi *ante init. lin. exp.* e P   **4** muliebri *ex* -brem B³; -bre R; -erem D¹ (-erum D²) VP¹ *(corr.* P³)   incessum] m *eras.* B   mollita *ex* moli- B³; m. et HM   **5** gestibus] g *ex* c *in maiore ras.* P³; cest- D¹ V   qui de D¹ VP¹ *(corr.* P³) M   **6** minis D¹ VP¹ *(corr.* P³)   qui *ex* quo V   **7** dum *in ras. m.3* B   at H   uero HM   quid *ex* qui B³   **8** *ante* faciant *eras.* aut B; -ant *ex* -unt V   **9** ab omnibus libenter HM   **10** liuidine B¹, *corr.* B³   quae] qui *ex* que B³   **11** concitantur *ex* -atur B²   **12** probantque] nt *in ras. m.2* B   illam B^ar   dum *bis, pr. exp.* R   corruptiones V   **13** praematuriis B^ar V   **14** senes *om.* V   decet *ex* doc- B²   **15** *post* quoque *s.l. et* B²   **16** uanitate M   **17** uti amplius H, ut amplius M   expectaculi B V   exibeant D V P; exhibent H M

hibeant qui spectandi gratia ueniunt, cum exclamare et efferri et exsilire coeperint. uitanda ergo spectacula omnia, non solum ne quid uitiorum pectoribus insidat, quae sedata et pacifica esse debent, sed ne cuius nos uoluptatis consuetudo deleniat et a deo atque a bonis operibus auertat. nam ludorum celebrationes deorum festa sunt, siquidem ob natales eorum uel templorum nouorum dedicationes sunt constituti. et primitus quidem uenationes, quae uocantur munera, Saturno sunt attributae, ludi autem scaenici Libero, circenses uero Neptuno. paulatim tamen et ceteris diis idem honos tribui coepit singulique ludi nominibus eorum consecrati sunt, sicut Sinnius Capito in libris spectaculorum docet. si quis igitur spectaculis interest ad quae religionis gratia conuenitur, discessit a dei cultu et ad deos se contulit, quorum natales et festa celebrauit.

21. Aurium uoluptas ex uocum et cantuum suauitate percipitur, quae scilicet tam uitiosa est quam oblectatio illa de qua diximus oculorum. quis enim non luxuriosum ac nequam putet eum, qui scaenicas artes domi habeat? atquin nihil refert, utrum-

Epit.: 6, 20, 33–36] 58, 1–2; *cf.* 58, 9 . . . possimus   21, 1–5] 57, 6–7

Auct.: 11 Sinnius Capito] test. 5 Funaioli; *cf. Klotz, RE III A 246*

1 ueniant B[1], *corr.* B[3]   exclamare *ex* -ri B[3]; ea cl- HM efferri *ex* -eri P[3], eferri R; efferre D   2 exsilire B[ac] (s *del.*) HM, exilcet. (-lere V)   2–3 non . . . ne] malum (ma *in ras. m.2*) ne, *lineolis transpos. m.3* B   3 insidiat P[ac] M; -deat R   4 nec B[ar] V   cuiusquam *ex* cuius P[3]   deliniat D[2] (*ex* -len) P[3] (*ex* -laen-) HM   6 templorum R *solus*; -porum *cet., prob. Ingr*   7 nouorum] bonor- HM   et inprimitus R   quidem *om.* B   uenerationes D[2] (*ex* -nat-) HM   8 attributa B   laudi P[ac] H[ar]   9 scaenici B[2] PR, scen- B[1] *cet.*   10 diis *ex* dis B[2], *ex* dies P   idem *ex* item B[3]   11 sinnius *om.* R   12 ad quae P[3], adque VHM; atque BDP[1] R   13 conuenit BD (*ex* -nitur) R   *ante* cultu *eras.* a B   ad eos M   15 uolumptas B[ac]   ex] et B   cantuum *ex* -tum B[2]   percitur B[1], *corr.* B[3]   16 ille V   17 luxoriosum VHM   18 scenicas BDHM   atquin] n *eras.* D, *exp.* P[3]; ad quid B[1], *corr.* B[3]; aut quin M

ne luxuriam solus domi an cum populo exerceas in theatro.
sed iam de spectaculis dictum est. restat unum quod est nobis
expugnandum, ne capiamur iis quae ad sensum intimum penetrant. nam illa omnia quae uerbis carent, id est aeris ac neruorum suaues soni possunt facile contemni, quia non adhaerent
nec scribi possunt. carmen autem compositum et oratio cum
suauitate decurrens capit mentes et quo uoluerit impellit. inde
homines litterati cum ad religionem dei accesserint, si non fuerint ab aliquo perito doctore fundati, minus credunt. adsueti
enim dulcibus et politis siue orationibus siue carminibus diuinarum litterarum simplicem communemque sermonem pro sordido aspernantur. id enim quaerunt quod sensum demulceat,
persuadet autem quidquid suaue est et animo penitus, dum delectat, insidit. num igitur deus et mentis et uocis et linguae
artifex diserte loqui non potest? immo uero summa prouidentia
carere fuco uoluit ea quae diuina sunt, ut omnes intellegerent
quae ipse omnibus loquebatur. ergo qui ueritati studet, qui non
uult se ipse decipere, abiciat inimicas ac noxias uoluptates, quae

Codd.: **8** *ab ad incipit* G *p. 79 fere tota lecta; extant* B G D V P H M R

1 luxuriosam B^{ar}; -xor- H M **2** dictum *ex* -tu B² est *om.* R
3 iis P^{pc} R, his P^{ac} *cet.* quae *ex* qui B² sensum *ex* -su B³
intimum *om.* M penetrant *ex* -at B² **4** nam *ex* nec V
5 suauis B **6** exscribi R carnem D^{ac} V^{ac} P¹ *(corr.* P³*)*
7 decurrens R Br *(coni. iam Buen cl. 4, 18, 12. 5, 1, 10)*, Win *(haud
recte retractationi tribuens)*; decipiens B (n *s.l. m.2) cet., edd., Ingr (uix
recte ante* capit) quod D^{ac} **8** religionem *ex* -ne P³
accesserit V¹ P^{ac} **8–9** si non fuerint B³ R *Heck, 1972, 185 n. 90, Win;
om.* B¹ *cet., edd., Br, Ingr; cf. p. XXXV et n. 101* **9** a perito aliquo R
perito B D V¹ P R *Heck l. c., Win;* imp- G (inp-) V² H M *edd., Br, Ingr*
munus H M **11** ante pro *eras.* et B **12** aspernatur B¹, *corr.* B²
14 insidet *ex* -dit B³, -dit *ex* -dat V mentis *ex* -tes B³
15 diserti V immo ... summa] s. u. i., *ord. lineolis rest.* B
16 intellegerent *ex* -runt B³ **17** ipse] ipsius ut ipse R omnibus
ipse P *post* ueritati *1 litt. eras.* B; -tatis D^{ac} **18** decipere] deicere
R *(ex* abiciat*), Br, Win (retractationi tribuens)* uoluntates G

animam subiciant ut corpus cibi dulces. praeferantur uera falsis, aeterna breuibus, utilia iucundis. nihil aspectu gratum sit nisi quod iuste, quod pie fieri uideas, nihil auditu suaue nisi quod alit animam melioremque te reddit, maximeque hic sensus non est ad uitium detorquendus, qui nobis ideo datus est, ut doctrinam dei percipere possemus. itaque si uoluptas est audire cantus et carmina, dei laudes canere et audire iucundum sit. haec est uoluptas uera, quae comes est et socia uirtutis, haec non est caduca et breuis ut illae, quas appetunt qui corpori uelut pecudes seruiunt, sed perpetua et sine ulla intermissione delectans. cuius terminos si quis excesserit nihilque aliud ex uoluptate petierit nisi ipsam uoluptatem, hic mortem meditatur, quia sicut uita perpetua in uirtute est, ita mors in uoluptate. qui enim temporalia maluerit, carebit aeternis, qui terrena praetulerit, caelestia non habebit.

22. Ad uoluptates autem saporis et odoris, qui duo sensus ad solum corpus pertinent, nihil est quod a nobis disputetur, nisi

Epit.: 6, 21, 10–11] 57, 5 quibus ... deprimatur   22, 2] 57, 6 ... possunt

Codd.: **11** *in* cuius ter | *desinit* G *p. 79, seq. p. 80, in qua §§ 11, 22, 1–2 ex parte, perpauca ex § 5 leguntur; ceterum extant* B D V P HM R

1 subiciant G *Ingr, dubitanter recepimus;* -ciat B¹, -ciunt B² HM; sibi uinciant DV (-cea-) P *edd.;* sic uitiant R *(falso* sibi uit- *Win sec. Br);* uitiant *Br (alia ap. Buen et Br); ft.* sibi subiciant?   cibi] sibi V dulces *ex* ducas B²   praeferuntur BG   **1–2** uera ... aeterna *om.* G **1** falsi V   **2** brebibus R   iocundis HM   **3** iuste] iure B¹ *(corr.* B³*)* G   nihil] h *et* l *in ras. m.3* B   auditus? Bᵃʳ   auditu suaue] -tus uane D¹ VP¹ *(corr.* P³*)*   **4** alet B   te *del.* P³   **5** datus *ex* -ta P³ **6** possimus BG   itaque *ex* ita est P³   **7** et audire] et a. et Bᵃʳ G iocundum V *(ex* iuc-*)* HM; iudicandum G   **9** est *post* non *ex* et B³ breuis *ex* -ui B²   ut] set *ex* sed B³   ille B¹ *(corr.* B²*)* M, -la GR qui] quae B   uelut BGHMR *Ingr,* ut DVP *edd., Br* **11** cumius Dᵃʳ V¹ P¹ *(corr.* P³*)*   uoluntate V   **13** uolunta[te] G **14** temporaria B³ *(ex* -pora*)* GDVP; *cf. 6, 4, 12*   carebit] et caruerit B¹, *corr.* B³   **16** at B   odoris] doloris V   **17** deputetur M

forte quis exigit, ut dicamus turpe esse sapienti ac bono, si
uentri et gulae seruiat, si unguentis oblitus aut floribus coronatus
incedat. quae qui facit, utique insipiens et ineptus et nihili est et
quem ne odor quidem uirtutis attigerit.   fortasse quispiam dixerit: cur ergo illa facta sunt, nisi ut iis fruamur? – at enim saepe
iam dictum est uirtutem nullam futuram fuisse, nisi haberet quae
opprimeret. itaque fecit omnia deus ad instruendum certamen
rerum duarum.   ergo inlecebrae istae uoluptatum arma sunt
illius, cuius unum opus est expugnare uirtutem iustitiamque ab
hominibus excludere. his blandimentis et suauitatibus titillat animas; scit enim quia mortis est fabricatrix uoluptas.   nam sicut
deus hominem ad uitam non nisi per uirtutem ac laborem uocat,
ita ille ad mortem per delicias ac uoluptates, et sicut ad uerum
bonum per fallacia mala, sic ad uerum malum per fallacia bona
peruenitur.   cauenda sunt igitur oblectamenta ista tamquam
laquei et plagae, ne suauitudinum mollitie capti sub dicionem
mortis cum ipso corpore redigamur, cui nos manciparimus.

23.   Venio nunc ad eam quae percipitur ex tactu uoluptatem.
qui sensus est quidem totius corporis, sed ego non de ornamentis

Epit.: 6, 22, 5] 58, 9 renuntiandum ... incidamus

5 saepe] *u. ad 6, 6, 3*

1 forte] te *in ras. m.2* B   sapientia B^{ar} P¹ *(corr.* P³*)*   **2** guylae HM,
guil- R   ungentis R   **3** ineptus] i. est R   nihili B *edd., Br;* nihil
cet. (etiam G*), Ingr., ft. recte*   et *post* est *om.* R   **5** iis P³ R, his P¹
cet.   **6** iam *om.* M   nisi] nihil P   habent P¹, -bens P³
7 itaque] idque *ex* hicquae? B²   omne, e *in ras. m.2* B
struendum BG   **9** iustitiamque] ius *in ras. m.2* B   **10** his] bis
HM^{ac}   titillat *ex* -as B³   **11** scit enim *om.* D   **12** ad uitam *s.l.* B³
ac *ex* ad B²   **13** ac] et R   uoluptatem *ex* -es B³   ad *s.l.* B
13–14 uerum *ex* uentum D   bonum [u]er[um] G   **14** fallaciam
malam B^{ar}   mala ... fallacia *om.* P   **15** tamquam] quam
D¹ VP¹ *(corr.* P³*)*   **16** suauitudinem H^{ac}   mollitie D^{pc} P^{pr}; -tiae
BD^{ac} VP^{ar} HM, -ti R; *cf. opif. 12, 17*   capta P   ditione M
17 redicamur R; dirig- M   mancipamus B; -pari oportet HM

ac uestibus, sed de sola libidine dicendum mihi puto, quae maxime coercenda est, quia maxime nocet. cum excogitasset deus duorum sexuum rationem, attribuit iis ut se inuicem appeterent et coniunctione gauderent. itaque ardentissimam cupiditatem cunctarum animantium corporibus admiscuit, ut in hos adfectus auidissime ruerent eaque ratione propagari et multiplicari genera possent. quae cupiditas et appetentia in homine uehementior et acrior inuenitur, uel quia hominum multitudinem uoluit esse maiorem uel quoniam uirtutem soli homini dedit, ut esset laus et gloria in coercendis uoluptatibus et abstinentia sui. scit ergo aduersarius ille noster, quanta sit uis huius cupiditatis, quam quidam necessitatem dicere maluerunt, eamque a recto et bono ad prauum et ad malum transfert. inlicita enim desideria immittit, ut aliena contaminent, quibus habere propria sine delicto licet. obicit quippe oculis inritabiles formas suggeritque fomenta et uitiis pabulum subministrat; tum in intimis uisceribus stimulos omnes conturbat et commouet et naturalem illum incitat atque inflammat ardorem, donec inretitum hominem implicatumque decipiat. ac ne quis esset qui poenarum metu abstineret alieno, lupanaria quoque constituit et pudorem infelicium mulierum publicauit, ut ludibrio haberet tam eos qui faciunt quam quas pati necesse est. his obscenitatibus animas ad sanctitatem

Epit.: 6, 23, 5] *cf.* 57, 8 quae autem ... uoluptatem

Test.: 19 § 7] Isid. orig. 18, 42, 2

1 ac] aut DVP   **2** quia] quae R   **3** iis P³R, his P¹ *cet.*
7 possint B   **8** quia *ex* qui P³   **9** quoniam] quia B   homini *ex*
no- B³   esset] est HM   laus] illa, *deinde litt. inc.*, B
10 et *om.* P   scit] sic B   **12** necessitatem *ex* -te B³
13 ad malum DVPHMR *Ingr*, ad *om.* B *edd., Br*   transtulerunt HM
14 contaminet HM   **15** obicit ... oculis] obicitque prae oc- B; obicit
om. R   **16** tum *om.* B   in *om.* HM   stimulus B   **17** omnis
B¹ *(corr.* B²) D¹ VP   **18** inretitum *ex* -riti- B²   **19** esset] e. et R
20 *ante* alieno *s.l.* ab D²   **21** ut] u *in ras. m.2* B   **22** his BP³R; hic
DVP¹, hinc HM   animus V

genitas uelut in caeni gurgite demersit, pudorem extinxit, pudicitiam flagitauit. idem etiam mares maribus applicuit et nefan-
dos coitus contra naturam contraque institutum dei machinatus
9 est. sic imbuit homines et armauit ad nefas omne.   quid enim
potest esse sanctum iis, qui aetatem imbecillam et praesidio in-
digentem libidini suae depopulandam foedandamque substraue-
10 rint?   non potest haec res pro magnitudine sceleris enarrari.
nihil amplius istos appellare possum quam impios et parricidas,
quibus non sufficit sexus a deo datus, nisi etiam suum sexum
profane ac petulanter inludant. haec tamen apud illos leuia et
11 quasi honesta sunt.   quid dicam de iis, qui abominandam non
libidinem, sed insaniam potius exercent? piget dicere, sed quid
iis fore credamus quos non piget facere? et tamen dicendum est,
quia fit: de istis loquor quorum taeterrima libido et exsecrabilis
12 furor ne capiti quidem parcit.   quibus hoc uerbis aut qua indi-
gnatione tantum nefas prosequar? uicit officium linguae sceleris
magnitudo. cum igitur libido haec edat opera et haec facinora
13 designet, armandi aduersus eam uirtute maxima sumus.   quisquis adfectus illos frenare non potest, cohibeat eos intra prae-

Epit.: 6, 23, 13 – 25, 16] 61, 6 teneatur in ... 62, 4 impertit *(ordine mutato, quaedam aliunde)*   6, 23, 13 ... 15 praecipit] 61, 6 teneatur ... abstineas; *cf.* 57, 3 ... seruiat. 59, 6 ... abstinere

Test.: **1** caeni gurgite] *cf.* Zeno 1, 1, 6

1 genitus V   in *om.* R   gurgitem D V P   **2** adplicuit B *Br (nonnisi hic ap. Lact.);* admiscuit *cet. ex § 2, edd., Ingr*   **4** hominem B   **5** potes R¹   iis P³ R, his P¹ *cet.*   **6** libidine D^{ac} V^{ac}; -nis M   *post* suae *eras.* in B   foedadamque P¹ *(corr.* P³*)* R   substrauerint *ex* -rit B²   **8** parridas B D¹ V P¹ *(corr.* P³*)*   **9** sufficiat H M   **10** hac R^{ac}   **10–15** haec ... 11 parcit *om.* H M   **11** iis *ex* is R², his *cet.*   abominandum D^{ac}   **12** quid iis] qui | diis R¹; quid | de his R²; quid his B D P, qui his V   **13** fore credamus D² P R; forte c. B; foret | red- D¹; f. trad- V   **15** parcit *ex* -cet B³   **16** uicit *codd. (etiam* P*), Ingr;* uincit *edd., Br*   **17** edat] et H M   operam B   **18** designet B M; dissi- *cet.; cf. Thes. V 1, 714, 72–74*   eum D^{ac}   uirtutem R^{ac}   maxime R   **19** prohibeat R

scriptum legitimi tori, ut et illud quod auide expetit consequatur
et tamen in peccatum non incidat.   nam quid sibi homines
perditi uolunt? nempe honesta opera uoluptas sequitur; si ipsam
per se appetunt, iusta et legitima frui licet.   quodsi aliqua necessitas prohibebit, tum uero maxime adhibenda uirtus erit, ut
cupiditati continentia reluctetur. nec tantum alienis toris quaeque attingere non licet, uerum etiam publicis uulgatisque corporibus abstinendum deus praecipit docetque nos, cum duo inter
se corpora fuerint copulata, unum corpus efficere.   ita qui se
caeno immerserit, caeno sit oblitus necesse est. et corpus quidem cito ablui potest, mens autem contagione impudici corporis
inquinata non potest nisi et longo tempore et multis bonis operibus ab ea quae inhaeserit colluuione purgari.   oportet ergo sibi
quemque proponere duorum sexuum coniunctionem generandi
causa datam esse uiuentibus eamque legem his adfectibus po-
sitam, ut successionem parent.   sicut autem dedit nobis oculos
deus non ut spectemus uoluptatemque capiamus, sed ut uideamus propter eos actus qui pertinent ad uitae necessitatem, ita
genitalem corporis partem, quod nomen ipsum docet, nulla alia
causa nisi efficiendae subolis accepimus.   huic diuinae legi

Epit.: 6, 23, 15 docetque ... efficere] 61, 8 quoniam ... solidauit

Auct.: **8–9** cum ... efficere] *cf.* I Cor. 6, 16

1 et *in ras.* B³; est D¹ V; est ut P^(ar)   expedit D^(ac) V   **3** honestam
operam, *utraque* ˜ *m.1 uel 2*, B   uoluntas B   ipsa B
4 quodsi] etsi B   **5** prohibet H M; cohibebit R   maximae B^(ar), -ma
D V P   **6** nec] non M   alienis toris] a. toriis B^(ar); alienis *(s exp. m.1
uel 2)* tori R; -nos toros *ex* a. t., D²   quae B H M; quemque *ex*
queque D²   **8** praecipit B D P R, -cepit V H M   **11** inpudici *s.l.* B
13 inhaeserint B *(a s.l. m.3, alt.* n *eras.?)* P¹ *(corr.* P³*)*; -runt V (-rit *in
maiore ras.* D)   conlubione B¹, *corr.* B³   **14** quemquem B¹,
corr. B³   **15** esset P^(ar)   **16** deus oculos, *ord. lineolis rest.* B
17 non *bis, pr. del* P   expectemus B   que capiamus *del. et in mg.*
uel qua capiamur *m. post.* R   **18** actus *ex* -tos B³   **20** effigiendae
D V P¹ *(pro alt.* e *s.l. a* P³)   subolis *ex* -les B², sob- D^(ac)   huic ...
legi *om.* B¹, *s.l.* cui B³   diuina H *(ras. ex* -ae*)* M   legis R

summa deuotione parendum est. sint omnes qui se discipulos dei profitebuntur ita morati et instituti, ut imperare sibi possint. nam qui uoluptatibus indulgent, qui libidini obsequuntur, hi animam suam corpori mancipant ad mortemque condemnant, quia se corpori addixerunt, in quod habet mors potestatem. unus quisque igitur quantum potest formet se ad uerecundiam, pudorem colat, castitatem conscientia et mente tueatur, nec tantum legibus publicis pareat, sed sit supra omnes leges qui legem dei sequitur. quibus bonis si adsueuerit, iam pudebit eum ad deteriora desciscere; modo placeant recta et honesta, quae melioribus iucundiora sunt quam praua et inhonesta peioribus. nondum omnia castitatis officia exsecutus sum; quam deus non modo intra priuatos parietes, sed etiam praescripto lectuli terminat, ut cum quis habeat uxorem, neque seruam neque liberam habere insuper uelit, sed matrimonio fidem seruet. non enim, sicut iuris publici ratio est, sola mulier adultera est quae habet alium, maritus autem etiamsi plures habeat, a crimine adulterii solutus est, sed diuina lex ita duos in matrimonium, quod est in

Epit.: 6, 23, 21] 59, 6 supra ... consummet   23] 61, 7   25 ... 32 ferant] 61, 8 ... teneatur

Codd.: **12** *ab* officia *incipit* G *p. 137 usque ad §* 24 autem *lecta; ceterum extant* B DV P HM R

1 est] ut B, est ut *(s.l. m.2)* D *Heck, 1972, 185 n. 90*   sint *s.l.* B³; sintque R   **2** ut *s.l.* B³   **3** nam *ras. ex* non ut? B³   libidine B^ac hii *ex* hi B²   **4** ad *om.* B   morteque B   **5** adfixerunt R quo BVM   **6** pudoremque DVP *(u ex* o)   **7** conscientiam B; *ante* c. *eras.* in? D   mentem B^ar   **8** omnis D¹ VPR   dei *s.l.* B **9** iam] tum HM   **10** desuescere R; -scendere DVP   merioribus D^ac VP¹ *(corr.* P³)   **11** iucundiora *ex* -diara V, ioc- D^ac PHM honesta B^ac R   **12** nondum] non R   quae B³ *(ex* quam) G **13** etiam] e. intra B *(in fine lin. m.2)* G   praescribtos, b *ex* p, B terminauit B   **14** nequam seruam B   **16** publici iuris R **17** maritus *ex* -um B²   autem|si *ex* a. iam|si *ut uid.* B² pluris D¹ VP *(ex* pulris) R   **18** matrimonio P^ac   est in *om.* R

corpus unum, pari iure coniungit, ut adulter habeatur quisquis
compagem corporis in diuersa distraxerit. nec ob aliam causam 26
deus cum ceteras animantes suscepto fetu maribus repugnare
uoluisset, solam omnium mulierem patientem uiri fecit, scilicet
ne feminis repugnantibus libido cogeret uiros aliud appetere
eoque facto castitatis gloriam non tenerent. sed neque mulier 27
uirtutem pudicitiae caperet, si peccare non posset. nam quis
mutum animal pudicum esse dixerit, quia suscepto fetu mari
repugnat? quod ideo facit, quia necesse est in dolorem atque in
periculum ueniat, si admiserit. nulla igitur laus est non facere 28
quod facere non possis. ideo autem pudicitia in homine laudatur,
quia non naturalis est, sed uoluntaria. seruanda igitur fides ab 29
utroque alteri est, immo exemplo continentiae docenda uxor, ut
se caste gerat. iniquum est enim, ut id exigas quod praestare ipse
non possis. quae iniquitas effecit profecto, ut essent adulteria,
feminis aegre ferentibus praestare se fidem non exhibentibus
mutuam caritatem. denique nulla est tam perditi pudoris adul- 30
tera quae non hanc causam uitiis suis praetendat, iniuriam se
peccando non facere, sed referre. quod optime Quintilianus ex-

Test.: 2 § 26] *cf.* Isid. orig. 11, 2, 19   **10–11** nulla ... possis]
Ps. Sen. mor. 4

Codd.: 13 *a* docenda *incipit* G *p. 138 quoad extat (u. infra § 33) fere tota lecta; ceterum extant* B D V P HM R

1 quisque HM   2 compagem] partem B   7 possit B
8 multum P*ar* R   duxerit D*ac* VP   quia] quod HM; qui R
susceptu? B*ac*   9 ideo] id *in ras.*, eo *s.l. m.2* B   in *post* atque *om.* B
10 si] si *(s.l. m.2)* se V   11 quod|tacere R   laudantur
D*ac* V*ar* P¹ *(corr.* P³)   13 est immo B P³ HMR, estimo D *(aes-)* VP¹
14 inicum GR   exigas] ig *inc.* G   15 iniquitates V*ar*
effecit DP; id e. HM; -ficit BGVR *ft. recte*   ut essent] esse G, *post*
efficit *probabile (cf. 7, 12, 25; Thes. V 2, 174, 35–44) suadente numero,
sed potius in solo* G *sec.* efficit *leuigatum quam in cet.* ut essent *sec.*
efficit *interpolatum uid.*   16 *ante* aegre *1 litt. eras.* B, haegre G
exibentibus GV; exigen- R   19 sed referre *s.l.* B³   optione M
quintialianus D*ac* VP

pressit. 'homo' inquit 'neque alieni matrimonii abstinens neque
sui custos' – quae inter se natura conexa sunt. nam neque
maritus circa corrumpendas aliorum coniuges occupatus potest
uacare domesticae sanctitati et uxor cum in tale incidit matrimonium, exemplo ipso concitata aut imitari se putat aut uindicare.
cauendum ergo, ne occasionem uitiis nostra intemperantia demus, sed adsuescant inuicem mores duorum et iugum paribus
animis ferant. nos ipsos in altero cogitemus. nam fere in hoc
iustitiae summa consistit, ut non facias alteri quidquid ipse ab
altero pati nolis. haec sunt quae ad continentiam praecipiuntur
a deo. sed tamen ne quis diuina praecepta circumscribere se
putet posse, adduntur illa, ut omnis calumnia et occasio fraudis
remoueatur, adulterum esse qui a marito dimissam duxerit et
eum qui praeter crimen adulterii uxorem dimiserit, ut alteram
ducat; dissociari enim corpus et distrahi deus noluit. praeterea

Epit.: 6, 23, 32 nos ... nolis] 55, 3   33–36] 61, 8 ideo ... 9 uelle

Auct.: 1–2 Quint. decl. frg. 7 Lehnert = inc. 3 Winterbottom
9–10 non ... nolis] *cf.* Publil. sent. A 2 *(u. supra 1, 16, 10).* Matth.
7, 12 *et Win ad l.*   13–15 adulterum ... ducat] Matth. 5, 32. *al.*
15 § 34] *cf.* Matth. 5, 28

Test.: 9–10 non ... nolis] *cf.* Orient. comm. 1, 197

Codd.: 13 *in* esse *desinit* G *p. 138 l. 30, l. 31 cum mg. inf. resecta; hinc
extant* B D V P H M R

1 nequam *ex* -qua B[3]   matrimonia P[1], *corr.* P[3]   abstinens]
appetens B   neque *om.* B   2 nam neque] namque B G D[1]; -mqui D[2]
4 sancti G   5 inimitari D[ar] V[ar] *(pr.* i *eras.)* P[ar]   uindicare D *(e ex* i*?),*
edd., Br; -ri B G V P H M R *ex* imitari, *haud recte Le, Win, Ingr*
6 ergo B G H M R *Ingr;* igitur D V P *edd., Br*   nostram M
8 fuerant D[ar]   ferae B[ar] G   9 consistet B; -stitit R   non *s.l.* D[2] P[3],
om. V   10 nobilis V   12 addantur H M   illi D[ac] V P[ac]
13 *ante* adulterum *s.l.* et eum D[2]   dimissam duxerit] duxerit *(i ex* a
m.2) eiectam B   14 adulteri D[ac] V P[1] *(corr.* P[3])   14–15 ut ... ducat]
ut adulteram R   15 uoluit D[1] V

non tantum adulterium esse uitandum, uerum etiam cogitationem, ne quis aspiciat alienam et animo concupiscat; adulteram enim fieri mentem, si uel imaginem aliquam uoluptatis sibi ipsa depinxerit. mens est enim profecto quae peccat, quae immoderatae libidinis fructum cogitatione complectitur, in hac crimen est, in hac omne delictum. nam etsi corpus nulla sit labe maculatum, non constat tamen pudicitiae ratio, si animus incestus est, nec inlibata castitas uideri potest, ubi conscientiam cupiditas inquinauit. nec uero aliquis existimet difficile esse frenos imponere uoluptati eamque uagam et errantem castitatis pudicitiaeque limitibus includere, cum propositum sit hominibus etiam uincere ac plurimi beatam atque incorruptam corporis integritatem retinuerint multique sint, qui hoc caelesti genere uitae felicissime perfruantur. quod quidem deus non ita fieri praecepit tamquam adstringat, quia generari homines oportet, sed tamquam
sinat. *qui libertatem arbitrio largiatur.*
scit enim quantam his adfectibus imposuerit necessitatem. 'si quis hoc' inquit 'facere potuerit, habebit eximiam incomparabilemque mercedem.' quod continentiae genus quasi fastigium

Auct.: **18–20** si ... mercedem] *locus ignotus; cf.* Matth. 19, 11–12. *al. et Ingr ad l.*

1 cogitatum *ex* -tationem *m.2?* P   **3** aliquam uoluptatis *Heck, 1972, 185 n. 90, Win (haud recte retractationi tribuens) ex* u. a. R; aliquam *om. cet., Br, Ingr*   sibi *ex* si B   **4** enim profecto est H M   **6** nam etsi] manetsi B   **7** constat *ex* -sistat B[2]   ratio pudicitiae, *ord. lineolis rest.* B   **8** inlabata D[ac] V P[ac]   potest *ex* -es B[2]   **11** cum *in ras.* P; nec D V   sit propositum H M   etiam *codd., prob. Buen, Ingr*; eam *recc., edd., Br*   **13** retinuerunt B[ac]   **14** deus *om.* B[1], *post* praecepit *s.l.* B[3]   praecepit B V P H M *Ingr*; -cipit D R *Br ft. recte*   **15** abstineat *ex* adstringat B[2]   quia] quo B   **17** sinat] qui libertatem arbitrio largiatur R *ex retractatione ut uid.; u. Heck, 1972, 193, sed et Win ad l.*   **18** quantam *ex* -tum B[2]   **19** eximium P[ac] incomparabilem quem H[ar] M[ar]

est omnium consummatioque uirtutum. ad quam si quis eniti atque eluctari potuerit, hunc seruum dominus, hunc discipulum magister agnoscet, hic terram triumphabit, hic erit consimilis
40 deo, qui uirtutem dei cepit. haec quidem difficilia uidentur, sed de eo loquimur, cui calcatis omnibus terrenis iter in caelum paratur. nam quia uirtus in dei agnitione consistit, omnia 'grauia sunt, dum ignores, ubi cognoris, facilia'. per ipsas difficultates nobis exeundum est, qui ad summum bonum tendimus.

1   24. Nec tamen deficiat aliquis ac de se ipse desperet, si aut cupiditate uictus aut libidine impulsus aut errore deceptus aut ui coactus ad iniustitiae uiam lapsus est. potest enim reduci ac liberari, si eum paeniteat actorum et ad meliora conuersus satis
2 deo faciat. quod fieri posse Cicero non putauit, cuius haec in Academico tertio uerba sunt: 'quodsi liceret ut iis qui in itinere deerrauissent, sic uitam deuiam secutos corrigere errorem pae-
3 nitendo, facilior esset emendatio temeritatis.' licet plane. nam

Epit.: 6, 24, 1–10] 62, 1–2

Auct.: **6–7** Ter. Haut. 1058 sq.   **14–16** Cic. ac. frg. 16 Müller = p. 24, 12–14 Plasberg

1 omnium consummatioque *codd.* (cos- P, -suma- HM)   eniti atque] enitat quae HM   **2** luctari R   serum R[ac]   dominus *ex* deus B
3 adgnoscit, d *del.*, B; -cit *ex* -cet P[2]   triumphabit P[2] R; -uit B (h *s.l. m.2)* P[1] *cet., Ingr*   erit P *(s.l. m.2)* R, *om. cet., delere noluit Ingr*
similis R   **4** difficili HM[ac]   **6** nam quia HM *edd., Br, Ingr;* namque BDVP; nam si R *Win;* nam siquidem *coni.* Heck, 1972, 185 n. 90
7 dum D[pr] M[pr] R *Br;* dumque *ut Ter.* B[3] D[ar] VP; dum quae B[1] HM[ar] *Ingr (dubium restat* quae)   ubi cognoris *del.* P[2]   cognoueris, ue *s.l. m.2,* DR   facultates R   **8** exeundum *ex* -du B[2]   **9** ac R *Heck, 1972, 185 n. 90;* aut *cet., edd., Br, Ingr*   post se *eras. alt.* de R
disperet B   **11** ad ... uiam] aut ini- uia B; a iustitiae uia HM
12 actorum] *sup.* o *eras.* u P   **13** faciat *ex* -cit B[2]   **14** tertio *ex* -ia P[3]
uerba *ex* -bo B[2]   ut iis R; uitiis B; his DVP; ut hi HM
15 secutos D[2] P[3] HMR *edd., Ingr;* -tus BD[1] VP[1]; -tis *Patricius (ed. Cic.* 1565), *Isaeus (1646, repet.* PL 6, 1000), *alii, Br*   **16** emendati R[1]

si liberos nostros, cum delictorum suorum cernimus paenitere, correctos esse arbitramur et abdicatos abiectosque rursus tamen suscipimus fouemus amplectimur, cur desperemus clementiam ueri patris paenitendo posse placari? ergo idem dominus ac parens indulgentissimus remissurum se paenitentibus peccata promittit et obliteraturum omnes iniquitates eius qui iustitiam denuo coeperit operari. sicut enim nihil prodest male uiuenti ante actae uitae probitas, quia superueniens nequitia iustitiae opera deleuit, ita nihil officiunt peccata uetera correcto, quia superueniens iustitia labem uitae prioris aboleuit. quem enim facti sui paenitet, errorem suum pristinum intellegit, ideoque Graeci melius et significantius μετάνοιαν dicunt, quam nos Latine possumus resipiscentiam dicere. resipiscit enim ac mentem suam quasi ab insania recipit quem errati piget, castigatque se ipsum dementiae et confirmat animum suum ad rectius uiuendum; tum illud ipsum maxime cauet, ne rursus in eosdem laqueos inducatur. denique muta quoque animalia cum fraude capiuntur, si aliquo se modo in fugam extricauerint, fiunt postmodum cautiora uitantque semper ea omnia in quibus dolos in-

1 si *s.l.* P²   **2** recorrectos B   arbitramur] *alt.* a *ex* e? *m.3* B rursum B   *post* tamen *s.l.* sustentamus P²   **3** suscipiamus foueamus amplectemur HM   fouemus *om.* R   disperemus B; -ramus P   **4** ueri] dei DVP   posse] non p. B   **6** promittit] pro *in ras. m.2* B et *om.* R   oblitteraturum P *(tu s.l. m.3)* H^ar   **7** prodeest B uiuendi V¹   **8** prauitas B¹, *corr.* B³   **9** operam B   deleuit *ex* -ebit B³   officiunt *ex* -um P³   uetera] uera D¹ (uere D²) VP¹ *(corr.* P²); et uitia R   correpto? H^ac   **10** aboleuit *ex* -ebit B², *ex* obo- P²   quem enim] is *(exp.)* e. q. P   **12** μετανοιαν B, metanoean *cet.* (o *s.l.* D, -oce- V^ac)   **13** Latine *om.* B   dicere . . . enim *om.* R   resipit *ex* repiscit B   ac *ex* aut B³   **14** quasi *om.* DVP   recepit B¹, *corr.* B³   quem] q. enim B   errati *s.l.* B³ pudet P² *(ex* piget*)* HM   **15** suum *om.* R   rectus V¹ **17** laqueos inducatur] laqueatur R   inducatur BD² HM *Ingr;* -duatur D¹ VP *Br ft. recte*   multa R   **18** figuram M   extricauerunt V^ac **19** semper ea] eo s. H, eos s. M

8 sidiasque senserunt. sic hominem paenitentia cautum ac diligentem facit ad euitanda peccata in quae semel fraude deciderit.
9 nemo enim potest esse tam prudens, tam circumspectus, ut non aliquando labatur. et idcirco deus imbecillitatem nostram sciens pro sua pietate aperuit homini portum salutis, ut huic necessitati, cui fragilitas nostra subiecta est, medicina paenitentiae subueniret. ergo quicumque aberrauerit, referat pedem seque quam primum recipiat ac reformet.
10   'sed reuocare gradum superasque euadere ad auras,
      hoc opus, hic labor est.'
degustatis enim male iucundis uoluptatibus uix diuelli ab iis possunt; facilius recta sequerentur, si earum suauitates non attigissent. sed eripiant se malae seruituti; condonabitur iis error
11 omnis, si errorem suum uita meliore correxerint. nec lucrari se quisquam putet, si delicti conscium non habebit; scit ille omnia, in cuius conspectu uiuimus, nec si uniuersos homines celare possumus, deum possumus, cui nihil absconditum, nihil potest
12 esse secretum.   Exhortationes suas Seneca mirabili sententia

Epit.: 6, 24, 11. 15. 20] 61, 10 . . . potest

Auct.: **9–10** Verg. Aen. 6, 128 sq.

1 sic *in ras. m.3* B   cautum] tantum M   **2** euitanda] eui *in ras. m.2* B; uit- R   decederet B¹, -cederit B²   **3** circumspectus] *alt.* u *in ras. m.2* B   **4** sciens *ex* timens? B²   **5** pietate] fidelitate R   **6** fragilitas] r *in ras. m.2*, li *s.l. m.3* B   medicinae H^ar M   **7** quam *om.* HM   **8** recipiant ac reforment H   **9** uocare V   superasque *ex* -asse P²   aures B¹ *(corr.* B³*)* V   **10** hoc *ex* hic? B³   hic *ex* hoc B²   est *angulo abscisso periit* V   **11** iis R, his *cet.*   **13** sed] sed si P (si *s.l. m.3*) HM   se malae] si male V; se male, *post* se *1 litt. eras.*, H; se a male M   seruitutis HM   iis R, his *cet.*   **14** meliore *ex* -ri B²; -ra V   se *om.* R   **15** delictis B; -to D V P¹ *(corr.* P³*)*   habet D V P¹ *(corr.* P²*)*   **16** celerare D^ar   **17** deum] dominum H^ac M; eum R *ft. recte*   possumus] non *(s.l. m.2)* p. P; latemus R; *ft.* latere p.? *cf. Heck, 1972, 193*   absconditum *ex* -ur *m.2 et 3* B   **18** exortationes V H M   mirabilis H^ar M^ar; admirabilia, *ult.* a *eras.*, B

terminauit. 'magnum' inquit 'nescio quid maiusque quam cogitari potest numen est, cui uiuendo operam damus. huic nos approbemus. nihil prodest inclusam esse conscientiam, patemus deo.' quid uerius dici potuit ab eo qui deum nosset quam dictum est ab homine uerae religionis ignaro? nam et maiestatem dei expressit maiorem esse dicendo quam ut eam cogitatio mentis humanae capere posset, et ipsum ueritatis attigit fontem sentiendo uitam hominum superuacuam non esse, ut Epicurei uolunt, sed deo ab iis operam uiuendo dari, siquidem iuste ac pie uixerint. potuit esse uerus dei cultor, si quis illi monstrasset, ut contempsisset profecto Zenonem et magistrum suum Sotionem, si uerae sapientiae ducem nactus esset. 'huic nos' inquit 'approbemus'. caelestis prorsus oratio, nisi antecederet ignorantiae confessio. 'nihil prodest inclusam esse conscientiam, patemus deo'. nullus ergo mendacio, nullus dissimulationi locus est, quia parietibus oculi hominum submouentur, dei autem diuinitas

Auct.: **1–4** Sen. frg. 24 Haase; u. Lausberg, 1970, 74–77

Codd.: **8** *ab* hominum *incipit* G p. 139 *maximam partem lecta; hinc extant* B G D V P HM R

1 inquit] igitur HM   nesci D^{ac} V   **2** nomen PH^1 M   cuius D^1 VP   uiuendi DVP   opera HM   **3** *post* adprobemus *in fine lin.* nam P^2 inclusam esse conscientiam] -sa conscientia B   **4** potuit dici B   potest P; potuit te R   quam] q. ut B   **5** dictum est *post finem lin.* B^3 **6** ea B; eum H   **7** capere *ex* cogere B^3 possit R   attigit *om.* R; -tigerit B; -ting- H^{ar} **8** ut] quod BG *(ut uid.)*   **9** deo *exp.* P^2 iis R, his *cet.* (h *in ras.?* B, G *inc.*)   **10** uixerit B *(G inc.)*   quid HM   [monst]rasse? G   **11** ut B *(G inc.)* DVPHM Win, Ingr, *dubitanter recepimus;* uiam R; ac *edd.,* et Br; *ft.* uiam, et?   procerto HM   **12** nactus BGD^{pc} R, nanct- D^{ac} VPHM; *cf. 6, 18, 19*   esset (t *s.l. m.2*) n., *ord. lineolis rest.,* B   inquit (-id B) nos BG   **13** prorsus] p. est? G   oratio nisi] -oni si H, rationi si M; rationis B *(G inc.)*   antecederet *ex* -rit P^3; -re R   **14** confessione B *(in* G *potius spatium 2 litt. quam totidem euan.)*   prodeest B   patemus *ex* put- P^2 **16** patentibus *ex* pariet- D^2 oculis DVP^1 *(corr.* P^3)   hominum oculi B

nec uisceribus submoueri potest, quominus totum hominem per-
16 spiciat et norit.   idem in eiusdem operis primo 'quid agis?'
inquit 'quid machinaris? quid abscondis? custos te tuus sequitur.
alium tibi peregrinatio subduxit, alium mors, alium ualetudo.
17 haeret hic quo carere numquam potes.   quid locum abditum
legis et arbitros remoues? puta tibi contigisse, ut oculos omnium
effugias. demens! quid tibi prodest non habere conscium habenti
18 conscientiam?'   non minus mirabiliter de conscientia et deo
Tullius. 'meminerit' inquit 'deum se habere testem, id est, ut ego
arbitror, mentem suam, qua nihil homini dedit deus ipse diuinius.'
19 item cum de iusto ac bono uiro loqueretur, 'itaque talis uir'
inquit 'non modo facere, sed ne cogitare quidem quidquam au-
20 debit quod non audeat praedicare.'   purgemus igitur conscientiam, quae oculis dei peruia est, et, ut ait idem, 'semper ita
uiuamus, ut rationem reddendam nobis arbitremur', putemusque
nos momentis omnibus non 'in aliquo', ut ille dixit, 'orbis terrae

Auct.: **2–8** Sen. frg. 14 Haase; *cf. Lausberg l. c. 64–74*   **9–10** Cic. off. 3, 44   **11–13** ibid. 3, 77   **14–15** Cic. Verr. II 2, 28   **16–p. 635, 1** ibid. II 5, 35

Codd.: **12** *in* ne co | *desinit* G *p. 139, seq. p. 140 usque ad § 20* theatro ab *lecta (paulo plus Brandt, 1884, 331); ceterum extant* BDVPHMR   **1** uisceribus *ex* -ri B³   **2** et *in ras. m.2* B   *post* idem *s.l.* seneca D²   **3** quid abscondis *om.* R   custos] ciuiis *sic* R   **4** alium ... alium] *ter* aliud, d *ex* t, B   ualitudo B, i *ex* e D² P²   **5** heris *sic ex* -ret B²   canere B^ac   potest P^ar H^ar M^ar   **6** abitros D^ac V; -trum *ex* -tros P²   putat ibi P¹ *(sup. alt.* t *eras.* ur, *corr.* P³) R; putas *(*s *s.l. m.2)* t. D   contigisset P^ac   **7** effugias] offundas B *(G inc.)*   prodeest B   **8** miraliter V P^ac   et deo] et ideo BG; ideo HM   **9** habere] adhibere *plurimi codd. Cic.*   **10** qua] *sup. a m.2* ˜, *sed eras.* B; quia HM   nihil homini] n. homini *ex* -ne B; nihilominus *sic* G   diuinus BG   **11** bono] de b. B   uir] uiri HM^ar R   **12** nec P   **14** peruisa B^ar; peruna *ut uid.* G   et B *(s.l. m.1 uel 2)* GHM, *om.* DVPR   **15** uibamus B¹, *corr.* B²   reddandam V^ac P   **16** momentis] mo *in ras. m.2* B, argumentis *ut uid.* G   in *s.l.* P², *om.* DVM   aliquo] aliqu, *deinde 3–4 litt. eras.* B   orbis terrae] terrarum o. *Cic.*

theatro' ab hominibus, sed desuper spectari ab eo qui et iudex et
testis idem futurus est, cui rationem uitae reposcenti actus suos
infitiari non licebit. ergo satius est aut effugere conscientiam   21
aut nos ipsos ultro aperire animum et perniciem rescissis uulneribus effundere, quibus nemo alius mederi potest nisi solus
ille qui gressum claudis, uisum caecis reddidit, maculata membra purgauit, mortuos excitauit. ille ardorem cupiditatis extin-   22
guet, extirpabit libidines, inuidiam detrahet, iram mitigabit, ille
reddet ueram et perpetuam sanitatem. appetenda est haec om-   23
nibus medicina, quoniam maiore periculo uexatur anima quam
corpus et quam primum latentibus morbis adhibenda curatio est.
neque enim si utatur aliquis oculorum acie clara, membris om-   24
nibus integris, firmissima totius corporis ualetudine, tamen eum
dixerim sanum, si efferatur ira, superbia tumidus infletur, libidini seruiat, cupiditatibus inardescat,   sed eum potius qui ad   25
alienam felicitatem non attollat oculos, opes non admiretur,
alienam mulierem sancte uideat, nihil omnino appetat, nihil concupiscat alienum, non inuideat ulli, non fastidiat quemquam, sit
humilis misericors beneficus mitis humanus, pax in animo eius

Epit.: 6, 24, 21–23] *cf.* 62, 1–2

Auct.: **6–7** qui … excitauit] *cf.* Matth. 5, 11; *u. et Win ad l.*
19 humilis … 29 abstinentia] *cf.* Orac. Sib. 481–498

1 sed] d *s.l. m.2, sed eras.* B, se? G   spectare V^{ac} ab] sed ab B
et *ante* testis] est et B, est? G   **2** isdem V; ipse HM   est *om.* B
cui] *angulo absciso extat sola* i V   rationem] one *euan.* B
3 est *om.* V   aut est HM   **6** gressus M   **6–7** membra maculata HM
7 extinguet *ex* -uit P^2 **8** exterpabit B^1, *corr.* B^2 distrahet DVHM
ira mitigauit B^1, *corr.* B^2 **11** morbis *ex* -rtis P^2 **12** aliqui B; ut
aliquis H, *ante* a. *2 litt. eras.* M   clare DVP   membriss B^{ar};
mē|enim *sic* R   **13** ualitudine BP^2 *(pr.* i *ex* e); ueletudinis D^{ac}
eum *pro eras.* cum P^2 **14** *ante* sanum *s.l.* in, *sed eras.* B, *2 litt. eras.*
M; insanum H   tumore *ex* -midus B   **15–16** ad *om., ras.* aliena *ex*
-nam, felicitate *ex* -tem B   **16** admiretur] appetere R   **17** aliena
muliere HM   omnino … nihil *om.* DVP^{ac} (o. *s.l. m.2,* a. *s.l. m.1?*,
pro n. *s.l.* non *m.3)*

perpetua uersetur; ille homo sanus, ille iustus, ille perfectus est.
26 quisquis igitur his omnibus praeceptis caelestibus obtemperauerit, hic cultor est uerus dei, cuius sacrificia sunt mansuetudo
27 animi et uita innocens et actus boni. quae omnia qui exhibet, totiens sacrificat, quotiens bonum aliquid ac pium fecerit; deus enim non desiderat uictimam neque muti animalis neque mortis
28 ac sanguinis, sed hominis et uitae. ad quod sacrificium neque uerbenis opus est neque februis neque caespitibus, quae sunt utique uanissima, sed iis quae de intimo pectore proferuntur.
29 itaque in aram dei, quae uere maxima est et quae in corde hominis collocata inquinari non potest sanguine, iustitia imponitur, patientia fides innocentia castitas abstinentia. hic est uerissimus ritus, haec 'illa lex dei', ut a Cicerone dictum est, 'praeclara et diuina, semper quae recta et honesta iubet, uetat praua et turpia'; cui parentem sanctissimae ac certissimae legi iuste ac legitime
30 necesse est uiuere. cuius legis pauca equidem capita posui, quod sum pollicitus ea me tantummodo esse dicturum quae
31 summum fastigium uirtuti et iustitiae imponerent. si quis uolet cetera omnia comprehendere, ex fonte ipso petat unde ad nos riuus iste manauit.

Epit.: 6, 24, 26 . . . 29 ritu] 62, 4 . . . confert

Auct.: **10** aram . . . maxima est] *cf.* Verg. Aen. 8, 271 sq. Liu. 1, 7, 10
13–14 *non uerbo tenus laudata, sed ex 6, 8, 7 repetita uid.; cf.* Win *ad l.*

Codd.: **7** *post* sanguinis *(fol. 188^V) in* B *excidit fol. unum usque ad* 6, 25, 11 *ad* sacri |; *hinc extant* D V P H M R

1 iustus] homo i. H M   **2** his *s.l.* P   omnibus his B   obtemperauit V[1]   **3** hic ultor D[ac] P[1] *(corr.* P[3]*);* cultor V[1] *(hic ins.* V[2]*)* ueri D V P   **4** animi *om.* R   **6** enim] autem H M   mutis B[ar]
8 februis R *edd., Br;* febris D[1] V P[1]; fibris D[2] P[2] H M *edd., Ingr*
9 iis R, his *cet.*   **10** et *om.* R   **11** imponatur *ex* -nit- P[2]
14 semperque D[pr] *(ex* -rquae*)* H M   **15** parentem] *s.l.* uel obedientem D[2]   sanctissime V H *(*sca-*)* M R   ac *om.* M   certissime V H R, *om.* M   iustitiae legitimae H[ac] M   **16** paucequidem P[ac] H M
19 *post* ex *eras.* ponere P   unde *ex* utde D[2]   **20** minauit V

25. Nunc de sacrificio ipso pauca dicamus. 'ebur' inquit Plato 'non castum donum deo.' quid ergo? picta scilicet et texta pretiosa? immo uero non castum donum deo quidquid corrumpi, quidquid subripi potest. sed sicut hoc uidit, non oportere uiuenti offerre aliquid quod sit ex mortuo corpore, cur illud non uidit, non debere incorporali corporale munus offerri? quanto melius et uerius Seneca 'uultisne uos' inquit 'deum cogitare magnum et placidum et maiestate leni uerendum, amicum et semper in proximo, non immolationibus nec sanguine multo colendum – quae enim ex trucidatione immerentium uoluptas est? –, sed mente pura, bono honestoque proposito? non templa illi congestis in altitudinem saxis extruenda sunt; in suo cuique consecrandus est pectore.' uestes igitur et gemmas et cetera quae habentur in pretio si quis putat deo cara, is plane quid sit deus nescit, cui putat uoluptati esse eas res, quas etiam homo si contempserit, iure laudabitur. quid ergo castum, quid deo dignum nisi quod ipse in illa diuina lege sua poposcit? duo sunt quae offerri debeant, donum et sacrificium, donum in perpetuum, sacrificium ad tempus. uerum apud istos, qui nullo modo

Epit.: 6, 25, 1–16] 53, 1–4. 61, 10 ... 62, 4 impertit   6, 25, 1–7] *cf.* 61, 10 quod ... inlustret   1 picta ... potest] 53, 3 nam ... ingrata 2] 53, 1 sed ... est   4 ... nescit] 53, 4 ... non est

Auct.: **1–2** Plato leg. 12, 956 a, *ex* Cic. leg. 2, 45? *cf. Win et Ingr ad l.* **7–13** Sen. frg. 123 Haase; *cf. Lausberg, 1970, 77–93*

Codd.: **15** *a* res eas *ad 7, 7, 3* uera *transsilit* R; *hinc extant* D V P H M

1 dicemus *ex* -cam- P[2]   **4** subrupi H[ar] M[ar]   sed *om.* H M
5 offerre D V P[2] *(ex* -rro) R *edd.;* offerri H M *Hm, Buen, Br, Ingr*
6 corporale *ex* -pore P[2]   munus] aliquid R   offerre P[ac]
8 magnum *ex* malum V   uenerandum *ex* uerend- m.2 et 3 P
10 quae *ex* qua P[3]   trucidatio P[ac]   **12** illa R   extruendi P[ac]
15 res eas R   sic H M[ar]   **16** laudare H M   **17** diuina *ras. ex* diutina? D   **18** in *om.* P   **19** tempus] *post* tē (˜ *add.?)* 2 *litt. eras.* P apud] ad D V P[1] *(corr.* P[2])

rationem diuinitatis intellegunt, donum est quidquid auro argentoque fabricatur, item quidquid purpura et serico texitur; sacrificium est uictima et quaecumque in ara cremantur. sed utroque non utitur deus, quia et ipse incorruptus est et illud totum corruptibile. itaque deo utrumque incorporale offerendum est, quo utitur. donum est integritas animi, sacrificium laus et hymnus; si enim deus non uidetur, ergo his rebus coli debet quae non uidentur. nulla igitur alia religio uera est nisi quae uirtute ac iustitia constat. quomodo autem deus iustitia hominis utatur, intellectu facile est. si enim iustus fuerit homo, accepta immortalitate in aeternum deo seruiet. homines autem non nisi ad iustitiam nasci cum philosophi ueteres tum etiam Cicero suspicatur. disserens enim de legibus 'sed omnium' inquit 'quae in hominum doctorum disputatione uersantur, nihil est profecto praestabilius quam plane intellegi nos ad iustitiam esse natos.' idcirco solum deo exhibere atque offerre debemus ad quod capiendum nos ipse generauit. hoc autem duplex sacrificii genus quam sit uerissimum, Trismegistus Hermes idoneus testis est, qui nobiscum, id est cum prophetis quos sequimur, tam re quam uerbis congruit. de iustitia sic locutus est: 'hoc uerbum, o fili, adora et cole. cultus autem dei unus est malum non esse.' item

Epit.: 6, 25, 7 ... uidentur] 53, 1 sed ... est   8 si ... seruiet] *cf.* 62, 4 summa ... impertit   9 ... natos] 29, 1 ad iustitiam ... 2 natos   11] *cf.* 53, 2

Auct.: **13–15** Cic. leg. 1, 28   **20–21** CH I 183, 15–17 (serm. 12, 23)

1 donum *ex* dum D   **2** item *eras.* M   sacrificium est D V P *Win, Ingr;* -mque est H M *ft. recte;* -mque *tantum* Br (H *falso lecto*)   **4** est *om.* H M *Ingr (recc. nisa)*   **5** incorruptibile P[ar]   **7** enim] ergo H M   **8** ac D V P *edd., Win;* et H M *Br, Ingr*   **10** intellectus M   **14** hominum D P[1] H; omnium V[ac] P[3] M; ominum V[pc]   disputationem H M   **16** idcirco D V P *Win;* id ergo H M *edd., Br, sed* ergo *antea saepius*   **19** id est] idem *plene* P   rem D[ac] (m *exp.*) V (~ *eras.?*) P (~ *add.*)   **20** filii D[ar] V P[ar]

in illo sermone perfecto, cum exaudisset Asclepium quaerentem
a filio suo, utrum placeret patri eius proferri tus et alios odores
ad sacrificium dei, exclamauit: 'bene, bene ominare, o Asclepi.
est enim maxima impietas tale quid de uno illo ac singulari bono
5 in animum inducere. haec et his similia huic non conueniunt;
omnium enim quaecumque sunt plenus est et omnium minime
indigens. nos uero gratias agentes adoremus; huius enim sacrificium sola benedictio est.' et recte.   uerbo enim sacrificari   12
oportet deo, siquidem 'deus uerbum est', ut ipse confessus est.
10 summus igitur colendi dei ritus est ex ore iusti hominis ad deum
directa laudatio, quae tamen ipsa ut deo sit accepta, et humilitate
et timore et deuotione maxima opus est, ne quis forte integritatis   *580*
atque innocentiae fiduciam gerens tumoris et adrogantiae crimen incurrat eoque facto gratiam uirtutis amittat.   sed ut sit deo   13
15 carus omnique macula careat, misericordiam dei semper imploret nihilque aliud precetur nisi peccatis suis ueniam, licet
nulla sint.   si quid aliud desiderauerit, non est opus dicto scienti   14
quid uelimus. si quid ei boni euenerit, gratias agat, si quid mali,

Epit.: 6, 25, 12–14] 62, 3 . . . deo est

Auct.: 3–8 *cf.* CH II 352, 12–17 (Ascl. 41)   **9** Ioh. 1, 1

Codd.: 3 *a* | ficium *redit* B *fol. 189^r; u. 6, 24, 27; extant* B D V P H M

1 profecto V   **2** proferri tus] -rritur P^1, -rri ritus P^2 **3** somniare B^1,
corr. B^3; ominat *ex* -nare P^3 asclepii H M   **4** illo uno, *ord. signis
rest. m.*2 P   **5** animum inducere *ex* a. ducere V   inducere *ex* -ret P^2
sup. similia *eras.* aut B   non *s.l.* B   **6** et *om.* H M   **7** indigent nos, t
et no *in ras.* (o *ex* u) *m.*2, B   uero nos H M   cuius B
enim *om.* B   **8** est *om.* D V P   et *om.* B   *post* recte *s.l.* est D^2
uerbo enim] ergo u. B   sacrificare V^{ac} H M   **9** est *om.* V
ut] et H M   **10** sumus *(et post* colendi *dist.)* V   colendi dei *ex*
-endi P   **11** derecta *ex* dir- D (V *macula inc.*)   et *post* accepta *om.*
B; ut H M   **12** ac *ex* et *post* timore P^2 maximae M
13 timoris P^{ac} **15** omnique] -nia M   misericordia H M
17 sit B^{ac} V   est *om.* V   **18** uelemus V

satisfaciat et id sibi ob peccata sua euenisse fateatur. et nihilominus etiam in malis gratias agat et in bonis satisfaciat, ut idem sit semper et stabilis et immutabilis et inconcussus. nec tantum hoc in templo putet sibi esse faciendum, sed et domi et in ipso etiam cubili suo. secum denique habeat deum semper in corde suo consecratum, quoniam ipse est dei templum. quodsi deo, patri ac domino, hac adsiduitate, hoc obsequio, hac deuotione seruierit, consummata et perfecta iustitia est. quam qui tenuerit, hic, ut ante testati sumus, deo paruit, hic religioni atque officio suo satisfecit.

Epit.: 6, 25, 14 inconcussus] *cf*. 52, 9   16] *cf*. 62, 4 ... confert; *ad perfecta iustitia cf*. 52, 10

9 ante] 6, 24, 25–29

1 uenisse B H M   nihilominis V   **2** etiam] et H M   malis] m. suis B   et] etiam D V P   **3** istabilis B^ar   **4** domi] in *(s.l. m.2)* domo D   **4–5** et in ... etiam] etiam in ipso B   **5** cubiculi H M   deum *s.l.* D²   **7** ac patri ac H M   hac *in ras. 2 litt.* B³   adsiduitatem P^ar *(V ob lituram inc., sed* -te*)*   obsequio *ex* -ium B³   **8** iustitiam V   **10** *subscriptiones u. p. XXVII*